Capitalismo gore

Diseño de portada: Grupo Pictograma
Prólogo: Marta Lamas
Ilustraciones de interiores: Tania Villanueva
Diseño de interiores: Rocío Mabarak

© 2016, Saya Valencia Triana

Derechos reservados exclusivos para México

© 2016, Ediciones Culturales Paidós, S.A. de C.V.
Bajo el sello editorial PAIDÓS M.R.
Avenida Presidente Masarik núm. 111, Piso 2
Colonia Polanco V Sección
Deleg. Miguel Hidalgo
C.P. 11560, Ciudad de México
www.planetadelibros.com.mx
www.paidos.com.mx

Primera edición: agosto de 2016
ISBN: 978-607-747-225-4

Impreso en los talleres de Impresora y Editora Infagon S.A. de C.V.
Escobillería número 3, colonia Paseos de Churubusco, Ciudad de México
Impreso em México - *Printed in Mexico*

Capitalismo gore

Sayak Valencia

A tod@s aquell@s que practican la insurgencia cotidiana

desde su devenir minoritario.

Prólogo

Son muy pocas las estudiosas que, en su exploración de aspectos de la realidad social y de la condición humana, alcanzan el giro creativo y filoso de Sayak Valencia. Esta filósofa y crítica de la cultura es una de las voces más lúcidas y radicales a la hora de analizar lo que está ocurriendo en México y en otros países de nuestro continente. Valencia se propuso explicar la distopía de la globalización a partir de elementos claves como la violencia, el narcotráfico y el *necropoder*, y construyó un análisis notable donde destaca la inclusión de un elemento fundante de nuestra cultura: el mandato de la masculinidad.

La reflexión de Sayak Valencia arranca en México y se sitúa geopolíticamente en América Latina. El punto de partida preciso es Tijuana, ciudad donde por primera vez se asesina a un candidato presidencial en México; ciudad famosa porque todo se puede con dinero, desde un consumo sexual que incluye "niñas vírgenes" hasta cirugías prohibidas. La Tijuana de los migrantes que sueñan cruzar a Estados Unidos y de los turistas que vienen a reventarse; la de los deportados que merodean en desesperación; la Tijuana de Sayak, académica en El Colegio de la Frontera Norte.

Si el capitalismo convierte a los seres humanos en mercancías, para Sayak Valencia la sangrienta dinámica en su versión neoliberal, antes de desecharlos los tortura o despedaza. Así, los decapitados, los desollados y los desaparecidos son el reflejo más elocuente del modelo socioeconómico actual que, mediante la "mutilación y desacralización del cuerpo humano", configura un nuevo campo de sentido simbólico que produce sujetos capaces de desarrollar, impasibles, esas estremecedoras prácticas.

Al ominoso proceso de esta producción biopolítica en la que estamos inmersos, generalmente se le suele interpretar como la consecuencia del vínculo corrupto entre delincuencia organizada y política, sea del gobierno o de un partido político. Sayak Valencia califica de *gore* —término del género cinematográfico de violencia extrema— a este momento del capitalismo en el que el derramamiento de sangre "explícito e injustificado" del crimen organizado, con su altísimo porcentaje de "vísceras y desmembramientos", es "una herramienta de *necroempoderamiento*".

Valencia retoma la figura del "endriago"(monstruo mítico descrito en los libros de caballerías sobre Amadís de Gaula), para reconceptualizar a los hombres que "utilizan la violencia como medio de supervivencia, mecanismo de autoafirmación y herramienta de trabajo". Así, aborda lo monstruoso del capitalismo tardío del cual han emergido las nefastas prácticas que se sustentan, como ella bien describe: "En la violencia sobregirada y la crueldad ultraespecializadas que se implantan como formas de vida cotidiana en ciertas localizaciones geopolíticas". Valencia advierte que la promesa del enriquecimiento rápido que ofrece el tráfico de drogas se vuelve una opción tentadora para muchos hombres, y subraya que la crueldad de sus métodos contribuye a su transformación en endriagos, esos nuevos sujetos poseídos por la violencia.

Aún más, según la autora nuestros endriagos no sólo matan y torturan por dinero, sino que también buscan dignidad y autoafirmación. Estos nuevos endriagos —sicarios, secuestradores, *coyotes* y *polleros*, pero también policías y soldados— reafirman su virilidad demostrando su capacidad de hacer cualquier brutalidad. Se trata de hombres que hacen frente a su situación de marginalidad por medio del mercado negro (tráfico de cuerpos, drogas, armas); hombres pobres y marginados procedentes de grupos étnicos discriminados y clases sociales subordinadas que contribuyen a sostener el poder de la masculinidad hegemónica: la de los gobernantes y empresarios. Al hacerlo, señala Valencia, "fortalecen las jerarquías de ser y de valor que dividen al mundo, por un lado entre blancos y sujetos de color en el norte, y entre distintos tipos de mestizos y poblaciones excluidas de proyectos nacionales en el sur".

Pero para Sayak Valencia no sólo los hombres pobres y racializados son parte de la estremecedora dinámica gore, sino también aquellos que comparten la defensa de la masculinidad violenta, aunque sean blancos y de clases pudientes. También a ellos el mandato que han internalizado los hace incapaces de cuestionar a —y tomar conciencia de— un sistema donde están estrechamente entretejidos el poder, la economía y una virilidad depredadora. Para Valencia es precisamente esa masculinidad violenta la piedra de toque del pacto interraza, interclase e intergeneracional del entramado necropolítico de los actores del capitalismo gore.

Un mandato que crea, como bien explica la autora, una de las subjetividades más "feroces e irreparables" del capitalismo neoliberal.

Sayak Valencia considera esta violencia dentro de las estructuras económicas capitalistas, cuyo paradigma de explotación supone una variedad enorme de formas de vulneración, agresión y crueldad a las vidas humanas. La guerra toma nuevas formas, comete crímenes que parecen no tener límite, y su truculencia extrema demanda una aculturación especial —una desensibilización particular—: la de los endriagos. El entrenamiento cultural para convertirse en varones, verdaderamente masculinos, obliga a ciertos hombres a desarrollar características guerreras, de desafío al peligro y de supresión de los sentimientos ante el dolor ajeno. Un mandato cultural que articula masculinidad con valentía, pero también une masculinidad con agresión. En consecuencia, los endriagos modernos exhiben ominosamente la virilidad exigida por el siniestro contexto.

En esta fase del capitalismo, además de la explotación, se extrae plusvalía por la desposesión y el despojo mediante una necropolítica que asume al crimen como la herramienta adecuada para sus fines. No se produce desigualdad solamente por acumulación y concentración, cambiando leyes y suspendiendo derechos, sino que ahora se producen desapariciones forzosas, muertos y destazados. Matar se ha convertido en el negocio más rentable para estos endriagos, impulsados por el deseo de consumo y la necesidad de formarse un patrimonio. Valencia dice que la destrucción del cuerpo se convierte en una mercancía valorada, y califica la comercialización política del asesinato como "necroempoderamiento".

El contexto francamente bélico de la necropolítica se encuentra en expansión en América Latina, donde proliferan las mafias insertas en la economía y la política. Por esa razón, el paisaje cotidiano está marcado por un derramamiento de sangre provocado por el crimen organizado, pero también por las corporaciones políticas y policíacas. Tales han sido los casos, mexicanos, de Ciudad Juárez y Ayotzinapa; y, recientemente, Tierra Blanca, Ecatepec, Papantla y tantos más. El necroempoderamiento neoliberal, con su brutal enriquecimiento económico, aprovecha el mandato de la masculinidad y hace que lo mortífero de toda esta violencia gore caiga principalmente en los cuerpos de hombres y mujeres pobres. Esta atroz depredación a cargo de los poderes legales y los poderes fácticos, así como de los intereses corporativos (financieros/narcos/empresarios/), además de destruir cuerpos, acaba con los vínculos comunitarios y desgarra el tejido social. Y ocurre también que ciertos varones de esas comunidades, hombres pobres y prietos, lleven a sus casas la crueldad imperante en los espacios circundantes, y se conviertan en agresores de sus propias mujeres, con lo cual se desata más violencia dentro de la comunidad.

Y ante el panorama pavoroso que contemplamos, con el dolor social que provoca, el creciente modelo de virilidad produce lo que Loïc Wacquant califica de una *remasculinización del Estado*. Esto significa un fortalecimiento del esquema patriarcal, con un endurecimiento punitivo, con políticas carcelarias y una vulneración de los derechos sociales. Las mujeres que padecen violencia sexual son vistas solamente como «víctimas» de los "malos hombres", sin que se tome en cuenta la violencia sistémica que tanto las afecta. Las exigencias neoliberales de una cada vez mayor explotación y disponibilidad de los trabajadores vienen entrelazadas en un discurso mistificador que alienta el consumo y el narcisismo individualista. Así, el Estado neoliberal promueve una docilidad enajenada por el consumismo. Asustadas y alienadas, a las personas se les dificulta movilizarse políticamente ante la injusticia y el dolor que producen las condiciones laborales precarias y explotadoras, y conciben el problema estructural como un problema personal.

Capitalismo gore ofrece una perspectiva interpretativa sobre la manera en que la violencia, generada por la masculinidad extrema, sustenta esta economía hiperconsumista que está causando estragos. Como señaló Jean Franco, gran admiradora de esta obra: "El escenario donde circulan libremente la droga, la violencia y el capital, mientras las personas —migrantes sobre todo— son traficadas y asesinadas, no es el que imaginábamos para el inicio del nuevo milenio, pero es el que tenemos y es nuestra responsabilidad reflexionar sobre él". En la dirección de explicarnos por qué "la historia contemporánea ya no se escribe desde los sobrevivientes, sino desde el número de muertos", Franco alaba la reflexión crítica de Valencia y, en especial, su acierto al introducir el papel de la virilidad gore en los endriagos actuales.

Son nuestros países los que están produciendo un tipo de sujetos y de prácticas en esta deriva del capitalismo neoliberal, con sus extremos de crueldad y despojo. Por eso es tan necesario comprender cómo se imponen nuevas violencias sobre los cuerpos y las subjetividades. En este sentido, la investigadora se propone una reflexión transfeminista, o sea, que vaya más allá del feminismo, y eso implica una reflexión para todos los ciudadanos que observan aterrados lo que pasa en nuestro país. Ante las horrendas violencias que nos duelen y preocupan de múltiples formas, es imperativo reflexionar políticamente. Más que paralizarse ante la normalización de las violencias en México, con sus ejecuciones, torturas, levantones, desapariciones y fosas, Sayak Valencia decide pensar, criticar, analizar. Y ésa es la tarea que este libro nos obliga a llevar a cabo.

No es posible resumir en estas líneas la impactante reflexión de Sayak Valencia al integrar en su análisis las polarizaciones económicas, el bombardeo informativo/publicitario hiperconsumista, y el imperativo de la virilidad. Ella nos deja la tarea de reflexionar sobre si será posible redireccionar y generar otros modelos para la creación de sujetos que no se vinculen con la distopía gore ni con el hiperconsumismo neoliberal. De cara a este horizonte desolador, la autora imagina un transfeminismo, cuyos sujetos "no se emparenten con la violencia, ni como víctimas ni como ejecutores de ella", que pueda dar otras soluciones al horror. *Capitalismo gore* es una referencia indispensable para comprender más profundamente lo que está ocurriendo en tantos pueblos y ciudades de nuestro maltrecho país; y además de aportar un análisis sustancial de la crisis actual, nos ofrece una imponderable perspectiva radical para entenderla.

Marta Lamas

Contenido

Advertencia/*Warning*

En este trabajo no buscamos proponer un feminismo unitario y hegemónico que se adscriba a una crítica simplista de la violencia como
instrumento fundamental en la estructuración de las lógicas del capitalismo *gore*. Partimos de los feminismos y planteamos la pertinencia de
éstos como conocimientos situados geopolíticamente y como respuestas a contextos específicos en los cuales se desarrollan. Consideramos
que dichos feminismos no deben ser juzgados dentro de las estructuras
"impermeables" del feminismo blanco y primermundista. El feminismo
aquí planteado se deslinda de aquél de forma autorreflexiva y rechaza ser
emparentado o usado "bajo la explotación cultural imperialista del feminismo" (Chakrovorty, 1999, p. 303). No buscamos ni discursos blancos
"ni hombres blancos que buscan salvar a mujeres morenas de hombres
morenos" (Chakrovorty, 1999, p. 303), no necesitamos discursos primermundistas para explicar las realidades del tercer mundo *g-local*.[1]

Por el contrario, consideramos que el discurso del primer mundo[2]
tendría que prestar atención a lo que los discursos tercermundistas
tienen que decir sobre las derivas del mundo del capital y del mundo en
general. Ya que es en los intersticios de estos mundos relegados en los
que emergen las reinterpretaciones de los papeles económicos y la creación de nuevas identidades y sujetos en un multiespectro que va desde
los sujetos endriagos del capitalismo gore hasta la creación de subjetividades que no realimentan el bucle estático de las fórmulas blancas,
heterosexuales y masculinas. Formas que no presuponen el poder como
un equivalente de la violencia, pero que sí le dan la vuelta para observar
esta díada desde perspectivas inéditas; perspectivas que son capaces de
producir e imaginar nuevas modalidades del uso del cuerpo, del poder
y del deseo.

En este trabajo se sugiere evitar posicionarse en una *jerarquía bene-
volente* que homogeneice el tercer mundo como una realidad totalmente
localizable en los países del sur, precarizada y vulnerable; vulnerabilidad
y precariedad que resultan ciertas en gran medida, pero sólo como resultado de las exigencias y demandas importadas de los centros económicos
y las potencias mundiales y distribuidas por la globalización a través de
los medios de comunicación.

Concebir el tercer mundo como un espacio geopolíticamente inamovible, sin posibilidad de acción ni de empoderamiento ni de creación de su propio marco discursivo, es a todas luces indicio de un menosprecio que parte de una posición colonialista. Sin embargo, no sugerimos aquí una lectura de nuestras realidades desde un posicionamiento parcial e ingenuo que sugiera —eximiéndonos de responsabilidad— que las distopías de la globalización económica son exclusivas del tercer mundo y que nuestras únicas aportaciones posibles a la globalización (desde los otros mundos) sean desde la posición de víctimas o verdugos. O bien, con la distribución del crimen organizado alrededor del mundo.

No deseamos discursos abstractos y alejados del cuerpo, sino aquellos que sean capaces de replantear las causas, los alcances y la persistencia de la violencia en el tercer mundo gore. Discursos que no apelen a la victimización y a la anulación de nuestras subjetividades y agencias. Discursos que no se valgan de la reflexión reduccionista y paternalista que obvia la potencia de nuestras acciones concretas.

No buscamos sujetos o discursos salvadores, sino que se nos reconozca el hecho de empoderarnos como sujetos del mismo orden y con la misma validez que los sujetos occidentales, pero que no se categorizan ni traducen de una manera similar a aquéllos ni tampoco de manera homogénea.

Por ello, buscamos, sin obviar las diferencias, la creación de discursos propios que desarrollen la posibilidad de un transfeminismo que haga frente y cuestione nuestra situación actual. Situación que se haya indefectiblemente circunscrita a las lógicas del capitalismo gore. Con esto, no se sugiere que en este trabajo se dé la espalda o no se reconozca el trabajo, tanto teórico como práctico, de los diversos feminismos existentes a lo largo de la Historia. Por el contrario, que nuestro discurso no se centre en ningún sentido en la deshistorización del movimiento feminista —de hecho, consideramos fundamental conocer esta historia y rememorarla— hace que reconozcamos la importante aportación, en el ámbito discursivo, que el movimiento feminista ha hecho para la construcción de categorías que nos expliquen y sitúen frente al mundo. Reconocemos especialmente su relevancia en la construcción de un corpus discursivo que nos ha visibilizado como un movimiento reticular, que ha logrado instaurar la condición del feminismo como una categoría epistemológica, al mismo tiempo que la ha conservado como una condición de ciertos sujetos (no exclusiva de las bio-mujeres) y como un movimiento social.

Por lo anterior, decimos junto con Butler: "Parece más decisivo que nunca lograr que el feminismo se deshaga de sus presupuestos del primer mundo y usar la teoría y el activismo feminista para volver a pensar el significado del lazo, el vínculo, la alianza, la relación, tal y como son imaginados y vividos en el horizonte de un contraimperialismo igualitario" (Butler, 2006, p. 69).

Buscamos una explicación de los acontecimientos actuales que no se confunda con una absolución o un enjuiciamiento moral de la violencia, que no se circunscriba únicamente a juicios morales, para así repensar el papel y el carácter vertebrador que cumple la violencia en la deriva del capitalismo y su desembocamiento en lo gore.

Buscamos pues, un transfeminismo que nos permita pensar más allá de los límites de nuestras opciones; es decir, en un contexto determinado y opresor, debemos crear instrumentos teóricos y prácticos que nos ayuden a trazar estrategias donde quede claro que, cuando no hay otra opción por elegir, debemos ser capaces de transformar dicha opción. En conclusión, si no hay otra opción, que ésta no nos mate, sino que mediante nuestra insurrección cotidiana nos resignifique.

---

1   G-*local* se refiere en términos económicos a que la economía y la producción de sentido se piensen de forma global y se ejecuten de forma localizada.

2   "Términos como *tercer mundo* y *primer mundo* resultan muy problemáticos, tanto en la medida en que sugieren semejanzas muy simplificadas entre los países así etiquetados como en tanto que refuerzan implícitamente las jerarquías económicas, culturales e ideológicas existentes evocadas al utilizar esta terminología" (Mezzadra et al., 2008). Utilizaremos pues ambos términos de forma crítica. Sobre todo utilizaremos el término tercer mundo como nomenclatura para referir a un mundo que, dadas sus condiciones, traza sus propias y distintas estrategias de empoderamiento.

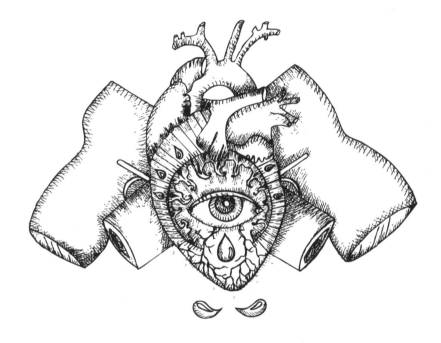

The Beginning

This is Tijuana

La nubosidad furiosa que es el Pacífico.

Un torso descuartizado repartido por la carretera en hora pico. Cigarrillos incendiándose uno tras otro. Luces de la zona roja, microscópicos universos. Metástasis arbórea.

Los narcos. El machismo. Silicone Land. Whores-Barbie's Factory. Armas de alto calibre riéndose a carcajadas. *This is Tijuana*.

Irse y quedarse al mismo tiempo. Decir de otra manera que todo es un eterno regreso. Trayectorias y mujeres irrevocables. Violencia, tedio y cotidianidad sobregirados. *This is Tijuana*.

La palabra *Welcome* riéndose en mi cara. La palabra *Welcome* significando simultáneamente que toda entrada es una salida. El silencio que apuñala. El desierto que hierve. Los gritos migrantes que estallan. *This is Tijuana*.

Cebras-burros imitando a la nostalgia. Autos flamantes. Furiosos taxis. La cabeza sentencia reiteradamente, un atroz mantra, "abre (te) por dentro". Entrar al juego. Ver el Fuego. Fugarse todas las veces y de una vez por todas apostar a ganar. *This is Tijuana*.

Dónde las preguntas dónde, a qué hora y por qué, podrían no existir igual que la palabra "nunca". Donde la mitad de la mitad no significa. Donde *Interminablemente* es igual a *Ahora*.

Ciudad del *over and over again*. Donde la verdad nunca se sabe. Donde todas las palabras —incluyendo la palabra incesto— presagian pasados. Donde mi casa es su casa. Donde su casa no es mi casa. Donde sí, efectivamente, su casa es mi caza. *This is Tijuana*.

El *borderline* no se libra de ninguno de los lados de la serpiente metálica.

Una mujer-border se parece a la muerte y deambula con una mano unida a un revólver. El hombre-jeringa emprende un vuelo fallido en medio de la serpiente metálica. Los transparentes y los ciertos. Los punzantes.

El primer y el tercer mundo. La frontera. El infierno. La otra parte del otro lado. El otro lado del otro lado. El *Este* **lado del** *Otro* lado. El mundo feliz del desengaño. *This is Tijuana*.

El límite. El perímetro. El filo del mundo. El/La/LO que arrastra tras de sí. La orilla que lame y termina a la cultura del hombre blanco, clase media y civilizado. La bomba de tiempo que nos detona. El garaje de San Diego.

El mar dividido riendo furiosamente entre las olas. Entre Las Solas. La grisura. La paradoja. *This is Tijuana.*

El *copyright* del fin. *Cartel-right.* Capitalismo gore. *Hotels, attractions, nightlife, restaurants, weather and border crossing...*

Una búsqueda ciega de combinatorias. Dos millones de posibilidades. *Crunchy, spicy and totally addictive-fabulous blends. Depictions of sodomy, bestiality, alternative sexual practices, racial and ethnic stereotypes.* Esto es Tijuana.

Todo lo que entra o sale de la ciudad viene de dos partes. Todo lo de aquí sale en dos o más partes. *You can get whatever you can pay.* Ciudad de negocios. Niñas vírgenes *for sale.* Precios accesibles para extranjeros. Luis Donaldo Colosio Acribillado. Música de banda. Morgue. Techno. NAFTA. *This is Tijuana.*

La Tía Juana, Tiguana, Tiuana, Teguana, Tiwana, Tijuan, Ticuan, Tj, Tijuas, puedes llamarla como quieras porque Tijuana al igual que toda palabra no significa nada, y significa: "Junto al mar".

Esto es *Queerland.* "Aquí empieza la patria."
This is Tijuana.

En borde del *border* me llamo filo.

Tijuana la cariñosa. Inconmensurable. Llena de imposibles.

Estar enamorad@ de un psicópata y decirlo con una sonrisa en la cara.

You should leave now. Esto es Tijuana.

Introducción

La globalización no es un concepto serio. Lo inventamos nosotros
los estadounidenses para disfrazar nuestro programa de intervención
económica en otros países.

John Kenneth Galbraith

Proponemos el término capitalismo gore para hacer referencia a la reinterpretación dada a la economía hegemónica y global en los espacios
(geográficamente) fronterizos. En nuestro caso pondremos como ejemplo
de dicho fenómeno a la ciudad de Tijuana, frontera ubicada entre México y
Estados Unidos, conocida como *la última esquina de Latinoamérica*.

Tomamos el término *gore* de un género cinematográfico que hace
referencia a la violencia extrema y tajante. Entonces, con capitalismo gore
nos referimos al derramamiento de sangre explícito e injustificado (como
el precio que paga el tercer mundo que se aferra a seguir las lógicas del
capitalismo, cada vez más exigentes), al altísimo porcentaje de vísceras
y desmembramientos, frecuentemente mezclados con el crimen organizado, el género y los usos predatorios de los cuerpos, todo esto por medio
de la violencia más explícita como herramienta de *necroempoderamiento*.[1]

Cuerpos concebidos como productos de intercambio que alte-
ran y rompen las lógicas del proceso de producción del capital, ya que
subvierten los términos de éste al sacar del juego la fase de producción de
la mercancía, sustituyéndola por una mercancía encarnada literalmente
por el cuerpo y la vida humana, a través de técnicas predatorias de violencia extrema como el secuestro o el asesinato por encargo.

Por ello, al hablar de capitalismo gore nos referimos a una transvalorización de valores y de prácticas que tienen lugar (de forma más
visible) en los territorios fronterizos, en donde es pertinente hacerse
la pregunta acerca de: "¿Qué formas convergentes de estrategia están
desarrollando los subalternos —marginados— [...] bajo las fuerzas
transnacionalizadoras del primer mundo?" (Hooks et al., 2004, p. 81).

Desafortunadamente, muchas de las *estrategias* para hacer frente al
primer mundo o acercarse a él son formas ultraviolentas para hacerse de

capital,[2] prácticas que aquí denominamos gore. Una forma de explicitar a lo que este término se refiere sería la siguiente: mientras que Marx habla, en el libro primero de *El Capital*, sobre la riqueza y dice: "[L]a riqueza, en las sociedades donde domina el modo de producción capitalista, se presenta como una inmensa acumulación de mercancías" (Marx, 2000, p. 73), en el capitalismo gore se subvierte este proceso y la destrucción del cuerpo se convierte en sí mismo, en el producto, en la mercancía, y la acumulación ahora sólo es posible a través de contabilizar el número de muertos, ya que la muerte se ha convertido en el negocio más rentable.

No buscamos la pureza, la corrección o incorrección en la aplicación de las lógicas del capitalismo y sus derivas. No intentamos hacer aquí juicios de valor, sino evidenciar la falta de poder explicativo que existe dentro del discurso del neoliberalismo para dichos fenómenos. Los conceptos contemporáneos sobre dicho fenómeno resultan insuficientes para teorizar prácticas gore, que se dan ya en todos los confines del planeta, mostrando que dicha teorización es necesaria en *un mundo donde no hay espacios fuera del alcance del capitalismo* (Jamenson, 1995). El hecho de obviar estas prácticas no las elimina, sino que las invisibiliza, o bien las teoriza desde términos más cercanos a la doble moral que a la conceptualización; términos como *mercado negro* o prácticas económicas *propias* del tercer mundo, por considerarlas *ilegales*.

Nos interesa proponer un discurso con poder explicativo que nos ayude a traducir la realidad producida por el capitalismo gore, basada en la violencia, el (narco) tráfico y el necropoder. Mostrando algunas de las distopías[3] de la globalización y su imposición. Nos interesamos también por seguir los múltiples hilos que desembocan en prácticas capitalistas sustentadas en la violencia sobregirada y la crueldad ultraespecializada, que se implantan como formas de vida cotidiana en ciertas localizaciones geopolíticas a fin de obtener reconocimiento y legitimidad económica.

La crudeza en el ejercicio de la violencia obedece a una lógica y unas derivas concebidas desde estructuras o procesos planeados en el núcleo mismo del neoliberalismo, la globalización y la política. Hablamos de prácticas que resultan transgresoras, únicamente, porque su contundencia demuestra la vulnerabilidad del cuerpo humano, su mutilación y su desacralización y, con ello, constituyen una crítica feroz a la sociedad del hiperconsumo, al tiempo que participan de ésta y del engranaje capitalista ya que:

En muchas naciones el crimen organizado se ha convertido en un actor político clave, un grupo de interés, un jugador que debe ser tomado en consideración por el sistema político legítimo. Este elemento criminal con frecuencia proporciona la necesitada divisa extranjera, el empleo y el bienestar económico necesario para la estabilidad nacional, así como el enriquecimiento de los que detentan el, a veces corrupto, poder político, especialmente en los países pobres (Curbet, 2007. p. 63).

Estas prácticas se han radicalizado con el advenimiento de la globalización, dado que ésta se funda en lógicas predatorias que junto a *la espectralización* y *la especulación* en los mercados financieros se desarrollan y ejecutan prácticas de violencia radical. Como afirmó Thomas Friedman —antiguo consejero especial de la secretaria de Estado Madeleine Albright durante la administración Clinton—:

Para que la globalización funcione, Estados Unidos de América no deben tener miedo de actuar como la invencible superpotencia que son en realidad [...] La mano invisible del mercado no funcionará nunca sin un puño bien visible. La McDonald's no podrá extenderse sin la McDonnell-Douglas, fabricante del F-15. El puño invisible que garantiza la seguridad mundial de la tecnología del Silicon Valley es el ejército, la fuerza aérea, la marina y el cuerpo de marines de Estados Unidos. (Curbet, 2007, p. 64).

A propósito de la globalización, citamos a Mary Louise Pratt, cuando habla sobre ella como un falso protagonista:

El término globalización suprime el entendimiento y hasta el deseo de entendimiento. En este sentido, la globalización funciona como una especie de falso protagonista que impide una interrogación más aguda sobre los procesos que han estado reorganizando las prácticas y los significados durante los últimos veinticinco años. (Pratt, 2002, p. 1).

Si partimos de esto, podemos decir que lo que denominamos aquí como capitalismo gore es uno de esos procesos de la globalización, su lado b, aquel que muestra sus consecuencias sin enmascaramientos.

Por ello, no rehusamos obviar la complejidad del fenómeno y decidimos inquirir en las transversales que se salen del conglomerado interpretativo que detenta el monopolio capitalista.

En el mismo sentido, dado que existen movimientos, discursos y acciones de resistencia que buscan hacer frente al discurso capitalista y a sus alcances, consideramos necesario precisar que nuestra reflexión sobre el capitalismo gore no parte (ni se limita) de estas prácticas discursivas. Lo que proponemos, entonces, es un espacio heteróclito que no ha sido suficientemente reflexionado desde las contrapropuestas al capitalismo, por ser considerado por éstas como un fenómeno fuertemente enraizado en la lógica de aquél, confinándolo a la irreflexión y etiquetándolo de espacio indeseable y distópico.

De igual forma, este proceso es invisibilizado desde el discurso de la economía formal y alejado de su sistema de reflexiones, y no se le otorga un peso mayor o más complejo (con mayores alcances explicativos), sino que se confina/etiqueta como parte del mercado negro y sus efectos en el capital. Sin embargo, estos efectos en la economía mundial son evidentes ya que el producto criminal bruto se estima que no sería inferior a 15% del comercio mundial,[4] lo cual le otorga potestad en las decisiones económicas planetarias.

La urgencia de elaborar un discurso crítico que describa al capitalismo gore parte de la necesidad de un lenguaje común para hablar del fenómeno, ya que como es bien sabido "el mundo se revela en el lenguaje y las relaciones sociales se alcanzan a través del lenguaje." (Heritage, 1984, p. 126).

Dado el hecho fundamental de que el lenguaje es un elemento medular en la organización epistemológica del mundo, consideramos necesario indagar, revisar, razonar y tratar de proponer un discurso explicativo que pueda darnos referencias conceptuales para pensar, analizar y abordar estos campos/espacios y sus prácticas. También consideramos fundamental el hecho de darle nombre a estos espacios/campos y sus prácticas desde una perspectiva transfeminista, con lo cual nos referimos a una red que abre espacios y campos discursivos a todas aquellas prácticas y sujetos de la contemporaneidad que no habían sido considerados de manera directa, puesto que nos preocupa especialmente la falta de contenidos explicativos para los fenómenos que conforman los que aquí identificamos con el nombre de capitalismo gore. Si invisibilizamos las relaciones entre la economía legal y la economía ilegal, así como el uso descontrolado de la violencia como elemento de *necroempoderamiento* capitalista y enriquecimiento económico, también se invisibiliza —y, por tanto, se neutraliza la posibilidad de acción contra ellos— el hecho de que estos procesos, regularmente inciden sobre los cuerpos de todos aquellos que forman parte del *devenir minoritario,* que es en donde, de una forma u otra, toda esta violencia explícita recae.

Por ello, proponemos una reflexión sobre el capitalismo gore entendiéndolo como "la dimensión sistemáticamente descontrolada y contradictoria del proyecto neoliberal" (Pratt, 2002, p. 2). Como productos de las polarizaciones económicas tenemos el bombardeo informativo/publicitario que crea y afianza la identidad hiperconsumista y su contraparte: la cada vez más escasa población con poder adquisitivo que satisfaga el deseo de consumo. De esta manera se crean subjetividades capitalistas radicales que hemos denominado *sujetos endriagos* (*cf.* capítulo 2, p. 99) y nuevas figuras discursivas que conforman una *episteme de la violencia* y reconfiguran el concepto de trabajo por medio de un agenciamiento perverso, que se afianza ahora en la comercialización necropolítica del asesinato, lo cual evidencia las distopías que traen consigo el cumplimiento *avant la lettre* de los pactos con el neoliberalismo (masculinista) y sus objetivos.

Frente a este orden mundial se crean subjetividades endriagas que buscan instalarse a sí mismas, a quienes las detentan, como sujetos válidos, con *posibilidades de pertenencia y ascensión social,* con lo cual se crean nuevos *campos,* desde una de las inversiones más feroces, desacralizadoras e irreparables del capitalismo. Sujetos que contradicen las lógicas de lo aceptable y lo normativo como consecuencia de la toma de conciencia de ser redundantes en el orden económico, y que hacen frente a su situación y contexto por medio del *necroempoderamiento* y las *necro-prácticas* tránsfugas y distópicas, prácticas gore. Para convertir este proceso en *la única realidad posible,* tratando de *legitimar* por medio del imperio de la violencia, los procesos de economías subsumidas (mercado negro, tráfico de drogas, armas, cuerpos, etc.). Acciones que reinterpretan y crean campos distintos a los *válidos* y que influyen en los procesos políticos, públicos, oficiales, sociales y culturales.

Como afirma Pratt: "Otra vez vivimos en un mundo de bandidos y piratas,[5] ahora bajo la forma de *coyotes* y *polleros*[6] [narcotraficantes, sicarios, secuestradores, etc.] que trabajan en las fronteras de todo el planeta" (Aznárez, 2008, p. 4).

No es casual que el narcotráfico constituya actualmente la industria más grande del mundo (seguida de la economía legal de los hidrocarburos y del turismo), que el *narcodinero* fluya libremente por las arterias de los sistema financieros mundiales ni que el narcotráfico mismo sea uno de los más fieles representantes del capitalismo gore.

Así pues, queda demostrado que "éste no es el escenario que imaginábamos para el inicio del nuevo milenio" (Aznárez, 2008, p. 4), pero es el que tenemos y es nuestra responsabilidad filosófica reflexionar sobre él para mostrar la fragilidad y la poca flexibilidad en los discursos de la globalización y del neoliberalismo que no alcanzan para explicar estos procesos.

La historia contemporánea ya no se escribe desde los sobrevivientes, sino desde el número de muertos. Es decir, "los cadáveres como respuesta al carácter netamente utópico de los discursos oficiales sobre la globalización" (Pratt, 2002, p. 5), subvirtiendo el optimismo del *flujo* traído por ésta, pues lo que ahora fluye *libremente* no son las personas, sino la droga, la violencia y el capital producido por estos elementos.

Inversión de términos donde la vida ya no es importante en sí misma, sino por su valor en el mercado como objeto de intercambio monetario. Transvalorización que lleva a que lo valioso sea el poder de hacerse con la decisión de otorgar la muerte a los otros. El necropoder aplicado desde esferas inesperadas para los mismos detentadores oficiales del poder.

La explosión de la violencia ilimitada y sobreespecializada da noticia de la ausencia de un futuro (regulable) y del hecho de que en los intersticios del capitalismo nadie tiene nada que perder, porque la vida (el último de los grandes tabúes) ya no es importante. La violencia aquí y ahora como iterancia desdibuja las posibilidades de pensar en el concepto de *Futuro* de la manera en que se ha venido haciendo en Occidente. La violencia implica una revisión de dicho concepto.

En la ignorancia y el menosprecio que pesa sobre el tercer mundo, que se sustenta en el monopolio interpretativo del capitalismo, hemos aprendido a ver otros elementos y dinámicas históricos (las de los Otros) como insignificantes y, ahora, esos descuido y menosprecio, desde el silencio y la invisibilidad, han ido fraguando una respuesta que parece indetenible e irreconociblemente violenta.

El resultado es un proceso de duplicación deformada del capitalismo, un desdoblamiento en identidades paralelas en lugares, espacios y sujetos que in-corporan, retraducen y fusionan esta experiencia como algo simultáneamente emancipador y fragmentador. Entendemos entonces, que:

> [L]a incapacidad del neoliberalismo para generar pertenencia, colectividad y un sentido creíble de futuro produce, entre otras cosas, enormes crisis de existencia y de significados que están siendo vividas por los no consumistas y los consumistas del mundo en formas que la ideología neoliberal no puede predecir ni controlar. (Pratt, 2002, p. 15).

Es precisamente en este intersticio en el que se centra la relevancia y el interés de esta investigación.

---

1   Denominamos *necroempoderamiento* a los procesos que transforman contextos y/o situaciones de vulnerabilidad y/o subalternidad en posibilidad de acción y autopoder, pero que los reconfiguran desde prácticas distópicas y la autoafirmación perversa lograda por medio de prácticas violentas.

2   En esta ocasión entendemos capital en un sentido cotidiano de acceso a la riqueza, a la acumulación de dinero que permitirá que estos sujetos tengan acceso a una cierta movilidad social, a un cambio de estatus, a una legitimidad otorgada por su capacidad monetaria para engrosar las filas del mercado de hiperconsumidores.

3   El término distopía fue acuñado, según datos del *Oxford English Dictionary*, a finales del siglo xix por John Stuart Mill quien lo creó como antónimo a la utopía de Thomas Moro, y con el cual buscó designar una utopía negativa en donde la realidad transcurre en términos antitéticos a los de una sociedad ideal (http://www.oed.com).

4   Es preciso aclarar que las cifras que se manejan respecto a la economía criminal son aproximadas, dada la dificultad para verificarlas. En dicha dificultad coinciden tanto Curbet (2007), como Resa (2004) en "El crimen organizado en el mundo: mito y realidad".

5   El resurgimiento y auge que ha venido tomando, desde hace 18 años y que se ha radicalizado desde el año 2008, la presencia de buques piratas en el puerto bucanero de Eyl, en Somalia, da cuenta de esta afirmación hecha por Pratt (2002). Este tipo de economía se ha vuelto de lo más rentable generando paradojas impresionantes como que el crimen se vuelva deseable como profesión: "El armamento de los delincuentes es ahora tan sofisticado, sus ganancias tan cuantiosas y el tren de vida tan alto y atrayente que los chavales del enclave costero de Eyl, en la paupérrima Somalia, quieren ser piratas" (Aznárez, 2008, p. 6), lo cual rompe con las lógicas de Occidente. Sin embargo, resulta perfectamente comprensible que esto suceda puesto que como algunos de estos piratas afirman: "Lo que nos forzó a ser piratas fue que las flotas extranjeras nos robaron la pesca. Ahora nos lo cobramos con los rescates. El hambre nos hizo piratas" (Aznárez, 2008, p. 6). Este tipo de redes son difíciles de desmantelar pues aunque "la marinería pirata es reducida, la mayoría de la población participa del negocio indirectamente" (Aznárez, 2008, p. 6). Se sabe que la economía ilegal y el crimen se basan en la necesidad, en la mala gestión del gobierno y en la corrupción de sus autoridades, por lo cual queda claro que ni el problema de los piratas en Somalia ni el de los cárteles de la droga en México podrán ser erradicados, eficazmente, mientras estos países no cuenten con una estabilidad económica sostenible que funcione a medio y largo plazos.

6   Términos con los que se designa en Latinoamérica, en particular en México, a los traficantes de personas.

Nota aclaratoria sobre lo gore: el devenir *snuff*

Consideramos pertinente dejar clara la distinción entre capitalismo gore y capitalismo *snuff*[1] —ambos términos tomados de la nomenclatura de dos géneros cinematográficos—,[2] propuestos aquí como categorías exportables al ámbito filosófico para la interpretación *de la episteme de la violencia* contemporánea, de sus lógicas y sus prácticas.

Queremos dejar claro que preferimos el concepto de capitalismo gore, frente al de capitalismo *snuff*, dado que los fenómenos observados de violencia extrema aplicados a los cuerpos como una herramienta de la economía mundial y, sobre todo, del crimen organizado, como parte importante de esa economía global, suponemos que no alcanzan la categoría de *snuff*, sino que se sitúan aún en los límites de lo gore, por conservar el elemento paródico y grotesco del derramamiento de sangre y vísceras que, de tan absurdo e injustificado, parece irreal, efectista, artificial; un grado por debajo de la fatalidad total, un *work in progress* hacia lo *snuff*, que aún cuenta con la posibilidad de ser frenado. Sin embargo, en estos momentos presenciamos que lo que inicialmente propusimos como capitalismo gore deviene rápidamente, a pasos agigantados, un capitalismo *snuff*.

---

1 El *cine splatter* o *gore* es un tipo de película de terror que se centra en lo visceral y la violencia gráfica. Estas películas, mediante el uso de efectos especiales y exceso de sangre artificial, intentan demostrar la vulnerabilidad del cuerpo humano y teatralizar su mutilación. Las películas *snuff*, por otra parte, son grabaciones de asesinatos reales (sin la ayuda de efectos especiales o cualquier otro truco). Su finalidad es registrar estas atrocidades mediante algún soporte audiovisual y, posteriormente, distribuirlas comercialmente para entretenimiento.

2 Consideramos acertado unir el término *capitalismo* a estos dos géneros cinematográficos, ya que en la era de los medios de comunicación y la imagen, el cine construye (aún) gran parte del imaginario cultural, al mismo tiempo que la industria cinematográfica estadounidense es uno de los representantes más poderosos del capitalismo contemporáneo.

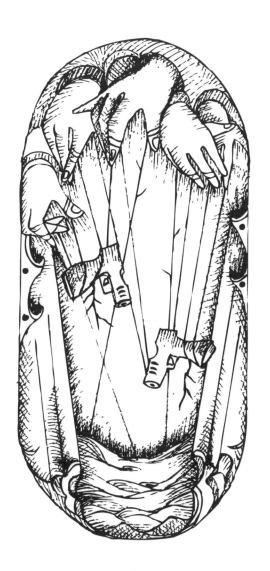

CAPÍTULO 1

Estallido del Estado como formación política

La preocupación (filosófica) por la violencia

La ética ha de estar a la altura de lo que nos acontece.

GILLES DELEUZE

Si bien es cierto que la violencia es un comportamiento que nos acompaña desde los inicios de lo que conocemos como Historia, también lo es que este fenómeno no ha sido suficientemente estudiado por la filosofía —o ha carecido de difusión—, excepto casos aislados como el de Maquiavelo y Hobbes, en cuyos trabajos la violencia fue un factor definitivo. En el primer caso, como una herramienta determinante para el acceso al poder y la conservación de éste (Maquiavelo, 2004), y en el segundo, como un rasgo de la condición humana y la "sociabilidad" (Hobbes, 2003).

Existen también algunos teóricos contemporáneos que tratan (o trataron) el tema de la violencia como una transversal importante en su obra, como es el caso de Georges Bataille, Slavoj Žižek, Judith Butler, Giorgio Agamben y Achille Mbembe.

Sin embargo, la preocupación filosófica sobre el tema dista de ser evidente, lo cual resulta paradójico dado que la violencia en el último siglo se ha recrudecido y convertido en el eje determinante de Occidente y la vida contemporánea; es decir, en un paradigma interpretativo de la realidad actual. Como lo explica Charles Tilly:

> en términos absolutos (y per cápita), el siglo xx ha sido el más violento de los últimos diez milenios del planeta. Partiendo del balance de víctimas en conflictos armados, principalmente en las guerras mundiales (primera y segunda) y recordando que en la segunda mitad del siglo xx las prácticas militares que siguen prevaleciendo responden a nombres como los de guerrilla, conflicto de baja intensidad, genocidio, politicidio, democidio o limpieza étnica. (Tilly, 2007, p. 56).

De este modo, el siglo xx puede ser entendido como un sinónimo de violencia, la cual se ha radicalizado a través del neoliberalismo y el advenimiento de la globalización hasta alcanzar en la primera década del siglo XXI la etiqueta de *realidad gore*. En este punto cabría la pregunta de por qué es diferente esta forma de violencia vinculada con el capitalismo gore a las otras formas de ejecución. La respuesta radicaría en un entramado fuertemente ligado a los beneficios económicos que reporta, tanto su ejecución como su espectacularización y posterior comercialización a través de los medios de información. En el capitalismo gore la violencia se utiliza, al mismo tiempo, como una tecnología de control y como un *gag* que es también un instrumento político. El *gag* es parte de la tradición humorística y teatral, especialmente circense, y se define como: "Una unidad cerrada de hilaridad pura: tiene que ver con el gusto muy infantil y muy primitivo por la sorpresa desintegradora, por el desorden que irrumpe, con el placer muy instintivo de que las cosas se salgan de su sitio, caigan o se desplomen inesperadamente" (Brieva, 2009, p. 1.)

La violencia y su espectacularización se erigen como vectores transversales a todos los campos del conocimiento y la acción, constituyéndose como el modelo por antonomasia de interpretación de la actualidad, así como los creadores fundamentales de una *episteme g-local* que se extiende desde las periferias hasta los centros del planeta y viceversa.

Entendemos la *violencia* como una categoría interpretativa con distintas transversales, entre las cuales destaca el hecho de que está íntimamente relacionada con la acción; es decir, el concepto de violencia que manejamos incluye tanto el ejercicio fáctico y cruento de ésta como su relación con lo mediático y lo simbólico.

Ahora que la violencia es *episteme*, debemos recordar más que nunca que la filosofía "comienza cuando los dioses enmudecen [¿y qué es esta violencia desenfrenada del capitalismo gore, sino un silencio de referentes, un olvido?]. Sin embargo, toda actividad filosófica se basa en la palabra" (Lyotard, 1996, p. 121), por eso es pertinente que la filosofía no olvide la deuda que tiene con el discurso, el poder que ostenta también para crearlo y crear ideas e interpretaciones de la realidad que nos circunda.

Por lo anterior, consideramos fundamental una profundización en el tema de la violencia desde nuestra disciplina, ya que es indudable que —como herramienta (efectivísima) de la economía mundial— ha generado una suerte de giro discursivo propio, entendido como un horizonte de sentido y referencia.

Entendemos esta *episteme de la violencia* como el conjunto de relaciones que unen nuestra época con las prácticas, discursivas o no, que se originan de ésta, creando ciertas figuras epistemológicas contemporáneas que no guardan relación directa con lo que se había venido conociendo como los modelos adecuados de interpretación de la realidad; creando así una fisura en los pactos éticos occidentales y en la aplicabilidad del discurso filosófico occidental ante las condiciones económicas, sociales, políticas y culturales del mundo actual.

Así, deducimos que de la unión entre la *episteme de la violencia* y el capitalismo deviene un fenómeno que hemos denominado capitalismo gore. Éste comenzó su andadura en el estado de excepción[1] en el que se desarrolla la vida en múltiples confines del planeta, con especial ahínco en los países con economías deprimidas que se conocen como tercer mundo, y en las fronteras entre éstos y el primer mundo.

Hacemos hincapié en el hecho de que es prioritariamente en el tercer mundo y sus fronteras en donde los efectos del capitalismo gore son más evidentes y brutales. Este énfasis descansa en nuestro interés por mostrar que si bien es cierto que las prácticas gore —al menos las más frontales— parten del tercer mundo, también lo es que para reflexionar sobre ellas, sobre sus lógicas, sus procesos y sus consecuencias, debemos trazar puentes conceptuales, desarrollar un conocimiento menos exotizante y más cercano a las acciones y demandas bajo las cuales se maneja la realidad tercermundizada; porque es ésta quien nos dará noticia de los fenómenos a los cuales se está enfrentado ya —y se seguirá enfrentando— el primer mundo. Con ello no sugerimos que los fenómenos que acontecen en esos espacios y las categorías para su interpretación sean universalizables, ni que cuenten con validez y aplicabilidad sin tomar en cuenta las diferencias geopolíticas. Sin embargo, sí identificamos ciertos procesos que están emparentados con la globalización y el flujo de modelos económicos criminales que se empiezan a visibilizar en las sociedades primermundistas tanto en los noticieros como en las prácticas de consumo que a través del cine, la música, los videojuegos, el arte y la literatura están cumpliendo la función de instaurar, legitimar y reproducir identidades violentas y, en muchos de los casos, criminales.[2]

El primer mundo carece del conocimiento de estas lógicas y sus acciones, no porque no haya participado nunca de las lógicas criminales, sino por el hecho de que esta forma de ejercer la criminalidad está emparentada con las lógicas de la globalización que aún hoy resultan bastante

*Capitel. smo
Capione
como
valio*

desconocidas e imprevisibles en cuanto a sus efectos, condenándose así a un vacío epistemológico, teórico y práctico, por carecer de un conjunto de códigos comunes que descifren estas prácticas gore.

El estallido del Estado-nación

En primera instancia y siguiendo a Foucault, abordaremos el liberalismo —doctrina madre del neoliberalismo actual— haciendo una especie de recopilación-reflexión sobre la ruptura que éste supuso para la *razón del Estado* al dejar de concebirla como una *Polizeiwissenschaft*.

El concepto de *Polizeiwissenschaft* es planteado por los estudiosos alemanes en el siglo XVIII y se concibe como una tecnología gubernamental que "se hace cargo de los problemas de la población: salud, natalidad, higiene, que encuentran por tanto en este marco, sin dificultad, un espacio importante" (Foucault, 1979b, p. 120). La lectura que hace Foucault del liberalismo como una práctica más que como una ideología, "como una forma de actuar orientada hacia la consecución de objetivos [económicos]" (Foucault, 1979b, p. 119) dinamita la concepción del Estado entendido como totalitario, racional pero también como benefactor. Con ello, se pone en jaque la noción misma de gobernabilidad, la cual es reducida por el liberalismo a la vía jurídica buscando crear "una sociedad política basada en vínculos contractuales" (Foucault, 1979b, p. 121) que se regule por medio de la ley "porque la ley define formas de intervenciones generales que excluyen medidas concretas, individuales, excepcionales, y porque la participación de los gobernados en la elaboración de la ley, en un sistema parlamentario, constituye el sistema más eficaz de economía gubernamental" (Foucault, 1979b, p. 121).

No sobra decir que el Estado de derecho garantizado por la ley está regido por la lógica liberalista que brinda libertad de acción para los económicamente pudientes. Sin embargo, la libertad de acción no es propiedad exclusiva de quienes detentan el poder económico ni de quienes se amparan por ello en la ley. De hecho, las prácticas gore no están sujetas a la ley, sino que la desafían y pueden ser leídas dentro del marco de la libertad de acción. De igual forma, las prácticas de resistencia opositiva se justifican en la agencia y no son favorables para el sistema neoliberalista ni tampoco se adscriben a las prácticas gore, antes bien se sitúan en una distancia crítica de ambas.

La apelación liberalista para crear un Estado laxo en sus responsabilidades con la sociedad y sus sujetos establece una relación de sujetos "sujetados" unidireccionalmente en el marco de la ley. Es decir, las exigencias que este sistema impone sobre el individuo al responsabilizarlo de sí mismo, volviendo social e intersubjetiva y, de alguna forma, privada, la negociación de sus relaciones económicas no considera a aquellos sujetos que carecen de potestad para negociar desde una posición que no les ponga en desventaja.

El neoliberalismo estadounidense va más lejos que el liberalismo ya que pretende (y, de hecho, lo hace) "ampliar la racionalidad del mercado [...] a ámbitos no exclusiva ni predominantemente económicos: la natalidad, la familia, pero también la delincuencia y la política penal" (Foucault, 1979b, p. 123). Sin considerar que la libertad de los procesos económicos puede producir distorsiones sociales.

Esta ampliación de la racionalidad económica implica la implantación de un modo débil de gobernabilidad por parte del Estado y su flexibilización, de tal suerte que sea la economía quien se ponga a la cabeza de la gubernamentabilidad y sus gestiones, trayendo como consecuencia —a través de la desregulación impulsada por la globalización— la creación de dobles marcos o estándares de acción que permiten la precarización laboral mundial, al mismo tiempo que alientan el surgimiento de prácticas gore, ejecutadas por sujetos que buscan el cumplimiento de una de las reglas más importantes del liberalismo para hacerse de legitimidad económica y de género y, por tanto, social: encarnar la figura del *selfmade man*.

De este modo, la globalización, cuyas premisas fundamentales hunden sus raíces en el neoliberalismo, pone en evidencia el estallido del Estado, quien en el contexto contemporáneo juega un papel ambivalente, puesto que se basa teóricamente en una política global y de convivencia. Sin embargo, el Estado en la era global puede entenderse más como una política interestatal mundial que al tiempo que elimina sus fronteras económicas redobla sus fronteras internas y agudiza sus sistemas de vigilancia.

Dicha proliferación de fronteras, vigilancia y controles internos aumenta los costes, el auge y la demanda de mercancías gore: tráfico de drogas, personas, contratación de sicarios, seguridad privada gestionada por las mafias, etcétera.

Sin embargo, la flexibilización económica del Estado no va en detrimento del poder y el control ejercido por éste. "Es decir, que en esa nueva gubernamentabilidad esbozada por los economistas siempre tratará de asignarse como objetivo el aumento de las fuerzas del Estado [...]" (Foucault, 2008, p. 332).

El estallido del Estado benefactor puede observarse en el desplazamiento de la gubernamentabilidad dirigida por la economía (las empresas transnacionales legítimas e ilegítimas que hacen que las lógicas mercantiles sean adoptadas inexorablemente por todo el sistema), transformando el concepto de Estado-nación en el de mercado-nación; es decir, transformando una unidad política en una unidad económica regida por las leyes del intercambio y del beneficio empresarial, y conectada por múltiples lazos al mercado mundial.

Estado-nación/mercado-nación

Para hablar del desplazamiento de la gubernamentabilidad cabría preguntarse: ¿cómo emerge y se populariza la idea de globalización? Para esta pregunta hay múltiples respuestas; no obstante, nos centraremos sobre todo en el desprestigio del concepto de ideología. En 1989, Francis Fukuyama, politólogo estadounidense, publicó un libro titulado: *El fin de la historia y el último hombre*, en el que en una reinterpretación neoliberalista de Hegel daba por terminadas las ideologías y las grandes metanarrativas poniéndoles como punto final la caída del comunismo.

Después de eso, nos encontramos en una línea tránsfuga de la Historia en donde el tiempo siguió avanzando sin los molestos obstáculos que supondría no profesar un pensamiento único: la religión del neoliberalismo absoluto. Así, la caída del comunismo, la des-ideologización y la des-historización resultaron campo fértil para la emergencia de la globalización.

Entendemos a la globalización como la desregulación en todos los ámbitos, acompañada de la debilitación máxima de las mediaciones políticas en beneficio exclusivo de la lógica del mercado. Esto incluye:

1. Mercado laboral desregulado.
2. Desterritorialización (segmentación internacional y descontextualización del ámbito propio de cada país).
3. Decodificación de flujos financieros por la aplicación exacerbada de la política neoliberal.
4. Estrategias aplicadas para que el dinero viaje a la velocidad de la información (maridaje de la economía con la tecnología).

Sin embargo, el discurso neoliberal presenta la globalización ante la sociedad como una realidad que pudiera basarse en la igualdad. Bajo la sentencia de *igual-acceso-a-todo*[3] ordena la aceptación del mercado como único campo que todo lo iguala, pues instaura necesidades, naturalizadas artificialmente, que incitan al consumo sin diferenciación alguna.

Es importante destacar que el maridaje que se da entre economía, política y globalización populariza el uso de nuevas tecnologías, bajo la consigna de eliminar fronteras y acortar distancias —aunque sólo virtualmente—. Sin embargo, dicho maridaje tiene como fin crear una conciencia social acrítica e hiperconsumista que dé la bienvenida a los sistemas de control y vigilancia sin que éstos tengan que ocultarse, ponderando su existencia como lógica, aceptable y demandada por la propia sociedad. De esta manera se condicionan y transgreden las nociones de privacidad y libertad. Se configura con ello una nueva idea de identidad personal, nacional, social. Lo social contemporáneo puede entenderse como una aglutinación de individuos encapsulados en sí mismos que comparten un tiempo y un espacio determinados, y participan de forma activa o pasiva (radical o matizada) de una cultura del hiperconsumo.

Ser una cultura del hiperconsumo se deriva, como consecuencia lógica, de las prácticas políticas y de la emergencia de la nueva clase dirigente: los empresarios. En el concepto de cultura actual ya no hay espacio para los héroes, sólo para los publicistas.

Junto al estallido del Estado como entidad política se emprende también un desmantelamiento o una resignificación mercantil de los conceptos de nación y nacionalismo. Para revisar el concepto de nacionalismo citamos a Clifford Geertz, quien lo definía a mediados de la década de 1970 como: "Amorfo, con inciertas metas, a medias articulado, pero así y todo en alto grado inflamable" (Geetz, 1978, p. 205). Y lo dividía en dos tipos de evocaciones para legitimarse:

1. Esencialista: apela a los términos de tradición, cultura, carácter nacional, parentesco sanguíneo, lengua, etcétera.
2. Epocalista: apela a la historia de nuestro tiempo, su dirección y el significado de ésta.

Al apropiarse de ellas, el mercado toma y absorbe estas evocaciones de legitimidad, regresándolas al discurso de forma resignificada (Geetz, 1978, p. 204). —resignificación que obviamente sólo atañe a sus intereses— con lo cual instituye, de manera *sutil*, un nuevo formato de nacionalismo que apela a los conceptos de unión e identificación a través del consumo, tanto de bienes simbólicos como materiales. Ya que, dentro de las lógicas mercantiles, todo es susceptible de ser comercializado, incluyendo los conceptos, por lo cual los conceptos de *nación* y *nacionalismo* pueden convertirse en baratijas culturales decorativas.

El concepto de Estado-nación ha sido desestructurado y desbancado por el de mercado-nación. Este desplazamiento es fundamental puesto que "[a]lgo que todo el mundo sabe pero nadie siquiera piensa cómo demostrar es el hecho de que la política de un país refleja el sentido de su cultura" (Geetz, 1978, p. 162).

Si bien es cierto que el mercado-nación ya no se reduce geográficamente a un país, también es cierto que el neoliberalismo tiene como principal representante a Estados Unidos quien extiende su cultura a través de la tecnología, los *mass media*, el *networking*, la publicidad y el consumo a todos los confines de la Tierra; con lo cual se crean deseos consumistas incluso en aquellos lugares donde difícilmente podrán ser satisfechos por la vía legal; fortaleciendo la emergencia y el afianzamiento del mercado como la Nueva Nación que *nos une*.

Cabe aclarar que la implantación de este discurso no se da de forma directa, expuesta, sino por el contrario, se da en una especie de travestismo discursivo, en el que los términos del mercado son intercambiados por otros conocidos y defendidos desde una perspectiva identitaria e incluso nacionalista, por lo cual este intercambio es propuesto de manera casi "natural". Se cuida todo el tiempo de que el uso y la popularización de los conceptos del mercado-nación no desplacen bruscamente a los usados por los distintos nacionalismos y/o naciones. Tratar de no hacer desaparecer el discurso (pero sólo en teoría) de las naciones es una estrategia para usarlo como envoltorio de legitimación que encubra al discurso consumista del mercado-nación.

Se incita a la inflamación del discurso de las naciones para desarmarlas/inmovilizarlas, para que la acción quede directamente a disposición del mercado. Esto se evidencia de forma clara en el hecho de que, en la mayoría de países europeos donde gobierna la derecha, se defiende una economía neoliberal al mismo tiempo que se detenta un discurso conservador que apela al nacionalismo.[4] Sin embargo, bajo los preceptos nacionalistas subyace el sistema del mercado-nación que impone como parámetros de identidad personal, cultural, social e internacional, el uso y consumo de marcas registradas (™), logos (®), nombres (©), firmas, iconos y/o teorías populares, etc., exigiendo un poder adquisitivo para otorgar un *statu quo* que fungirá de canon de identidad.

Hemos revisado el estallido del Estado y el desmantelamiento del concepto de nación en el primer mundo. Sin embargo, cabe aclarar que dichos procesos han tomado una dirección distinta en el tercer mundo, en donde el estallido del Estado se ha dividido entre la integración de las demandas neoliberales y la interpretación literal de estas demandas por parte de la población tercermundista que ha devenido en la creación de un Estado alterno hiperconsumista y violento.

Narco-nación

En el caso de México podríamos decir que el estallido del Estado-nación se ha dado de forma *sui generis*, puesto que el nuevo Estado no es detentado por el gobierno, sino por el crimen organizado, principalmente por los cárteles de la droga, e integra el cumplimiento literal de las lógicas mercantiles y la violencia como herramienta de empoderamiento, deviniendo así en una narco-nación.

El proceso que denominamos narco-nación no es un fenómeno reciente, por el contrario ha sido un proceso largo y complejo. Podríamos hablar de que, desde finales de la década de 1970, el Estado mexicano no puede ser concebido como tal, sino como un entramado de corrupción política que ha seguido las órdenes del narcotráfico en la gestión del país (*cf.* Resa, 1999), una amalgama narco-política que se ha radicalizado en la última década y que mantiene enfrentados al gobierno y al crimen organizado en la contienda por el monopolio del poder.

Un país como México tiene su economía más constante en el sector gris o negro y en este contexto debemos situar el fenómeno de la delincuencia organizada. Dicho fenómeno ha nacido dentro de un Estado corrupto y desestructurado que llevó a la población civil a una situación caótica, quien tomó el modelo criminal como "una respuesta 'racional' a un entorno socioeconómico totalmente anómalo" (Glenny, 2008, p. 80). Así, "con el Estado en pleno desmoronamiento y las fuerzas de seguridad sobrepasadas por la situación e incapaces de hacer valer la ley, cooperar con la cultura criminal era la única salida" (Glenny, 2008, p. 72).

De esta manera, la mafia se entreteje con el Estado y cumple (o financia) muchas de las funciones de aquél, creando un entramado indiscernible y difícil de impugnar de forma eficaz, dado que las necesidades de la población civil se ven atendidas gracias a la creación de escuelas, hospitales, infraestructuras, etc., patrocinadas por el narcotráfico. Se difuminan así las fronteras en las que situar las funciones del Estado y las del narcotráfico, todo ello coadyuvado por el encubrimiento y el silencio de la población civil. Como afirma Carlos Resa Nestares:

> [E]s evidente que el poder económico procedente del tráfico de drogas se traduce además en poder social y político. La corrupción, y la intimidación y la violencia cuando ésta falla, genera importantes réditos en torno al proceso político de toma de decisiones, lo cual les permite tener acceso indirecto al debate sobre políticas que influyen en sus negocios tornándolas hacia su favor y en ocasiones en contra de los ciudadanos. Por otra parte, el cerebro racionalmente económico de los grandes narcotraficantes no sólo se dedica a trazar esforzados planes de distribución y expansión, sino también a su legitimación en una sociedad concreta. Las drogas generan empleos y riquezas en zonas muy degradadas del primer y del tercer mundo, con las lealtades personales que ese flujo monetario puede generar. Pero también los grandes narcotraficantes utilizan partes marginales pero importantes de sus beneficios para obras sociales y de caridad. (Resa, 2003).[5]

Durante la crisis de la década de 1980, sufrida por la mayoría de los países de Latinoamérica, se radicalizó la pobreza y se afianzó la alianza narco-política, creándose en México, y en muchos otros países tercermundistas, "un Frankenstein que se escapó por la puerta sin que los científicos se dieran cuenta" (Glenny, 2008, p. 74).

Factores como la liberalización de precios, la desregulación de los mercados, escasos apoyos al campo[6] (al sector agropecuario), desestructuración e ineficacia de las funciones del Estado, faltas en el cumplimiento en las garantías mínimas de los derechos humanos, espectralización del mercado, bombardeo consumista-informativo, frustración constante y precarización laboral ayudaron también a la popularización de la economía criminal y el uso de la violencia como herramienta mercantil, dando "el pistoletazo de salida para un vertiginoso y accidentado viaje hacia lo desconocido" (Glenny, 2008, p. 74), un camino paralelo que trazó la ruta hacia el capitalismo gore.

Con la década de 1990 llegó una nueva reforma a la economía mexicana: el Tratado de Libre Comercio entre México, Estados Unidos y Canadá (TLCAN), que se sumó al constante servilismo del gobierno para con las empresas extranjeras (especialmente con Estados Unidos y los países asiáticos). El TLCAN contenía una serie de anomalías catastróficas. Los precios más imposibles para millones de ciudadanos (en los productos básicos de alimentación) y la vivienda se liberalizaron, pero no los que afectaban a una pequeña minoría de empresarios (el petróleo, el gas natural, etc.). Esto llevó al país a una desolación económica y política absoluta, haciendo de la clase media una minoría cada vez más escasa. Con el adelgazamiento de ésta y el incremento de las desigualdades sociales, como resultado de una política que permitía a los empresarios extranjeros y nacionales (en su minoría) tener acceso a "una licencia para imprimir dinero" (Glenny, 2008, p. 74), se produjo el desafío de las leyes y la opción por participar del pastel a través de la economía ilegal. Enriquecimiento cuasinstantáneo que tenía como precio el derramamiento de sangre y la pérdida de la vida; precios que no resultan demasiado altos cuando la vida no es una vida digna de ser vivida, sino una condición ultraprecarizada envuelta en frustración constante y en un empobrecimiento irreversible por otras vías.

"En una situación normal se consideraría que la extorsión, el secuestro y el asesinato constituyen un régimen de seguridad más bien nefasto. A la mayoría de la gente le costaría considerar como negocios legítimos el robo de automóviles, el tráfico de prostitutas o narcóticos." (Glenny, 2008, p. 80). Pero México y gran parte de Latinoamérica no se encuentran en una situación normal. Si en un país tan grande y con tantos recursos se reemplazan éstos por una serie de factores que incluyen la migración masiva del campo a la ciudad, una moneda devaluada múltiples veces, la ineficacia del Estado para adscribirse, de una forma no servil, a los cambios decisivos de la economía mundial, resulta evidente que esta sociedad no puede dejar escapar "oportunidades nuevas y excepcionales [que se presentan] a los elementos más ingeniosos, más fuertes y más afortunados de la sociedad [los cuales forman una amalgama de oligarcas, delincuentes y burócratas] cuyo poder escapa de repente al poder estatal." (Glenny, 2008, p. 80).

La lucha antidrogas emprendida por el gobierno mexicano

Tal y como hemos expuesto, en México el narcotráfico y la criminalidad en general desempeñan más de un rol que beneficia al Estado. Ya que, por un lado, representan una parte elevada del producto interno bruto (PIB) del país y, por otro, el Estado se beneficia del temor infundido en la población civil por las organizaciones criminales, aprovechando *la efectividad del miedo* (Interdisciplinario La Línea, http://feariseffective. blogspot.com) para declarar al país en *estado de excepción*, (*cf.* Agamben, 2003), justificando de esta manera la vulneración de los derechos y la implantación de medidas autoritarias y de vigilancia cada vez más invasivas. También, a través de la declaración del país en *estado de excepción* se justifica el desmantelamiento del Estado del bienestar, la eliminación de recursos como uno de los primeros precios a pagar en pos de la seguridad.

Ni el gobierno ni las fuerzas de seguridad mexicanas buscan acabar con el poder de los cárteles de la droga, sino limitarlo y usarlo en beneficio propio como habían venido haciendo desde hace casi cuatro décadas, puesto que planear estrategias efectivas para luchar contra el narcotráfico en México y en todos aquellos países con fuerte dependencia económica de los carteles de la droga, traería como consecuencia, efectos recesivos en el conjunto de la economía y consecuencias sociales significativas (Resa, 2001). Para justificar lo anterior citamos textualmente algunos fragmentos de una entrevista hecha por Pablo Ordaz a Eduardo Medina Mora, entonces procurador general de justicia de la república mexicana, aparecida en el diario *El País* el domingo 23 de noviembre de 2008 (Ordaz, 2008).

> Pablo Díaz: No hace mucho, en un periódico mexicano apareció una viñeta en la que se veía al diablo muy preocupado, charlando con un colega por la situación de violencia que sufre el país. "Durante décadas", venía a decir, "temimos que se colombianizara México, ahora lo que nos da miedo es que se mexicanice el infierno" [...].
> [...]
> Eduardo Medina Mora: [...] No estoy desestimando el tamaño del problema, que es muy grave y así lo asumimos, pero sí hay que considerar que los niveles de violencia en el país comparado con otros países no son tan desfavorables [*sic*].

Resulta sorprendente leer que al procurador general de justicia de la república mexicana, las 5 300 muertes registradas durante el año 2008 (Medina, 2008).[7] parecen no serle suficientes para alarmarse por el estado de guerra, no declarada, en el que se encuentra el territorio mexicano en manos de los cárteles de la droga. Tal vez toda la parafernalia de la lucha contra el narcotráfico emprendida por el gobierno obedezca a las lógicas de un proyecto de eugenesia cruenta en el que se busca matar a los peces menores para dar un escarmiento a la población civil y recuperar el estatus de respetabilidad que se ha ido desgastando con los años ante los ojos de la sociedad mexicana. Una lucha por recuperar el *honor del Estado* más que un proyecto de protección y garantía de los derechos civiles y humanos de l@s mexican@s.

> Eduardo Medina Mora: [...] El planteamiento del gobierno no es terminar con el narcotráfico [*sic*] en la medida en que somos conscientes de que siempre habrá una demanda de sustancias ilícitas, sino quitarle a estas organizaciones el enorme poder de intimidación, el enorme poder de fuego que acumularon a lo largo de estos años y por consecuencia su capacidad de destruir instituciones.

El planteamiento principal de la lucha contra el narcotráfico que nos expone Medina Mora parece radicar en que *la efectividad del miedo se circunscriba a las potestades del Estado*; es decir, que el poder de amedrentar y beneficiarse con ello sólo sea detentable por el gobierno. El procurador Medina Mora en sus declaraciones no nos habla de una reformulación de la aplicación del poder sino con una perspectiva autoritaria e incluso antidemocrática. Tampoco se detiene a analizar los lazos que existen entre estos criminales y la construcción de la nación mexicana basada en el machismo y el despliegue de la violencia que ello implica.

A este respecto, Carlos Monsiváis nos dice que el término *macho* está altamente implicado en la construcción estatal de la identidad mexicana. Dicho término se expande en México después de las luchas revolucionarias como signo de identidad nacional (*cf.* Monsiváis, 1981, pp. 9-20); durante ese periodo el término *machismo* se asociaba a las clases campesina y trabajadora, ya que en la incipiente configuración de la nación mexicana, el *macho* vino a ser una superlativación del concepto de hombre que más tarde se naturalizaría artificialmente como una *herencia social nacional* y que ya no se circunscribiría sólo a la clases subalternas, dado que el machismo cuenta entre sus características con "la indiferencia ante el peligro, el menosprecio de las virtudes femeninas y la afirmación de la autoridad en cualquier nivel" (*cf.* Monsiváis, 1981, p. 09). Las construcciones de género en el contexto mexicano están íntimamente relacionadas con la construcción del Estado. Por ello, ante la coyuntura contextual de México en la actualidad y su desmoronamiento estatal, es necesario visibilizar las conexiones entre el Estado y la clase criminal, en tanto que ambos detentan el mantenimiento de una masculinidad violenta emparentada con la construcción de lo nacional, lo cual tiene implicaciones políticas, económicas y sociales que están cobrando actualmente un alto número de vidas humanas, dada la lógica masculinista del desafío y de la lucha por el poder y que, de mantenerse, legitimará a la clase criminal como sujeto de pleno derecho en la ejecución de la violencia como una de las principales consignas a cumplir bajo las demandas de la masculinidad hegemónica y el machismo nacional.

La lucha contra el crimen organizado en esta entrevista parece más un ajuste de cuentas entre machos poderosos y heridos que buscan limpiar su honor y recuperar sus territorios, pero que, en general, no se preocupan por las consecuencias reales del fenómeno de la violencia,[8] ni del miedo que está causando en la población civil, que se ve atacada en dos frentes: tanto por las reyertas entre bandas mafiosas como por la ocupación del espacio público de las fuerzas armadas, creando un miedo endémico que puede manifestarse —como ya lo está haciendo en casi todo el territorio— en el enclaustramiento de los civiles en sus casas, presas de un sentimiento de vulnerabilidad y de un sentimiento de culpa, no del todo justificada, mientras que los criminales campan con toda tranquilidad por el territorio mexicano y el gobierno se libra de manifestaciones activas por parte de la población civil que debería exigirle el cumplimiento de sus competencias en temas de seguridad.

El peligro que encierra este miedo, que germina con mayor intensidad en la sociedad, radica en que puede darse un brote de insurrección civil que desemboque en el derrocamiento del Estado por su incompetencia y en una guerra civil producto de la paranoia, el sentimiento de desprotección, el estrés crónico y el terror constante al que se encuentra sometida la sociedad. En estas circunstancias "te conviertes en un animal o estás en el límite" (Saviano, 2008, p. 100.), pues "cuando empieza a haber muertos, no se puede hacer otra cosa que combatir" (Saviano, 2008, p. 92.). "El problema es que no puedes sentirte excluido. No basta con suponer que la propia conducta podrá ponerte a resguardo de cualquier peligro. Ya no vale decirse: se matan entre ellos" (Saviano, 2008, p. 105.). Sin embargo, el verdadero problema con la violencia para el procurador no es que se ejerza, sino que ya no es exclusivamente el Estado quien la ejerce:

> Eduardo Medina Mora: El presidente Felipe Calderón ha dicho que las organizaciones criminales en algunas de esas zonas [la frontera norte de México] han disputado al Estado sus potestades básicas. El derecho exclusivo al uso legítimo de la fuerza. El derecho exclusivo de cobrar impuestos, y en alguna ocasión el derecho exclusivo de dictar normas de carácter general.

Lo que el presidente Felipe Calderón no dijo fue que desde las legislaturas del PRI[9] y durante las dos legislaturas del PAN,[10] el narcotráfico ha desarrollado prerrogativas correspondientes al Estado en cuanto a creación de infraestructuras, empleos y escuelas. No mencionó una sola palabra sobre la lógica inexorable con la que se han venido justificando los corruptos (burócratas, gobierno, policías) que se basa en igualar y servir, mientras detenten el poder, a los que ganan dinero, sean empresarios, delincuentes o ambos. Sabemos que decidir corromperse no es una decisión difícil cuando el panorama que se avizora es sólo pérdida, rezago económico. Lo que resulta difícil en estos casos es resistirse a la tentación consumista.

La guerra contra el narcotráfico que está emprendiendo el Estado mexicano nos dice:

> [Quien sólo busca] soluciones basadas en el mayor despliegue policial y militar, delata una rotunda renuncia a la responsabilidad política por parte de su autor. Son obra de políticos desprovistos de imaginación que carecen de la visión o del interés necesario para abordar las enormes injusticias estructurales de la economía mundial de las que se alimentan el crimen y la inestabilidad. (Glenny, 2008, p. 475).

Lo que los discursos oficialistas no dicen es que en México los cárteles de la droga no podrán ser erradicados eficazmente mientras no se erradiquen las desigualdades estructurales entre la población; mientras "la ausencia de trabajo [persista y nos ponga de frente con] la imposibilidad de encontrar otra salida que no sea la migración" (Saviano, 2008, p. 82.); mientras no se deconstruyan los conceptos de *modernidad y de progreso* y dejen de utilizarse como directrices del discurso político y éste integre las posibilidades reales de una política geográficamente pertinente, mientras no se escape a la espectacularización de la violencia y a la celebración del hiperconsumismo; mientras no se cuestione el discurso político basado en la supremacía masculina que necesita el despliegue de violencia como elemento de autoafirmación viril y, sobre todo, mientras no se cuente con una estabilidad económica sostenible que funcione a medio y largo plazos.

Narcotráfico y psiquis estadounidense

Como hemos observado en el apartado anterior, el Estado mexicano, dada la imbricación política con la economía criminal, ha sido sustituido por "la instauración de un sujeto a nivel nacional, un sujeto soberano y *extrajurídico*, violento y centrado en sí mismo; sus acciones constituyen la construcción de un sujeto que busca restaurar y mantener su dominio por medio de la destrucción sistemática" (Butler, 2006, p. 68).

La cita de Judith Butler expresa lo que esta filósofa entiende por *psiquis del gobierno estadounidense* (en las legislaturas de George W. Bush). No es casual que pueda trazarse un paralelismo entre esta *psiquis* y la estructura mafiosa del narcotráfico en México, puesto que estos mundos, aparentemente antagónicos, se equiparan en algunos puntos.

Por un lado, la gestión de la violencia extrema (en el caso de Estados Unidos reflejada en sus constantes guerras, siendo su muestra más reciente la guerra contra Irak; y en el caso de los cárteles de las drogas sus luchas tanto intestinas como contra la policía y los departamentos antidrogas) como principal vía para la ocupación/conservación de un territorio, y la libre circulación y obtención de un producto (el petróleo y las drogas, respectivamente) para hacerse con un mercado que les otorga y garantiza un crecimiento exponencial de sus ganancias, reportando así mayor poder económico y legitimando, de este modo, su pertinencia y supremacía en las lógicas del mercado, el patriarcado[11] y el capitalismo internacional. Por otro lado, su apego al uso de estrategias que lindan con lo ilegal como forma directa para el ejercicio del poder sin restricciones y con reporte de beneficios individuales. "Lo ilegal trabaja fuera de la ley, pero al servicio del poder, del poder de la ley, del poder y la ley de la economía, reelaborando el esquema del poder y reproduciéndolo" (Butler, 2008).

Existe una relación estrecha entre las exigencias de los mercados legales y la creación y el florecimiento de los mercados ilegales. Es decir, las distintas estructuras de la ilegalidad funcionan por demanda de la legalidad, muchos tipos de acciones ilegales nacen y están protegidas con los marcos de lo legal. Citaremos aquí un ejemplo: Misha Glenny afirma en su libro *McMafia*, que Estados Unidos ofreció un generosísimo respaldo financiero y político a los países de Europa oriental tras la caída del comunismo, "apoyo orientado a la creación y sustento de organizaciones ilegales quienes derivaron en la creación de industrias que se dedicarían a la producción de drogas, armas y tecnología de punta, productos con los cuales después traficarían por todo el mundo" (Glenny, 2008, p. 11) Este ejemplo deja claro que las fronteras entre economía lícita e ilícita son difusas. También, nos informa que "el mundo delictivo está más cerca de lo que creemos de las actividades bancarias y del comercio de productos» (Glenny, 2008, p. XVIII).

Por eso, no es de extrañar que con las demandas económicas del Nuevo Orden Mundial el crimen organizado haya globalizado sus propias actividades y ahora exista un entramado de conexiones casi indiscernibles entre la economía legal y la ilegal, puesto que las organizaciones del crimen organizado de los cinco continentes se han apropiado del *espíritu de cooperación mundial* y participan como socios en la conquista de nuevos mercados. Invierten en negocios legales, no sólo para blanquear dinero, sino para adquirir el capital necesario para invertir en negocios ilegales. Sus sectores preferidos para estas inversiones: el Estado altamente rentable, el ocio, los medios de comunicación y... la banca (Subcomandante Marcos, 1997).

Como es bien sabido, existen muchos tipos de ilegalidad económica y política reconocidos y aceptados por el Estado. Por ello, el crimen organizado ha penetrado profundamente en la política y la economía de los Estados-nación. El crimen organizado se ha encumbrado como una forma de economía moderna. "Lo ilegal y lo legal son un espejo, un reflejo que se duplica. ¿En qué lado del espejo está el criminal?, ¿en qué lado aquel que le persigue?" (Subcomandante Marcos, 1997).

Por tanto, es teóricamente comprensible que las lógicas de lo ilegal (los cárteles de la droga, la mafia) se equiparen con las lógicas del Estado neoconservador estadounidense, ya que las estructuras de la mafia reproducen las estructuras del poder.

Dicho Estado hace uso y una demanda constante (y oculta) de "la distribución de productos y servicios ilegales (Glenny, 2008, p. 7) y, bajo el mandato de cumplir con las lógicas que los adscriban a la carrera capitalista, estos sujetos transforman en mercancías un sinfín de elementos que antes no podrían tomarse con ese título: drogas, armas, personas, sicarios, etc. El resultado es:

> [Una descarnada] operación de mercadotecnia encaminada a presentar con un nuevo envoltorio [y amparados por las leyes de la oferta y la demanda] un conjunto de relaciones que, marcadas por la impronta del capitalismo en sus versiones más radicales, tenían hasta hace muy poco, por lógica, una imagen negativa a los ojos de la mayoría de los habitantes del planeta. (Estévez y Taibo, 2008, p. 354).

Esto nos lleva a preguntarnos por las estrategias a trazar cuando la violencia se convierte en la ley de los mercados, invirtiendo el parangón, pues el mercado era quien hasta el momento determinaba las leyes para la gestión de la violencia. Con el advenimiento, aceptación y normalización del capitalismo gore, ¿seguirán siendo válidas las categorías de *legitimidad* e *ilegitimidad* para describir la aplicación de la violencia? ¿Qué convertirá la violencia en algo legítimo?, ¿el precio que se nos cobre por ejercerla? El monopolio de la violencia ya no es propiedad exclusiva del Estado-nación. El monopolio de la violencia se ha puesto a subasta y la puja más alta la está haciendo el crimen organizado.

Emprendedores económicos, emprendedores políticos y especialistas de la violencia

Dado que "los delincuentes organizados y desorganizados... son buenos capitalistas y empresarios emprendedores, ansiosos por obedecer la ley de la oferta y la demanda" (Glenny, 2008, p. XV), hemos decidido indagar en el concepto de *emprendedor*, puesto que es vertebrador en la construcción y el triunfo de las lógicas capitalistas.

Según páginas especializadas en gestión empresarial, se denomina emprendedor "a aquella persona que identifica una oportunidad y organiza los recursos necesarios para ponerla en marcha" (http://www.definicionabc.com/economia/emprendedor.php). Es habitual emplear este término para designar a alguien que crea una empresa o que encuentra una oportunidad de negocio o que empieza un proyecto por su propia iniciativa.

Ahora bien, como vemos, el término *emprededor/a* se usa fundamentalmente para designar positivamente a aquellos sujetos que deciden hacer una incursión más activa en la economía. Sin embargo, en la definición de emprendedor/a, basada en el seguimiento de las lógicas neoliberalistas, no encontramos ningún tipo de restricción del tipo de empresas que un emprendedor puede crear. Dicha omisión parece ser suficiente para que se entienda literalmente que si no hay restricciones mercantiles al respecto, cualquier tipo de empresa puede ser creada. Es decir, mientras produzca ganancias está legitimada por unas coordenadas económicas que aunque presupongan unos mínimos éticos no los exteriorizan, creando así un vacío discursivo para la interpretación del concepto de emprendedor/a y su puesta en práctica. Con lo anterior buscamos evidenciar que si se analiza a los sujetos endriagos de la economía criminal, desde las reglas del mercado y no de la espectacularización a la que los someten los medios de información, éstos serían perfectamente válidos, y no sólo válidos, sino legítimos emprendedores que fortifican los pilares de la economía "en el filón oculto donde se encuentra la energía palpitante del corazón del mercado" (Saviano, 2008, p. 138).

Algunas de las características distintivas del emprendedor/a son: la innovación, la flexibilidad, el dinamismo, la capacidad para asumir riesgos, la creatividad y la orientación al crecimiento. Bajo estas características los sujetos endriagos, es decir, *emprendedores del capitalismo gore, crean una amalgama entre emprendedores económicos, emprendedores políticos y especialistas de la violencia.*

Dicha amalgama exige que un mismo emprendedor tenga conocimiento de los otros campos o esté relacionado con ellos; es decir, un *emprendedor económico* debe saber desempeñar las funciones de un *emprendedor político*, quien se especializa principalmente en "activar (y a veces desactivar) líneas divisorias [separación nosotros/ellos], relatos y relaciones, [...] de modo que tienen una considerable influencia en la presencia, la ausencia, la forma, los lugares y la intensidad de la violencia" (Tilly, 2007, p. 33), lo que resulta de suma utilidad para el florecimiento de la economía criminal. Si los emprendedores económicos carecen de estos conocimientos deben contratar a aquellos que los tengan y deben contar, además, entre sus empleados con especialistas de la violencia, quienes controlan los medios para infligir daños a personas u objetos, por medio de la fuerza y la implementación de técnicas, despiadadamente eficientes, que serán favorables para conservar o arrebatar el poder.

En la economía empresarial del crimen, esta amalgama de figuras políticas es interseccional y, en muchos casos, está representada por "los líderes mercenarios, tratantes internacionales de armas, los señores de la guerra, los dirigentes militares y aquellos que disponen de un ejército propio" (Tilly, 2007, p. 35). Disponer de un ejército propio es una de las muchas condiciones que cumplen los cárteles de la droga mexicanos.

Es importante destacar que en este entramado criminal los *especialistas en la violencia* se organizan en unas fronteras difusas donde no es del todo posible separar sus técnicas de las de las fuerzas de seguridad pertenecientes a los gobiernos. De hecho, es bien sabido que "[l]os especialistas en infringir daños físicos (como, por ejemplo, policías, soldados, guardias, sicarios y bandas) juegan un papel significativo en la violencia colectiva [y muchos de ellos se encuentran o encontraron emparentados con el Estado]" (Tilly, 2007, p. XI).

Un ejemplo de estos especialistas de la violencia lo representa el comando armado mexicano denominado Los Zetas, exmilitares de los ejércitos mexicano y salvadoreño, quienes constituyen el brazo armado, el ejército privado, del cártel del Golfo[12] y cuyas prácticas de violencia son famosas por ser tremendamente efectivas, efectistas y despiadadas. Por ejemplo: videograbar las decapitaciones de sus víctimas o contrincantes en tiempo real y después subirlas junto con un mensaje-amenaza oral o escrito al portal de videos en internet llamado YouTube.

El hecho de que estos expertos en violencia hayan sido entrenados por los gobiernos dinamita la división simple entre *los insurrectos* y *las fuerzas del orden*. Ya que transcodifica esos registros y crea otros, donde los conocimientos sobre violencia se convierten en una mercancía que se rige por las lógicas mercantiles de la oferta y la demanda.

Mediante estas lógicas mercantiles las organizaciones del narcotráfico en México han logrado crear un Estado alterno con sus propias competencias y sus técnicas de reclutamiento. Técnicas que van desde las más rudimentarias, como la colocación de *narcomantas*,[13] hasta la radiopiratería transnacional, a través de la cual envían mensajes como el siguiente:

> Se hace una invitación a todos los ciudadanos que hayan prestado servicio y que hayan recibido el grado *kaibil* [militares de élite] para prestar seguridad a vehículos que transportan mercancía a México. Ofrecemos oportunidades de superación, interesados comunicarse al [...]. (*Independiente*, 2008).

Desde marcos de percepción ordinarios, estas técnicas de reclutamiento de trabajadores parecen una broma irrisoria y, sin embargo, no lo son. Han sido fraguadas desde la seriedad y la impunidad más absolutas; desde la interpretación literal del capitalismo, reestructurando así las funciones y las tareas de la violencia; haciendo a través de ésta una reconfiguración del sistema de producción y del concepto de *trabajo*. De esta forma se le otorga a éste una resignificación distópica que convierte las técnicas de sobreespecialización de la violencia no sólo en *un trabajo normal*, sino en *un trabajo deseable* al ofrecer "oportunidades de superación" frente a la precarización global del trabajo.

Un ejemplo de este cambio de paradigma puede ser representado por un sicario capturado en la frontera de Tijuana el 24 de enero de 2009 (Milenio, 2009), que se dedicaba a disolver en ácido a los deudores y los enemigos de un capo del cártel de Tijuana. En el momento de la aprehensión el sujeto declaró en primera instancia que había disuelto 300 cuerpos y que ése era su trabajo, *un trabajo común*, según afirmó. Trabajo por el cual percibía 600 dólares semanales (unos 11 mil pesos mexicanos o 450 euros). Sin embargo, la precarización del empleo no es algo que afecte sólo a los países del tercer mundo, sino que se ha convertido en una constante en los centros neurálgicos del poder económico y convive con la opulencia.

Así, en la Europa primermundista podemos observar una muestra clara de ello en Nápoles, donde las prácticas gore son interpretadas también bajo el concepto de trabajo, en el que la palabra *pieza* designa un homicidio, como lo explica Roberto Saviano: "*Hacer una pieza*: una expresión tomada del trabajo a destajo, el asesinato de un hombre equiparado a la fabricación de una cosa, cualquier cosa. Una pieza" (Saviano, 2008, p. 118).

---

1   Agamben (2003) investiga el reforzamiento en las estructuras de poder que los gobiernos emplean en *supuestas* épocas de crisis. Dentro de estas épocas, Agamben se refiere a la extensión creciente del poder como *estados de la excepción*, donde las cuestiones de la ciudadanía y los derechos individuales se pueden disminuir, reemplazar y rechazar justificándose a través del proceso de demanda de esta extensión del poder ejercida por un gobierno. O como Agamben lo explica: "En todos los casos, el Estado de excepción marca un umbral en el cual la lógica y la praxis se desdibujan una a la otra y una violencia pura, carente de logos, demanda la realización de una enunciación sin ninguna referencia real". Así, el *Estado de excepción* de Agamben investiga cómo la suspensión de leyes dentro de un estado de emergencia o de crisis puede convertirse en un estado prolongado de ser.

2   Este mismo proceso es equiparable a lo ocurrido en México durante la década de 1970, cuando empezó a instaurarse a través del cine de serie b, y la música popular conocida como corridos, una nueva identidad emparentada con la narco-cultura, y que ha predeterminado y legitimado en gran medida el desarrollo y popularización de la identidad criminal como una identidad deseable entre la población.

3   La globalización propone que todos somos iguales a través de las ventanas del consumo y del ciberespacio. Esta *igualdad* se reduce a que todos compartimos las mismas posibilidades de desear lo mismo. Sin embargo, incluso en este sistema de nivelación abstracta, late siempre la diferencia entre el desear y el poder tener.

4   Una cuestión relevante y recurrente dentro de los nacionalismos es la cuestión de la lengua, la cual es tomada por la mayoría de los discursos nacionalistas como un eje central de unión y justificación. Ahora bien, este punto hay que equipararlo con el auge que ha cobrado de unos años para acá la popularidad y la "necesidad" del idioma inglés, el idioma de los negocios, del dinero, de los intercambios económicos; esta popularidad, no resulta casual, sino más bien un punto de convergencia que tiene el mercado-nación con los nacionalismos varios. La expansión de un solo idioma no sólo es peligrosa por la infiltración de la concepción economicista por distintos medios, sino que toca puntos epistemológicos que se sitúan en la posibilidad de pensar-expresar ideas.

5   Carlos Resa Nestares es profesor de Economía Aplicada en la Universidad Autónoma de Madrid (UAM) (Departamento de Estructura Económica y Economía del Desarrollo). Peyote, Inc., era una empresa fundada en 2003 con el fin social de prestar servicios de consultoría en asuntos referidos al crimen organizado. El ámbito de especialización de la empresa abarcaba **múltiples campos dentro del crimen organizado, pero con especial predilección sobre el fenómeno del comercio ilegal de drogas en México.** Los clientes de Peyote, Inc., son instituciones públicas, entidades privadas y organismos internacionales.

6   Jaume Curbet apunta a este respecto: "Sólo el 1% del beneficio del negocio de las drogas queda en manos de los agricultores que se dedican a los cultivos clandestinos. Lo cual supone que bastaría con un aumento del 2% en la ayuda mundial al desarrollo para compensar el déficit de los agricultores si quisieran dedicarse al cultivo de productos agrícolas".

7   A la fecha, esta cifra ha ido creciendo de manera desmedida, se estima que para 2015 el número de muertes violentas por año en México es de 18 mil homicidios, cifras superiores a las que pueden registrarse en otros países con conflictos armados como Siria e Irak. (Ángel, 2015; Instituto Internacional de Estudios Estratégicos, 2015).

8   Esta despreocupación también tiene un sesgo de género y se evidencia frente al escaso interés que muestra el gobierno ante *los feminicidios* en Ciudad Juárez.

9   PRI, siglas del Partido Revolucionario Institucional, formación política que estuvo en el poder presidencial de México desde 1929 hasta el año 2000, y que lo recuperó en 2012 con Enrique Peña Nieto.

10   PAN, siglas del Partido Acción Nacional, con tendencia conservadora y democristiana, ganó las elecciones presidenciales en el año 2000 y se mantuvo en el poder presidencial hasta 2012.

11 El capitalismo se sustenta en un sistema patriarcal que fomenta la competencia y pone en todo momento a prueba "la hombría", entendida como elemento de legitimación fundamental, de sus actores (*cf.* Bordieu, 2000).

12 Nombre de uno de los cárteles más activos de la mafia mexicana.

13 Especie de sábanas colocadas principalmente en puentes o lugares visibles del mobiliario urbano de distintas ciudades mexicanas, escritas a mano con mensajes que rayan en el desafío extremo y en la ridiculización del gobierno *legítimo*. Estos mensajes incitan tanto a los soldados de élite como a la población civil a unirse a la *empresa*; es decir, a engrosar las filas del narcotráfico.

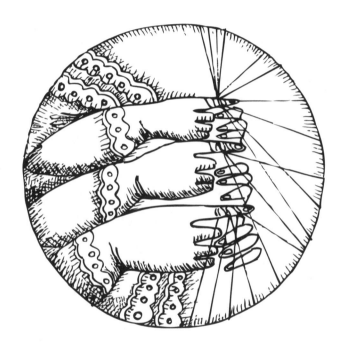

CAPÍTULO 2

El capitalismo como construcción cultural

Soñábamos con utopía y nos despertamos gritando.

ROBERTO BOLAÑO

Una pregunta fundamental cruza este texto: ¿qué ha pasado con el trabajo? Como hemos revisado en el apartado sobre emprendedores económicos, el concepto de trabajo se ha reconfigurado. Ahora que las prácticas gore trastocan el modelo marxista de producción-consumo, nos encontramos inmersos en un cambio radical respecto a lo que se refiere al trabajo, equiparable en alcances con el gran cambio que sucedió con la Revolución Industrial. La carencia objetiva a la que se refería Marx y en la cual basaba su teoría del Estado, de la lucha de clases y la división del trabajo, ha sido trastocada por las revoluciones tecnológicas y electrónicas que hemos venido viviendo en los últimos 25 años, aunque:

> hemos salido radicalmente del imperio, del reino, de la necesidad y hemos entrado en el reino de la abundancia. Y la paradoja trágica que marca nuestro tiempo es que por primera vez la utopía de la felicidad en el planeta sería posible [...] pero estamos viviendo una refeudalización del mundo, la captación de las riquezas por esas oligarquías del capitalismo financiero que son infinitamente más poderosas que todos los otros poderes que puedan existir en el planeta. (Estévez y Taibo, 2008, pp. 111-112).

Como afirma Ziegler, esta utopía se ha visto empañada, con miras lejanas a cumplirse dada la radicalización del capitalismo en neofeudalismo y la irrupción de un fenómeno ultraviolento, que se ha venido recrudeciendo en los últimos años, y que aquí denominamos prácticas gore, las cuales instauran el advenimiento del capitalismo gore.

Este capitalismo lo encontramos ya en todos los países considerados tercermundistas así como en los países de Europa Oriental. Sin embargo, no se encuentra muy lejano de alcanzar e instaurarse en los centros neurálgicos del poder conocidos como primer mundo. Es importante analizar el capitalismo gore porque, más tarde o más temprano, llegará y afectará a la parte primermundista del planeta; ya que la globalización acorta las distancias en muchos sentidos es innegable que si "estamos dentro de un pueblo global, no puede existir la salvación de una minoría de la humanidad" (Estévez y Taibo, 2008, p. 290).

El capitalismo gore nos dice: nada es intocable, todos los tabúes económicos y de respeto hacia la vida han sido rotos, ya no hay lugar para la restricción ni para la salvación, todos nos veremos afectados.

Consideramos también que el devenir gore del capitalismo no es una cuestión aislada, sino que abarca al capitalismo entero. Por lo cual, es necesario abordarlo desde una visión de conjunto, que englobe a dicho fenómeno y analice el problema desde diversos ángulos.

En primera instancia es importante poner de relieve que el capitalismo, además de ser un sistema de producción, ha devenido una construcción cultural. Es importante evidenciar este hecho, ya que mediante nuestras reflexiones no nos referiremos únicamente a la economía, sino también a sus efectos como construcción cultural biointegrada.

El capitalismo de consumo no nació automáticamente con las técnicas industriales capaces de producir mercancías estandarizadas en grandes series. Es también una construcción cultural y social que requirió por igual de la *educación* de los consumidores y del espíritu visionario de los empresarios creativos, *la mano visible de los directivos* (Lipovetsky, 2007, p. 24).

Si bien es cierto que el devenir del capitalismo es histórico y ha sido teorizado desde distintas perspectivas económicas, sociales y ahora, incluso, virtuales, también lo es que existe una fisura en el seguimiento que se hace de éste en las últimas décadas donde se ha desbordado de los confines teóricos para convertirse en realidad pura, palpable y extremadamente cercana en el espacio y en el tiempo, por tanto, difícil de teorizar.

Dada la dificultad que conlleva crear genealogías para un fenómeno y un término que designen la realidad contemporánea, nos vemos en el compromiso de recurrir a una genealogía temporalmente prestada para poner las boyas pertinentes en el océano del discurso sobre el capitalismo gore.

Así, siguiendo a Beatriz Preciado, pondremos la primera boya en los años conocidos como posfordismo, estos años que siguen a la crisis energética y a la caída de las cadenas de montaje, en los cuales inicia la búsqueda de "nuevos sectores portadores de las transformaciones de la economía global. Se hablará así de las industrias bioquímicas, electrónicas, informáticas o de la comunicación como nuevos soportes industriales del capitalismo" (Preciado, 2008, p. 26). A partir de ahí, Preciado señala, pertinentemente, la insuficiencia teórico-conceptual-explicativa que existe en estos discursos para explicar la producción del valor y de la vida en la sociedad actual.

"Es preciso elaborar un nuevo concepto filosófico equivalente en el dominio [gore] al concepto de fuerza de trabajo en el dominio de la economía clásica" (Preciado, 2008, p. 38). En el capitalismo gore, la fuerza de trabajo se sustituye por medio de prácticas gore, entendidas como el ejercicio sistemático y repetido de la violencia más explícita para producir capital.

Preciado dibuja también "una cronología de las transformaciones de la producción industrial del último siglo desde el punto de vista del que se convertirá progresivamente en el negocio del nuevo milenio: la gestión política del cuerpo, del sexo y de la sexualidad" (Preciado, 2008, p. 26) y agregamos: la gestión de la violencia desde los medios autorizados para ello (el Estado) y los desautorizados; es decir, desde los Otros que se hacen con el poder de gestionar, por medio de la aplicación de violencia en los cuerpos de distintos individuos, sin pertenecer al sistema *legítimo* de gestión de estos medios y acciones generadores de capital.

Adyacente a estas nuevas búsquedas de transformación de la economía global, comienza el trazado de una fina línea para el floreci-miento y establecimiento del capitalismo gore.

Este proceso se empieza a concebir a través de la confluencia de varios fenómenos, como la subversión de los procesos tradicionales para generar capital, el acrecentamiento del desprecio hacia la condición obrera y hacia la cultura laboral, el rechazo a la política y el crecimiento del número de los desfavorecidos, tanto en los cinturones periféricos de las grandes urbes económicas como en el tercer mundo.

Dichos fenómenos aunados a la creciente *socialización por el consumo* —como única vía para mantener vínculos sociales— y al hecho de que "las presiones y las actitudes consumistas no se detienen en las fronteras de la pobreza y hoy se extienden por todas las capas sociales, incluidas las que viven de la seguridad social" (Lipovetsky, 2007, p. 185), así como *la desculpabilización*, la trivialización [y la heroificación] de la delincuencia [tanto] en las zonas sociales de exclusión" (Lipovetsky, 2007, p. 184), como a través del bombardeo televisivo, el ocio, la violen-cia decorativa y el biomercado, nos conducen a la ejecución de prácticas gore como algo lógico y legítimo dentro del desarrollo de la sociedad

[anotación manuscrita al margen: Violencia. Normalización. Demandada por NB consumo]

hiperconsumista. La violencia y las prácticas delictivas no son concebidas ya como una vía éticamente *distópica*, sino como estrategias al alcance de tod@s para gestionar el uso de la violencia, entendida como herramienta, para hacerse con el dinero que les permitirá costearse tanto bienes comerciales como valoración social.

El concepto tradicional de trabajo se desmantela, y con ello, se ve amenazado el cumplimiento de la demanda masculinista del *macho proveedor*,[1] ya que trabajar precariamente es considerado una deshonra, como lo argumenta Roberto Saviano:

> trabajar como aprendiz de camarero o en una obra [entre los jóvenes de los barrios desfavorecidos de Nápoles] es como una deshonra. Además de los eternos motivos habituales —trabajo clandestino, fiestas y baja por enfermedad no remuneradas, diez horas de media diarias—, no tienes esperanzas de poder mejorar tu situación. El Sistema[2] al menos ofrece la ilusión de que el esfuerzo sea reconocido, de que haya posibilidades de hacer carrera. Un afiliado nunca será considerado como un aprendiz, las chavalas nunca pensarán que las corteja un fracasado. (Saviano, 2008, p. 124).

Es precisamente este entramado el que permitirá que, posteriormente, el capitalismo gore (aunque no con este nombre) se vuelva indisociable, como lo es en la actualidad, de las prácticas gore que son parte del proceso de producción de capital y que tienen sus raíces en la educación consumista de la sociedad del hiperconsumo, la desregulación tanto económica como social y *la división sexual del trabajo* (*cf.* Carrasco, 2003).

Con esto no afirmamos que el uso y abuso de la violencia como estrategia para conseguir el enriquecimiento rápido no haya existido en otras épocas, sino que lo que buscamos dejar claro es que este hecho se recrudece a partir de la caída en crisis de los grandes ejes económicos, conocidos como primer mundo (o potencias económicas mundiales). Esta descompensación en los ejes en los cuales se detenta el poder, crea una onda de efecto *anti-doppler*, una onda expansiva que afecta de forma directa a los territorios más alejados de estos centros conocidos como tercer mundo; sin embargo, este efecto se deja sentir inmediatamente en los centros, pero las respuestas desde las últimas ondas, que llegan de los territorios más alejados, se están dejando sentir actualmente no como un fenómeno espontáneo, sino como una respuesta directa a la crisis posfordista, tan olvidada ya en el centro, pero que aún muestra sus efectos en otros puntos del planeta, en los cuales las crisis han sido acumulativas y las respuestas a éstas han creado dinámicas económicas y sociales como el capitalismo gore.

Las reacciones del tercer mundo frente a las exigencias del orden económico actual conducen a la creación de un orden subyacente que hace de la violencia un arma de producción y la globaliza. De esta manera, el capitalismo gore podría ser entendido como una lucha intercontinental de poscolonialismo extremo y recolonizado a través de los deseos de consumo, autoafirmación y empoderamiento.

La forma lógica de explicar estas derivas económicas que crean sujetos y acciones distópicas (en adelante sujetos endriagos y prácticas gore) no es a través de la vía moral, sino por medio de la revisión de los fenómenos que reinterpretan y dinamitan los postulados humanistas que tenían valía en un mundo estructurado socialmente bajo el discurso del sistema benefactor y no en el mundo contemporáneo basado en la dictadura del hiperconsumo. Así pues, uno de los cambios fundamentales que se han derivado del orden económico actual, entendido como globalización, es la propia concepción del concepto trabajo, lo que ha traído como consecuencia una brutal desregulación de éste.

Ante la precarización extrema y el descuido de los gobiernos y de las empresas hacia el campo —un sector productivo que no reporta beneficios rápidos ni elevados— surgen por lo menos dos consecuencias notables. Por un lado, la masiva migración del campo a las ciudades que descompensa al sistema y lo vuelve inviable a medio y largo plazos, lo cual hace que crezca la clase precaria, que desarraigada, ya no puede englobarse en la categoría de *pobreza* ya que:

> Hasta hace poco la pobreza describía a grupos sociales tradicionalmente estables e identificables, que conseguían subsistir gracias a las solidaridades vecinales. Esa época ha pasado, las poblaciones invalidadas de la sociedad postindustrial no constituyen, hablando con propiedad, una clase social determinada. [E]l paisaje de la exclusión hipermoderna se presenta como una nebulosa sin cohesión de situaciones y recorridos particulares. En esta constelación de dimensiones plurales no hay ni cons-

ciencia de clase, ni solidaridad de grupo, ni destino común, sino trayectorias e historias personales muy diferentes. Víctimas de descalificación o invalidación social, de situaciones y dificultades individuales, los nuevos *desafiliados* aparecen en una sociedad que, por ser brutalmente desigualitaria, también es hiperindividualista al mismo tiempo o, dicho de otro modo, se ha liberado del marco cultural y social de las clases tradicionales. (Lipovetsky, 2007, p. 182).

Esta *liberación* de las clases tradicionales crea mayor dificultad para lograr una socialización y cohesión reales y, por tanto, obstaculiza una resistencia crítica y efectiva. Por otro lado, el hecho de que, actualmente, el narcotráfico sea un factor sobradamente potente que dispone de los elementos suficientes (tanto económicos como políticos) para oponerse al Estado, ofrecer puestos de trabajo y revalorizar el campo, hace que éste se convierta en una opción de trabajo terriblemente tentadora y rentable.

La desafiliación social y la oferta de trabajo criminal al alza hacen que la reinterpretación del trabajo esté completamente alejada de los sistemas éticos y humanistas, tanto por el lado de las empresas como por el lado de la economía ilegal.

Dos ejemplos claros de esta ruptura con los pactos ético y humanista son, por un lado, en el marco de la economía legal, la privatización y comercialización que hace la industria farmacéutica de ciertos fármacos que podrían salvar millones de vidas; dicha industria antepone el beneficio económico antes que respetar el derecho humano de preservar la vida. Por el otro, en el marco de la economía ilegal, están las organizaciones criminales, quienes en la misma lógica empresarial de las empresas legales, busca la mayor rentabilidad obviando los costes humanos. Se benefician además de la rentabilidad simbólica y el material que genera la espectacularización de la violencia. En concreto, el narcotráfico reinterpreta el concepto de trabajo, dado que lo enlaza con transversales como hiperconsumismo y reafirmación individual, al mismo tiempo que preserva su obediencia a las demandas de género hechas a los varones, cristalizadas por medio del trabajo.

El narcotráfico hunde su raíces en la *revalorización* del campo[3] como materia prima para elaborar su producto, al mismo tiempo que está impregnado de la educación consumista que lo lleva a hacer uso de la violencia como herramienta para satisfacer sus necesidades de consumo así como para afirmarse como sujeto pertinente, en tanto que participa de un nivel adquisitivo que legitima su existencia, lo transforma en un sujeto económicamente aceptable y lo reafirma en las narrativas del género que posicionan a los varones como *machos proveedores* y refuerzan su virilidad a través del ejercicio activo de la violencia. Es decir, en un sujeto aceptable, tanto económica como socialmente, porque participa de las lógicas de la economía contemporánea como hiperconsumidor pudiente. Sin embargo, esta participación se hace desde *el lado oscuro de la economía*, lo cual es juzgado por los Estados desde presupuestos financieros. De ahí que lo conciban como enemigo dada su evasión de impuestos; hecho que desencadena cuantiosas pérdidas económicas para el sistema capitalista.

La economía del narcotráfico reinterpreta al mercado, a las herramientas de trabajo, al concepto mismo de trabajo y, de una forma fundamental, a la revalorización del campo, como lo explica Lorena Mancilla.

> Recuerdo que los marxistas siempre buscaban vincular sin éxito a la lucha urbana con la lucha campesina, sin embargo ahora el narco [los cárteles de la droga] produce un fenómeno de guerrilla urbana bien organizada que tiene centros de entrenamiento (ayer encontraron uno en el sótano de una casa en Tijuana), están armados, tienen fortalezas disfrazadas de casas en puntos estratégicos, pueden sostener una lucha a tiros de tres horas contra el ejército, la policía estatal, la federal y la municipal. Todo ello es consecuencia de una lucha campesina, porque la droga se produce en el campo. Es interesante porque estamos hablando de una rebelión campesina que tiene como consecuencia una guerrilla urbana. Otra cosa interesante es que por lo regular este tipo de movimientos se dan en una sola región del mundo, o en un solo país, pero en este caso se trata de un fenómeno que incluye a los países productores, a los de tránsito y a los de consumo. Hablamos de una revolución internacional (quizás intercontinental) desorganizada, sin teóricos que la escriban, sin héroes, sin banderas, sin manifestaciones, sin uniformes, sin historias heroicas de barquitos que llegan a playas inhóspitas, sin ideales, una revolución con fines puramente económicos, musicalizada por los tartamudeos de las armas automáticas y por los corridos norteños que recuerdan personajes y batallas. (Mancilla, 2008).

Resulta interesante que dicha reflexión nos lleve a pensar que el fenómeno de la violencia vinculada al narcotráfico reinterprete la lucha de clases y conduzca a un poscolonialismo *in extremis*; es decir, recolonizado a través del hiperconsumismo y la frustración —resultado de las condiciones económicas que dominan el mundo actual— y que en dicha lucha se hayan eliminado los intermediarios, dejando paso sólo a los sujetos endriagos que actúan, de forma radical e ilegítima, para autoafirmarse.

Así, es importante destacar que la genealogía del capitalismo gore nace y se sustenta en procesos iniciados en las potencias económicas mundiales y sus exigencias para todo el mundo. El capitalismo gore es consecuencia directa del devenir del capitalismo primermundista, derivado en globalización, cuyas prácticas son difíciles de teorizar porque resultan frontales en un mundo que se rige y crea realidad discursiva con las características del mercado financiero global: lo fluido, lo eufemístico, lo diferido, lo espectral, al mismo tiempo que "la sociedad de hiperconsumo se caracteriza por una escalada de búsquedas de experiencias comerciales que emocionen y distraigan, también es contemporánea del sufrimiento del *casi nada* y del miedo al *cada vez menos*" (Lipovetsky, 2007, pp. 180-181).

Las lógicas y derivas económicas de este tipo de capitalismo hacen que resulte filosóficamente pertinente un análisis del mismo y de su impacto en la creación de una epistemología mundial en cuanto a búsqueda de sentido y producción de narrativas o giros discursivos que crean categorías de pensamiento. El capitalismo, a través de la implantación del hiperconsumismo, como única lógica de relación en el horizonte, tanto material como epistemológico, crea una neo-ontología en cuyo fin subyace el replanteamiento de las preguntas fundamentales del sujeto: ¿quién soy?, ¿cuál es el sentido de mi existencia?, ¿qué lugar ocupo en el mundo?, ¿por qué?, respondiéndolas desde la obsesión consumista que se conjuga con la exigencia antropológica del hacer.

Así se da paso a la integración de estas lógicas de consumo-acción como algo que no se confronta ni intenta eliminarse, sino que se hibrida y naturaliza, permitiendo de esta manera la incardinación de éstas en nuestros cuerpos. La asimilación de este proceso deviene en un fenómeno que podríamos denominar como *biomercado*.

También es pertinente que nos preguntemos: ¿cómo llega a convertirse la violencia extrema, el género, la muerte y la tanatopolítica, en un nuevo tipo de capitalismo de una fiereza frontal que no pide disculpas? ¿Cómo estos sujetos endriagos han decidido participar del mercado mundial y se han empoderado dentro de una economía criminal paralela y sustentada por la economía formal? ¿Cómo los sujetos endriagos han optado por *cierta competencia individualista, hecha de activismo brutal, de desafío, de puesta en peligro* (Lipovetsky, 2007, p. 189)? Estas preguntas tienen sus respuestas en una sociedad que deifica la violencia mediatizada (¿controlada?) y cuyas principales potencias económicas, en el caso específico de Estados Unidos, tienen el fundamento de su economía en la carrera armamentista —que en la actualidad ha derivado en una modalidad que denominamos *violencia decorativa*— la guerra y la gestión de otorgar, o no, la muerte a todos aquellos cuerpos-sujetos-territorios o capitales que disientan del suyo.

Cuanto más mejoran las condiciones materiales generales, más se intensifica la subjetivación-psicologización de la pobreza. En la sociedad de hiperconsumo, la situación de precariedad económica no engendra sólo a gran escala nuevas vivencias de privaciones materiales también propaga sufrimiento moral, la vergüenza de ser diferente, la autodepreciación de los individuos, una reflexividad negativa. La brusca reaparición de la infelicidad exterior avanza en sentido paralelo a la felicidad interior o existencial (Lipovetsky, 2007, p. 191).

Dado lo anterior, resulta cuanto menos lógico que los sujetos sometidos empiecen a cuestionarse la coherencia y la infalibilidad de ese orden. Que empiecen también a reclamar un empoderamiento, a ejercer sus posibilidades destructoras como motor de creación de capital y enriquecimiento, por medio de la instauración de una subjetividad transgresora que no coincidirá con *la subjetividad de los triunfadores* ni la de los resignados, sino que excederá los marcos de las teorizaciones sobre las subjetividades contemporáneas, creando una subjetividad endriaga, que tendrá como base "buscar modos de acción ilegítima y de autoafirmación para exorcizar la imagen y la condición de víctima" (Lipovetsky, 2007, p. 189). Acciones que generarán "demandas de orden y represión" (Lipovetsky, 2007, p. 189).

Así, el capitalismo, en su versión gore, surge de la pobreza y no sólo de los elementos gore en sí mismos (sobreexposición de los individuos a la violencia televisada o los videojuegos, como por ejemplo *Grand Theft Auto*), ya que la *economía es una forma de violencia*. Sin embargo, esta violencia es consecuencia no sólo de una violencia explícita, sino de una violencia infiltrada en nuestros cuerpos de forma implícita y desodorizada que se envasa en empaques inofensivos y publicitarios que nos ponen de frente con nuestra imposibilidad de consumirlo todo y desemboca en frustración constante y ésta, a su vez, en agresividad y violencia explícitas, o como lo explica Gilles Lipovetsky:

> por donde más influye la televisión en la violencia [...] es por esta vía *feliz*, incitante y publicitaria, y no, como se suele afirmar, por la inflación mediática de escenas de sangre. [...] Lo que incita a la violencia real no es tanto el alud de imágenes violentas como la diferencia entre la realidad y lo que se especularía como modelo ideal, la brecha que separa la exhortación al consumo del coste real de éste. Si es verdad que la televisión fabrica una *violencia feliz*, es decir, una violencia rápida, indolora, concebida para no molestar en cuanto llega a una conclusión feliz, no es menos cierto que la televisión de la fase III [posfordista] es asimismo el medio que pone imágenes de felicidad consumista ante los más sensibles a la volencia. (Lipovetsky, 2007, pp. 185-186).

Mucho se ha teorizado sobre el nuevo capitalismo global. Sin embargo, las perspectivas, las consideraciones y los resultados de estas teorizaciones parten de un eje primermundista y sólo se considera al tercer mundo como *Países-Fábrica-de-Repuestos*, países proveedores de mano de obra barata, de los cuales parte la migración. O desde juicios de valor que si bien toman en cuenta categorías como género, clase y raza, éstas no son consideradas como atributos deseables e importantes, con peso suficiente para detentar un discurso autónomo y válido fuera de su comunidad; no se les concede el derecho de universalizarse.

No defendemos el derecho de universalizar ningún discurso frente a otros; sin embargo, resulta fundamental destacar que no se cuenta con la posibilidad de hacerlo, es decir, a estos sujetos no se les considera como sujetos activos en las teorizaciones, ya que no se les da voz ni autoridad para hablar/teorizar sobre su realidad por sí mismos y tampoco se escucha de forma seria a aquell@s que han tomado la palabra. Como afirma Walter Mignolo:

> [La] relación de poder marcada por la diferencia colonial y estatuida la colonialidad del poder (es decir, el discurso que justifica la diferencia colonial) es la que revela que el conocimiento,

como la economía, está organizado mediante centros de poder y regiones subalternas. La trampa es que el discurso de la modernidad creó la ilusión de que el conocimiento es des-incorporado y des-localizado y que es necesario, desde todas las regiones del planeta, "subir" a la epistemología de la modernidad. (Mignolo, 2003b, p. 2).

A los sujetos del tercer mundo no se les encuentra regularmente fuera de visiones victimizantes, jerárquicas o cargadas de *buenas* y obtusas intenciones, como lo demuestran las teorizaciones sobre la "feminización del trabajo"[4] como sinónimo de precariedad y como señal, clara e inequívoca, de la gran ola de migración femenina.

Otra forma parcial de leer las subjetividades tercermundistas es estandarizándolas bajo las siguientes etiquetas: proveedores de mercancías ilegales, criminales o delincuentes en potencia. Estas etiquetas visibilizan sólo un lado de la díada del consumo gore: el lado del proveedor. No obstante, si seguimos la lógica del mercado, que nos habla de una ley que se basa en la oferta y la demanda, nos damos cuenta de que el lado del consumidor de mercancías ilegales queda invisibilizado. Dicho lado, el del consumidor, es regularmente ocupado por sujetos primermundistas.

Consumo gore

Iniciamos este apartado tratando de visibilizar el lado del *consumidor gore* entendido como aquel ciudadano con un nivel adquisitivo medio que consume para su uso y disfrute mercancías ofertadas en el *mercado gore*, en el cual se ofertan bajo la categoría de productos y servicios: drogas, prostitución, venta de órganos humanos, venta de violencia intimidatoria, asesinato por encargo, etc. Estas demandas tienen una posición geopolítica específica, que concibe a los países en vías de desarrollo como las fábricas productoras de mercancías gore para el consumo y la satisfacción de las demandas prácticas y lúdicas internacionales. De esta manera, "la demanda internacional es la que promueve esta multiplicidad de actividades criminales que son, cada vez más, transnacionales en su carácter" (Curbet, 2007, p. 63). Sin embargo, como es bien sabido estas prácticas de consumo no son nuevas, pues como explica Courtwright refiriéndose a las drogas: "El comercio de productos psicoactivos constituye un elemento esencial en la formación del mundo moderno, pues supone la manifestación externa del giro radical de un capitalismo maduro que centra su interés en el placer y la gratificación emocional en detrimento de las necesidades materiales de los consumidores" (Curbet, 2007, p. 67). A propósito del tema, Misha Glenny afirma en su libro *McMafía*:

> Ya en julio de 1981, la revista *Time*, le dedicaba su portada a una copa de cóctel llena de cocaína, y de la cual se afirmaba en páginas interiores: "Ya no es un secreto pecaminoso de la élite acaudalada, ni tampoco un reflejo fugaz de la decadencia que reina en ciertos círculos sórdidos de la sociedad, como pareció durante décadas. Ya no es un lujo exclusivo de los más glamorosos empresarios y artistas de Hollywood..., es la forma más llamativa de consumo, y se encuentra en las mesitas de café más chic [...] porque es un símbolo de riqueza y prestigio social, hoy la coca es la droga preferida por ciudadanos convencionales". (Glenny, 2008, p. 340).

Lo que resulta nuevo de estas prácticas es, por un lado, la forma en cómo se han ido recrudeciendo y naturalizando artificialmente,[5] hasta convertirse en prácticas de consumo abiertamente demandadas por la sociedad; y, por otro lado, el hecho de que estas prácticas escapen del juicio moral para ser interpretadas como pertinentes bajo los criterios de la teoría económica. Como nos muestra la cita anterior, el consumo de drogas ha escapado a su categorización de *bien de lujo*, lo cual hace que, siguiendo las lógicas económicas, se produzca "un incremento en los mercados donde la demanda está creciendo más deprisa a medida que nos vamos haciendo cada vez más prósperos" (Coyle, 2006, p. 7).

A través de la implantación del consumismo hedonista como fenómeno masivo se ha sobredesarrollado una parte de nuestras vidas: la mentalidad del que lo consigue todo y demuestra su éxito social y su posicionamiento en el mundo por medio del consumo masivo. Se ha importado esta idea a lugares donde las cosas no se pueden comprar con seguridad si no es a golpe de violencia, creándose así, una realidad disonante donde los criterios de consumo son el motor para "acceder al lujo aunque sea en la periferia..." (Saviano, 2008, p. 104).

Este tipo de interacción desigual entre los mundos (los económicamente potentes y los periféricos, económicamente deprimidos), ha causado que el discurso del primer mundo, en su velocidad vertiginosa, su ascenso y su carrera por el "progreso" se convierta en un discurso de importación aceptado como *leitmotiv* para los países económicamente deprimidos, quienes crean estrategias *non gratas*; es decir, tanato-estra-tegias[6] o prácticas gore, para incorporarse a la carrera de consumismo global, redimensionando las lógicas del consumo e implantando con ello una soberanía gore paralela al Estado. O como lo explica Achille Mbembe:

> Cuando se ponen recursos en circulación, es una desconexión entre personas y cosas más acentuada que en el pasado, porque el valor de las cosas supera por lo general al de las personas. Éste es uno de los motivos por los que las formas resultantes de violencia tienen como principal objetivo la destrucción física de personas (masacres de civiles, genocidios, distintas formas de asesinato) y la explotación primaria de cosas. Estas formas de violencia (de las que la guerra no es sino una faceta) contribuyen al establecimiento de la soberanía fuera del Estado y están basadas en una confusión entre poder y hechos, entre asuntos públicos y gobierno privado. (Mbembe, 2008, p. 169).

El uso de la violencia como práctica cotidiana y desculpabilizada hace que esta soberanía fuera del Estado vuelva complejas las relacio-nes entre la violencia y la economía, así como limitadas las teorizacio-nes existentes acerca de la verdadera función que cumple la violencia en el mundo actual, ya que lleva a "reivindicar la delincuencia como una forma de vida normal en un universo percibido como una jungla en donde [muchas personas] no pueden *vivir como todo el mundo*" (Lipo-vetsky, 2007, pp. 184-185). Esta serie de hechos, fluidifica, extiende los alcances y las consecuencias de la violencia y los naturaliza, haciendo indiscernibles los fenómenos de economía ilegal, que crean un Estado alterno y cimentado en la violencia, de los fenómenos basados en econo-mías legales, puesto que ambos desembocan en el mantenimiento de la sociedad del hiperconsumo. En la actualidad, el mundo en su complejidad de relaciones no puede ser entendido ni descrito sin considerar a la violencia y al consumo como fenómenos vertebradores del mismo.

Ahora bien, las teorizaciones sobre el capitalismo actual son muchas y muy diversas, pero llama la atención que la mayoría partan de la conciencia hiperconsumista emparentada al placer; es decir, la producción/obtención de placer (en todos sus niveles) como el motor y la materia transformadora del deseo y la falta de capital. Un ejemplo de ello es la noción de capitalismo *farmacopornográfico* que defiende Beatriz Preciado:

> Estamos frente a un nuevo tipo de capitalismo caliente, psico-trópico y punk. [...] La nueva *economía-mundo* no funciona sin el despliegue simultáneo e interconectado de la producción de cientos de toneladas de esteroides sintéticos, sin la difusión global de imágenes pornográficas, sin la elaboración de nuevas variedades psicotrópicas sintéticas legales e ilegales (Lexomil, Special-K, Viagra, *speed*, cristal, Prozac, éxtasis, popper, heroína, Omeoprazol, etc.), sin la extensión de la totalidad del planeta de una forma de arquitectura urbana difusa, en la que las mega-ciudades miseria se codean con nudos de alta concentración de capital, sin el tratamiento informático de signos y de transmisión numérica de comunicación. Éstos son sólo algunos de los índices de un régimen de aparición postindustrial, global y mediático [...] que llamaré a partir de ahora *farmacopornográfico*. (Preciado, 2008, pp. 31-32).

Preciado es consciente del cambio somático y epistemológico que este nuevo capitalismo trae consigo. Este cambio puede ser entendido como un desplazamiento de las categorías humanistas hacia categorías hedonistas que conlleva un giro en la concepción y aprehensión de la realidad.

Si tomamos las necesidades consumistas como bases fidedignas de interpretación de la realidad y confinando, cada vez en mayor medida, la interacción y socialización entre los individuos al consumo hace que incluso los individuos que habitan "los barrios pobres de la periferia parti-cipen de los valores individualistas y consumistas de las clases medias, la preocupación por la personalidad y por la realización del individuo" (Lipovetsky, 2007, pp. 182-183). Lo cual desplaza el centro epistemo-lógico moderno del humanismo al hedonismo consumista que oculta, dentro de su devenir en mercancía capaz de satisfacer el hedonismo, un proceso de violencia, sangre y muerte.

Así, la visión que propone Preciado sobre el capitalismo farmaco-pornográfico explica un fenómeno en auge en las sociedades contempo-ráneas abocadas al hedonismo consumista en su rama más emparentada con la microvigilancia de las sociedades de control, al mismo tiempo que toca a las sociedades ultraprecarizadas económicamente, cuyos sujetos participan *corporalmente* en la representación de subjetividades capitalísticas periféricas. Sin embargo, debemos adscribir estas subjetividades capitalísticas y farmocopornográficas a un contexto de economía gore que no se ve reflejada aún en los dispositivos conceptuales contemporáneos, que han pasado por alto la categoría de violencia, que aparece transversalmente en todo el proceso farmacopornográfico del que nos habla Preciado, ya que la violencia subyace en todo el desarrollo del sistema y está emparentada específicamente con el uso de drogas y placer sexual. Ambos fenómenos, no debe obviarse, pertenecen en su mayoría al ramo de la economía sumergida, emparentada con el crimen organizado y con la violencia como herramienta de gestión y producción de estas mercancías.

Ahora bien, identificamos una conexión fundamental entre el *capitalismo farmacopornográfico* del que habla Preciado y el *capitalismo gore* que proponemos en este trabajo. Esta conexión radica en la tesis sobre la producción, el tráfico y la distribución de drogas legales e ilegales como el centro de la cuestión del capitalismo contemporáneo.

Preciado propone este nuevo paradigma capitalista como explicativo de *la totalidad del planeta*; es decir, incluye a los otros, a los periféricos. Sin embargo, estos sujetos regularmente aparecen en los discursos como atracciones curiosas o sujetos que dan color y/o marginalidad al discurso, no como sujetos encarnados. Esto no quiere decir que los sujetos periféricos, no hegemónicos y, en su mayoría, tercermundistas, carezcan de la capacidad de hacer sus propios discursos pues, como se tratará de evidenciar, dichos sujetos construyen prácticas tanto de obediencia mercantilista como de resistencia opositiva. No obstante, se les presupone "no suficientemente teóricos, porque usualmente son accesibles al lector y tratan de realidades incómodas, violentas, y no-abstractas de opresión, raza y clase" (Moranga y Castillo, 1988, p. 187).

El discurso del nuevo capitalismo farmacopornográfico resulta interesante y arriesgado ya que considera al cuerpo como un dispositivo eternamente deseante, estimulado, interconectado y medicado. Sin embargo, esta visibilización del cuerpo como dispositivo deseante no se emparenta de forma evidente con lo que se entiende como *los cuerpos reales*, que se mueren de cosas *más reales* que el uso de medicamentos, cuerpos que son aniquilados de forma aparatosa y truculenta en conflictos económicos y armados, cuerpos consumidos por el trabajo, cuerpos mercancía que no son capaces de detentar una autogestión de su autonomía en ningún momento, porque han nacido careciendo de ella, o ésta les ha sido arrancada de tajo. Por ello, consideramos que el capitalismo farmacopornográfico es una parte de las herramientas conceptuales que necesitamos para explicar el devenir de la realidad a través de la economía, pero que para su implementación buscamos alianzas con el capitalismo gore para intentar explicitar en dónde residen las prácticas, las consecuencias y los alcances a largo plazo del capitalismo voraz del mundo contemporáneo.

Resulta acertado que se siga teorizando sobre el capitalismo; es muy interesante que estas teorizaciones dejen al descubierto los grandes huecos de percepción que existen entre los mundos. Consideramos necesario que haya un efluvio de discursos sobre la reconversión del capitalismo y que cada una de las corrientes pueda transvasarse en otras para construir un giro discursivo g-local, para ser capaces de distinguir muchas de las realidades en un solo momento. Muchos discursos que formen un aleph[7] sobre la voracidad del estadio actual del capitalismo, para fraguar con ello una crítica radical que pueda conducirnos en primera instancia a pensar y, posteriormente, a desarrollar otras formas de gestión económica que rompan con la especulación, la acumulación y el derramamiento de sangre como motores.

La formación del capitalismo gore

Resulta casi imposible crear una genealogía para el capitalismo gore que enmarque sucesos específicos y enumerarlos exhaustivamente, dado que una de las características fundamentales para el desarrollo y la propagación de este tipo de capitalismo ha sido su espectralización. El capitalismo gore ha tomado fuerza porque, en principio, se ha ido propagando como algo imperceptible (y en muchos casos, como algo gestionado, protegido y demandado desde los centros económicos de las potencias mundiales). Se le ha subestimado, como algo que flota en la atmósfera, pero carece de fuerza efectiva para desarrollarse. Así, por medio de un proceso largo, se han creado las condiciones para que *las criaturas del Estado* (*cf.* Discurso de Denisse Dresser: https://www.

youtube.com/watch?v=2aML7I4YzfY) y la economía amenacen con devorar el Estado.

Donde parece que todo dormita, la fuerza del capital va acelerando los deseos; los medios de comunicación y su propagación del deseo de consumo sirven de catalizador. La aceleración aumenta, la energía potencial se vuelve energía cinética, el proceso es enorme e indetenible. Cristaliza en ciertas prácticas que se vuelven mercancías; entonces, las partículas-sujetos que parecían inofensivas encajan, se nos incrustan. Así, desde lo disperso e inesperado, poco a poco, se dinamitan los tácitos acuerdos éticos y/o de sometimiento. Por la brutalidad de la realidad económica y sus circunstancias, los cuerpos, los sujetos, la carne se vuelven centro, mercancía, intercambio. Acumulación de capital por medio de la trastocación, reformulación e impregnación del proceso de producción a partir del necroempoderamiento. Ruptura. Disrupción.

Sin embargo, un enclave base para la contextualización histórica del capitalismo gore lo podemos situar en el gran salto cualitativo que nace con la liberalización de los mercados a partir de 1971. A esto se suma el hecho de que entre 1971 y 1973 se produce la liberalización de los circuitos monetarios —el gran inicio de la paradoja que conlleva la categoría de espectralización—. "Todo esto se perfecciona después de 1989, con la caída del bloque soviético, con el fin de la Guerra Fría, así se determina un círculo mundial de las mercancías, y también de la fuerza de trabajo como mercancía emigrante en todas las direcciones" (Estévez y Taibo, 2008, p. 54). Con la caída del bloque soviético viene también la inauguración triunfal de la *otra economía*, la economía del crimen organizado, entendida ya no como un proceso económico local, sino como una empresa transnacional más, que se organiza con base en las exigencias y demandas de la estructura capitalista y sus mercados financieros.

Otra consecuencia importante de la caída de la Unión de Repúblicas Socialistas Soviéticas (urss) es que el capitalismo se radicaliza, ya que se instaura demagógicamente como único sistema económico posible. Al ser éste el único modelo, no podemos hablar de otras posibilidades de desarrollar proyectos económicos distintos, pues los que existen son sólo variaciones de lo mismo. Sus tres diversificaciones del modelo: anglosajón, europeo y asiático, que comparten en sus bases las prácticas gore como motores económicos, ya que el capitalismo gore no se reduce a lo ilegal, sino que cristaliza y evidencia en ello. No hay cabida ya para ideologías económicas alternativas; todo se reduce a beneficio, negocio y capital, nada más.

Este capitalismo gore, que se caracteriza por sus prácticas de violencia explícita y visible, también da nombre a un sistema que "permite que cincuenta mil personas puedan estar muriendo al día, que permite que las grandes empresas multinacionales farmacéuticas no ayuden a combatir las grandes pandemias y que permite estas grandísimas desigualdades sociales" (Estévez y Taibo, 2008).

Esta variación del capitalismo parte del neoliberalismo feroz y rescribe sus consecuencias, las vuelve palpables socialmente, hace que la población civil esté cerca y avizore las verdaderas secuelas del neoliberalismo encarnizado. El capitalismo gore parte del neoliberalismo, pero, al mismo tiempo, no se circunscribe ni se agota en él, sino que traza un camino que, por un lado, es controlable porque participa de los presupuestos capitalistas; pues aún siendo ilegal es aclamado y patrocinado por los gobiernos y las multinacionales, ya que resulta un inversor potente en el mercado, que se clarifica a través del lavado de dinero en los paraísos fiscales. Por otro lado, conlleva otra raíz: la de un camino que se separa de las instrucciones dadas por los actores del capitalismo hegemónico y colonialista, pero no se aleja del hiperconsumismo.

Dentro del capitalismo gore y sus sujetos hay jerarquías, aunque éstas se dislocan, ya que sus sujetos más visibles no siempre son aquellos que pertenecen a los escalafones más bajos. También existe otra paradoja, creada por los sujetos endriagos: algunos de ellos se vuelven sujetos carismáticos para la población civil, la cual los iconiza y respeta.

Narcocultura y nueva clase social: la clase criminal

Gilles Lipovetsky afirma en su libro *La felicidad paradójica* que la pobreza entendida discursivamente como clase social ha sufrido una suerte de depreciación; es decir, dadas las exigencias económicas del capitalismo contemporáneo, esta categoría ya no puede uniformar a un grupo de gente para hacerla pertenecer, desarrollar y reforzar una suerte de acciones de vinculación y solidaridad interpersonal. Sin embargo, el encontrarse en un proceso de desafiliación y disgregación social, impuesta por un discurso hiperconsumista, no significa que estos desclasados no necesiten unas coordenadas de identificación y pertenencia. Una muestra de ello es que la figura del *gángster heroico* se repite en las economías deprimidas.

El hecho de convertir en ídolos a uno o varios criminales locales (principalmente varones) y crear una *cultura pop* del crimen organizado tiene sus bases en la intención de que tanto los desfavorecidos como la sociedad en general busquen una filiación identitaria en torno a ellos.

Esto, por un lado, trasciende las leyes de la economía y nos lleva a la creación de un *acervo cultural* que otorga legitimidad, por medio del valor simbólico, al crimen organizado, creando así una narrativa que le permitirá actuar sobre la realidad social y ética y reconfigurarla con el apoyo popular. Ya que, como apunta Guattari, la subjetividad se crea junto a los procesos del exterior y excede la individuación o más específicamente:

> [L]a subjetividad no se sitúa en el campo individual, su campo es el de todos los procesos de producción social y material. Lo que se podría decir, usando el lenguaje de la informática, es que, evidentemente, un individuo siempre existe, pero sólo en tanto terminal; esa *terminal individual se encuentra en la posición de consumidor de subjetividad*. Consume sistemas de representación, de sensibilidad, etc., que no tienen nada que ver con categorías naturales universales. (Guattari y Rolnik, 2006, p. 47).

Por otro lado, esta glorificación de la cultura criminal se instaura como un nuevo nicho de mercado para la producción y el consumo, puesto que actúa instaurando modas, con sus subsecuentes consecuencias de oferta y demanda internacional, para las clases no desfavorecidas. Un ejemplo de eso lo podemos observar en las múltiples series de televisión que versan exclusivamente sobre la heroificación del crimen, por ejemplo: *Los Soprano*, o videojuegos como *Grand Theft Auto* o, más recientemente, en películas como *Rockanrolla* (Ritchie, 2008) de Guy Ritchie, en la cual resulta bastante sintomático que, entre otras cosas, se desplace el arquetipo del *rockstar* (que desde la década de 1960 ha sido el paradigma a seguir mundialmente por los adolescentes urbanos para afirmarse en una identidad deseable y glamorosa) hacia la figura del mafioso como *el nuevo y verdadero rockstar* del siglo XXI. Este desplazamiento nos habla del proceso por medio del cual los *mass media*, en su faceta de entretenimiento, abren paso entre las clases favorecidas y primermundistas a este nuevo paradigma identitario.

[L]os medios de comunicación de masas tienden a ganar una importancia desmedida. Constituyen el Estado y su función ampliada. Obreros de la máquina de formación de la subjetividad capitalística, esos equipamientos tienen por función integrar factores humanos, infrahumanos y extrahumanos, situando en una articulación real instancias tan diferentes como las que están en juego en la economía libidinal (como las dinámicas familiares) y en las producciones semióticas. (Guattari y Rolnik, 2006, p. 57).

Poner de moda la figura del mafioso de la nueva escuela (más moderno, sin reglas, ni fronteras, que rompe con los pactos éticos de la *old school* mafia) es dar la bienvenida al mundo primermundista de lo que ya ocurre en todo el tercer mundo. Lo peligroso de esto es que, a través de la naturalización artificial y lúdica de este arquetipo, se abren las puertas a estas subjetividades como algo deseable; sin embargo, no se muestran sus consecuencias distópicas en el plano de lo real, fuera de la pantalla y sin distancia que proteja de sus consecuencias.

El ensalzamiento de la figura del mafioso se vuelve una acción de reafirmación circular hecha por la masa social ya sea a través del consumo, de la imitación de su indumentaria o la justificación de las actitudes y la violencia que acompañan a esta figura. Dicha reificación se inscribe en las lógicas del marco de producción de subjetividad capitalística, dado que este sistema de producción preforma (y es) la subjetividad contemporánea, como afirman Guattari y Rolnik:

El orden capitalístico produce los modos de las relaciones humanas hasta en sus propias representaciones inconscientes: los modos en los cuales las personas trabajan, son educadas, aman, fornican, hablan..., y eso no es todo. Fabrica la relación con la producción, con la naturaleza, con los hechos, con el movimiento, con el cuerpo, con la alimentación, con el presente, con el pasado y con el futuro —en definitiva, fabrica la relación del hombre con el mundo y consigo mismo—. Aceptamos todo eso porque partimos del presupuesto de que éste es "el" orden del mundo, orden que no puede ser tocado sin que se comprometa la propia idea de vida social organizada. (Guattari y Rolnik, 2006, pp. 57-58).

Lo anterior puede tomarse como una de las condiciones fundamentales para que el mafioso, el criminal, el asesino (sujetos endriagos) sean heroificados; ya que se les inscribe como triunfadores dentro de las lógicas del capitalismo, al mismo tiempo que se crea, por medio de sus figuras, un imaginario en el cual la interpretación popular los legitima y justifica dentro de la lógica capitalista por acceder al modelo de *progreso* y enriquecimiento dictado por el hiperconsumismo social y el mercado global; aun cuando este acceso al modelo de progreso se esté haciendo por vías alternas, fundadas en un categórico maquiavelismo que nos dice que *el fin justifica los medios.*

La mayoría de estos sujetos endriagos carismáticos no niegan sus actividades, sino que las pregonan y las convierten en un modelo de necroempoderamiento que puede erigirse, dada la precarización económica, como deseable globalmente, creando así una cultura de reificación del crimen.

Otro ejemplo de esto son los narcotraficantes mexicanos que han creado y popularizado una forma de vida conocida como *narcocultura* (Resa, 2003), muy visible en el norte de México, que cuenta con una indumentaria, una música (narcocorridos), un subgénero cinematográfico, unas prácticas de consumo y un estatus social característico. Esta *narcocultura* se presenta como un ejemplo del *después* de la disolución de las clases sociales conocidas (especialmente en México, donde la incipiente clase media está en vías de extinción) y su refundación en una nueva clase social.

Así, las prácticas gore y sus ejecutores crearán una nueva clase social: la *clase criminal global*. Es decir, estas organizaciones han traspasado ya el nivel ético, que confina y repudia la criminalidad, y le han dado la vuelta, creando otro tipo de socialización, otro estatus: el de la respetabilidad que otorga el dinero sin importar de dónde provenga, adoptada por los menos favorecidos como una marca de identidad, un signo de pertenencia. En los cada vez más desvanecidos Estados-nación del tercer mundo se ha instaurado una nueva cultura nacionalista basada en la criminalidad.

Sin embargo, esta reificación de la criminalidad en los países con economías deprimidas no se ha dado gratuitamente, ya que en muchos de los casos los sujetos endriagos y sus cárteles cumplen la función del Estado; en el caso específico de México, estos endriagos se ocupan de ayudar al campo a producir (muchos de ellos provienen de la clase campesina). Lógicamente esta producción se centra en la producción de

droga. Entre otras de las funciones del Estado cumplidas por el narcotráfico está la construcción de infraestructura: autovías, escuelas, hospitales
e incluso iglesias, dado que, regularmente, estos sujetos se consideran a sí
mismos como personas religiosas que profesan la fe católica.

Ciertamente la Iglesia y el crimen organizado en México, en
especial el narcotráfico, mantienen una relación muy estrecha (*cf.* Resa,
2003), puesto que los narcotraficantes, por lo menos hasta hace unos
años, eran sujetos que venían de entornos rurales, poco educados,
donde la presencia de la religión católica tiene un peso fundamental.
Sin embargo, esto está cambiando y ahora la fe católica del narco se
entremezcla con otras prácticas rituales propias del crimen organizado.[8]
Ha habido casos incluso de narcotraficantes que construyen iglesias o
dan donaciones cuantiosas a cambio de que los sacerdotes rocíen agua
bendita sobre los cargamentos de droga que intentarán ingresar en Estados Unidos.

Respecto a la cuestión campesina, es necesario volver sobre ella de
una manera más profusa, cosa que en este trabajo no haremos; sin embargo,
elaboraremos algunas reflexiones al respecto por considerarla vertebrante
en el surgimiento del capitalismo gore, en su modalidad de narcotráfico.

El campesinado ha sido el primero en ver claramente la radicalización de las consecuencias de la globalización en el campo, pues con base
en un empobrecimiento forzado, por falta de apoyos al sector y por impo-
siciones de impuestos absurdos, se le ha obligado a emigrar a las grandes
ciudades para formar parte de la mano de obra barata; sin embargo, en
un sistema económico como éste, basado en el precariado, tanto económico como existencial, se le ha desplazado una vez más y se le ha dejado
sin tierras. Gracias a la deslocalización, y a la cada vez más espeluznante
reducción de precios de la mano de obra, se le ha dejado finalmente sin
trabajo y sin posibilidades, colocándolos en una posición insoportable.

Así, la lógica del capitalismo para con los menos favorecidos es
completamente destructiva. Ante semejante panorama no es de extrañar
que los campesinos decidan cooperar con los narcotraficantes; dada la
lógica feroz del neoliberalismo, quedan pocas opciones entre las que se
cuentan la emigración hacia Estados Unidos, el suicidio[9] o el crimen a
través de la colaboración con los cárteles de la droga.

Resulta interesante el hecho de que el narcotráfico en México sea
producto de una lucha campesina que devino en guerrilla urbana, que a

su vez devino en crimen organizado y después en capitalistas gore que se han transformando en grandes inversores de la economía mundial,[10] reelaborando, de este modo, el concepto de movilidad social.

No obstante, no buscamos hacer aquí un ensalzamiento de los sujetos endriagos, ni tampoco obviar la represión y el amedrentamiento que ejercen sobre la población civil por medio de la violencia. Sin embargo, considerábamos necesario mostrar la complejidad implícita en la reinterpretación, tan particular, que hacen estos sujetos, a través de sus prácticas gore, del capitalismo actual.

Dada la paradoja del desarrollo dispar y la pretendida homogenización social por la vía consumista, la cual busca contextualizar la convivencia en los extremos de este desarrollo desigual que se da no sólo en distintos territorios, sino también en las partes pobres que se superponen, crecen y se ubican en el primer mundo tercermundizado, surge la pregunta para indagar en las circunstancias de vida y cotidianidad, que se vuelven opacas dado el marco hiperconsumista actual, de estos sujetos menos favorecidos.

Dentro del marco hiperconsumista actual y más allá de las descripciones de éste en las clases medias integradas en el mercado del trabajo, ¿qué ocurre en los demás estratos sociales, en particular en los que, afectados por la precariedad, sucumben ante nuevas formas de pobreza?

Cuando millones de personas viven por debajo del umbral de pobreza o en condiciones económicas muy frágiles, el modelo de *acomodo perpetuamente insatisfecho...* muestra realmente sus límites (Lipovetsky, 2007, pp. 180-181).

Ahora bien, que el nacimiento del capitalismo gore tenga su sede más visible y atroz en los países tercermundistas con economías deprimidas guarda cierta lógica más allá de la economía. Tiene una lógica que se basa en la insumisión subrepticia, en la falta de discurso que no impide la acción. Es sabido que incluso cuando no tenemos la información necesaria o cuando carecemos de conceptos para explicitarnos, explicarnos, existe una tendencia a actuar sin previa teorización, la acción es indetenible ante un sistema de continua negación y frustración, ante un sistema que se rige por órdenes y contraórdenes.

Dado este sistema de órdenes y contraórdenes (cuyo origen tiene reminiscencias colonialistas),[11] en el que los individuos raramente tienen la oportunidad de postularse como sujetos agentes, no es de extrañar que

"los jóvenes desempleados, repletos de testosterona y a menudo armados" (Glenny, 2008, p. 55) decidan unirse a la mafia o crear ellos mismos
sus propias mafias, como una forma de cumplir las órdenes y consignas
del capitalismo machista y heteropatriarcal mediante las cuales se rige
Occidente, ya que sólo a través de este discurso heredado se sienten legi-
timados y empoderados.

Lydia Luch enuncia: *I sell frustation not relief* (Lunch, 2004). Con
esta premisa, que puede aplicarse al sistema económico de las sociedades
del hiperconsumo, queda de manifiesto una de las principales máximas
que explica la lógica capitalista. Por un lado, ofrece una caracterización
política de la frustración como un elemento motor del capitalismo (y al
representarla la convierte en un elemento público que se interconecta
con el mercado global como fuente de capital). Por otro lado, "nos
muestra los motores ocultos del capitalismo del siglo xxi [...] un doble
paroxismo: al mismo tiempo el lado oculto y marginal de la industria
cultural contemporánea y el paradigma de cualquier otra producción
porfodista" (Preciado, 2008, p. 181).

Esta visión sobre la frustración como motor del capitalismo se
interconecta directamente con la construcción de la subjetividad de los
individuos que forman parte de las redes mafiosas y de la economía
ilegal. A continuación presentamos el caso de la subjetividad del narco
en la cual no se contraponen "las relaciones de producción económica a
las relaciones de producción subjetiva" (Guattari y Rolnik, 2006, p. 41).

El *narco* es glorificado, la *narcocultura* crece porque vivimos en una
sociedad en que los individuos que desean volverse héroes no encuentran cómo serlo. A falta de ser héroes por la educación, la ley, la lucha
social, ¿la única ruta?: el crimen. El único rincón donde el heroísmo rural
o urbano está organizado. Va aquí, pues, la receta (infalible) para hacer
de su hijo un *narco*, un criminal, alguien sediento de más y más poder.

> Desde muy temprana edad rebane sus sentimientos, cuerpo y
> deseos. Dígale que usted sabe más de él o ella que él o ella. Todo
> lo que haga dígale que está "mal". (Hágalo tan sistemáticamente
> como pueda.) Al tiempo que prepara un ser marcado por la incom-
> pletud [*sic*], agregue machismo, clasismo, racismo y misoginia a su
> gusto, hasta que crea que un ser se "completa" rebajando a otros.
> (El ninguneo es el ingrediente clave de este platillo típico.)

Ya que llegue a la pubertad, aumente su autoritarismo familiar con chantaje emocional o violencia abierta. Mantenga un clima bélico y familiar.

Para este momento, ese joven buscará sobresalir a toda costa. Usted y su sociedad impidan que sobresalga por educación, amor o trabajo.

Hierva la mezcla con narcocorridos y películas hollywoodenses. Agregue 2 gramos de coca. O hornéelo [*sic*] en marihuana o crystal (se vende sin receta). A fuego lento, déjelo salir a las calles.

Ahí encontrará a la pandilla, policía, cártel o *army* más cercano. Entonces tendrá "respeto". Y se vengará de usted y toda esta sociedad.

Como postre, hágase la víctima y pregúntese cómo es que hay gente tan desalmada siendo usted tan dulce (Yépez, 2008).

Por medio de la ironía, Heriberto Yépez nos habla del proceso de creación de la subjetividad del narco, basada en la falta y en la frustración continua (ejes del sistema capitalista), al mismo tiempo que nos hace tomar conciencia de la responsabilidad que cada uno de nosotros detenta frente a este sistema.

Este desenmascaramiento y desespectralización de la realidad cotidiana nos habla de la necesidad de tomar conciencia individual y colectiva frente a un sistema, cuyo eje es la venta de frustración, no de alivio. Desenmascararlo nos puede llevar a actuar de forma crítica y autoconsciente respecto a nuestras labores y prácticas (no alienadas) dentro del sistema de producción gore.

Desarrollo dispar de la Historia y capitalismo gore

En un llamado a la ética deontológica, a través de una paráfrasis del imperativo categórico kantiano, Adela Cortina[12] nos dice: "El primer mandamiento es no dañar" (Cruz, 2008). Ahora bien, a propósito de esto, reflexionamos sobre el constante olvido hacia considerar el hecho de que la Historia (o al menos los discursos sobre ésta) se basan en un desarrollo dispar.

No considerar el desarrollo dispar de la Historia nos lleva a olvidar que ciertos conceptos del humanismo, la ética y otros discursos occidentales, que son tomados como incuestionables, deseables y moralmente aceptables en el primer mundo no lo sean en otros contextos y geografías políticas. Esto significa que en otras sociedades (con un desarrollo y/o concepción distintos) estas categorizaciones pueden considerarse como algo vacío, abstracto y tremendamente alejado de su realidad cotidiana.

No debemos obviar que la implantación de conceptos como *igualdad, libertad y fraternidad* se gestaron dentro de características históricas específicas que no siempre se dan en otras culturas, a las que se busca importarlos y a las cuales se les demanda un comportamiento homogéneo que se apegue a las bases del pensamiento y las prácticas de Occidente.[13]

No naturalicemos ni borremos los rastros del hecho de que la aceptación y la adopción de estos conceptos en Occidente se ha dado de forma no siempre consensuada y que los conceptos no son inertes, sino resultado de un proceso de *educación* y legitimación a través de enunciados y metáforas performativas que producen aquello que intentan describir. Puesto que "eso que desde la época de Cicerón venimos llamando *humanitas* es, tanto en su sentido más estricto como en el más amplio, una de las consecuencias de la alfabetización" (Sloterdijk, 2006, p. 19).

Ahora bien, no podemos esperar los mismos resultados de una misma variable en dos contextos dispares. Se debe romper con "la ilusión solipsista de vivir en una historia de factura exclusivamente propia" (Davis, 2008, p. 16). Para ello, pensemos en una reflexión y un conocimiento situado geopolíticamente.

Todo esto viene a propósito de la contundencia con la que nos embiste la violencia extrema, y de cómo esta irrupción nos llega directamente; lo interesante de este hecho no es que nos afecte de forma inequívoca, sino que nos sorprenda, lo cual nos da noticia de que el descuido de lo Otro en nuestras conceptualizaciones está cobrando un precio. No sabemos enfrentarnos a otras dinámicas porque las desconocemos y porque hemos aferrado nuestros esfuerzos a legitimar a Occidente como única realidad y como única posibilidad.

Ahora bien, mientras en Occidente se vive en un capitalismo *farmacopornográfico* y/o *biopolítico*, de panopticones microcelulares, e inmersos en una hipermodernidad tecnológica y velocísima, en otros lugares se vive, se teoriza y se actúa con base en sus propias realidades que no están desconectadas de Occidente, sino que cada vez lo influyen más, lo reconfiguran y las cuales, cuando tenemos noticias, nos estallan en la cara y nos horrorizan.

Es como si viviésemos en *agujeros de gusano* interconectados, una metáfora que interconecta espacio y tiempo desfasados; un *patchwork* de Historia(s) en el que pueden verse las capas de tiempo hilvanadas y chocando en desarrollo desigual.

Partiendo de lo anterior, podemos aseverar (pensando en la importancia y en la pertinencia) que las palabras de Cortina: *No dañar*, como máxima deontológica, se insertan en la razón y el sentido de una realidad primermundista que se rige (o al menos presume de ello) por un Estado de derecho que vigila el cumplimiento de los pactos éticos. Recordemos, sin embargo, que "durante los últimos cinco siglos, la (relativa) paz y prosperidad del Occidente 'civilizado' se ha conseguido a través de la sistemática exportación de violencia y destrucción al Afuera 'bárbaro' —desde la larga historia de la conquista del Oeste hasta las matanzas en el Congo—" (Žižek, 2005, p. 6).

Por ello, en las realidades del capitalismo gore —que no se limita a las fronteras ni al tercer mundo, sino que se expande cada vez a mayor velocidad a todos los países del orbe, como efecto de la globalización y la unificación del capital mundial— estas palabras se reformulan y trastocan, puesto que la aseveración se relativiza y se devuelve en forma de un cuestionamiento flagrante: si el primer mandamiento [para Occidente] es "No dañar", la respuesta ante este mandato ético por parte de los desfavorecidos es un cuestionamiento: "¿No dañar?" y una aseveración: *no recibir más daño* o *participar del daño como ejecutores y ya no (sólo) como víctimas*. Dicha aseveración se plantea como una forma, otra (inconcebible desde los ejes en que se maneja el discurso ético occidental), de empoderamiento.

En este sentido, Roberto Saviano, al reflexionar sobre la brecha que se abre entre los juicios éticos y los actos, nos dice: "Creemos que, por alguna razón, un acto criminal debe ser más premeditado y deliberado que un acto inocuo. En realidad no hay diferencia. Los actos [cualesquiera que éstos sean] poseen una elasticidad de la que los juicios éticos carecen" (Saviano, 2008, p. 26). En la carrera encarnizada del capitalismo que deviene gore se subvierten los acuerdos éticos que hasta el momento habían regido el humanismo de Occidente. El capitalismo en su núcleo más duro los ha detonado y desplazado fuera de sus límites.

Dentro del mundo hiperconsumista y ultracapitalista la ética resulta accesoria, pues se la percibe como "el límite del perdedor, la protección del derrotado, la protección moral para aquellos que no han conseguido jugárselo todo y ganarlo todo" (Saviano, 2008, p. 127). Así pues, el imperativo categórico ha sido desplazado por el imperativo económico.

Dentro de estos contextos de exclusión sistemática y desarrollo dispar, el concepto de justicia también ha sido reinterpretado. En primera instancia, se ha separado del concepto de ley, puesto que para los sujetos endriagos del capitalismo gore ambos términos no son equiparables, dado que la ley tiene sus códigos preestablecidos, los cuales no exoneran las prácticas criminales; sin embargo, dentro de la justicia, como concepto abstracto, se permite mayor maleabilidad hacia la interpretación de las acciones de violencia extrema de forma no estigmatizada, puesto que su interpretación de la justicia sólo tiene significado en lo concreto. Así, se crea una suerte de axiología alterna que aprueba como *justos* todos los medios y acciones de los que haga uso el capitalismo gore, porque su noción de justicia debe apegarse a la persecución de dos fines fundamentales: el enriquecimiento y la victoria sobre cualquier competidor.

Por lo anterior, podemos hablar de un desarrollo dispar en la pertinencia y aplicabilidad del discurso humanista en territorios descontextualizados de éste. Si tomamos el caso del tercer mundo podemos decir que: "[Sus] desarrollos a largo plazo, sus desviaciones más o menos rápidas y sus temporalidades [y efectos] de larga duración no están necesariamente ni separados, ni yuxtapuestos sin más. Encajados unos dentro de otros, se relevan entre sí; en ocasiones se anulan unos a otros y, a veces, se multiplican sus efectos" (Davis, 2007, p. 168).

A través de la cita anterior, buscamos ejemplificar que las apropiaciones y repercusiones que el discurso humanista tiene en el tercer mundo son diversas e inciden en él de una manera no unívoca sino multivectorial, mas no hegemónica. No negamos su impacto en las acciones de los sujetos endriagos, ni afirmamos que el tercer mundo se abstraiga completamente de este discurso humanista, sólo planteamos que su aplicabilidad y repercusiones están en completo devenir y son constantemente reinterpretadas. La ética en el tercer mundo, más que un proceso, es una acción *in situ*.

Estas reinterpretaciones de discurso pueden resultarnos incomprensibles si nuestro deseo de indagar en ellas sigue partiendo de una postura occidentalista y jerárquica que nos lleva a explicarlas desde un ángulo exotizante. Dicha interpretación puede partir de una posición de rechazo frontal, que tenderá a denostarlas y a subestimarlas bajo la etiqueta de: *prácticas ejercidas por culturas poco desarrolladas y bárbaras*. O, por el contrario, desde una postura de glorificación acrítica de la diferencia, que por medio de su romantización les otorgará un peso real e influyente como prácticas potencialmente emancipatorias de las dinámicas primermundistas, lo cual, sin embargo, no muestra sus desventajas, ni lo que tienen de cuestionable o sus puntos de inflexión.

Un ejemplo de esta romantización, aunque no hecha desde el acriticismo, puede ser la postura defendida por Negri y Cocco, quienes ven al tercer mundo como: "El laboratorio de una nueva experimentación de las relaciones entre gobierno y movimientos sociales" (Negri y Cocco, 2007, p. 3). Y quienes, además, proponen que los sujetos tercemundistas, ya sea que éstos habiten en los países así denominados, en las fronteras o en las periferias del primer mundo, son la fuerza motriz para redireccionar la gestión política de la gobernabilidad del Estado, puesto que consideran que "en la insurrección de las periferias francesas o brasileñas, la fuga del campo ya diseña horizontes radicalmente abiertos y nuevos: las insurrecciones de las periferias nos muestran que los habitantes de los campos son la materia viva, la carne de la multitud de la que está hecho el mundo globalizado" (Negri y Cocco, 2007, p. 1). Sin embargo, en este afán idealizador no nos muestran el lado oculto y complejo de las acciones emprendidas por estos sujetos periféricos (masculinos), no analizan el impacto que estas prácticas tienen en la normalización de prácticas distópicas y criminales puesto que dejan fuera a una parte importante de sujetos insurrectos creados y alimentados por la globalización: los sujetos criminales, los endriagos del capitalismo gore.

Por lo anterior, es necesario pensar en otra vía de interpretación sobre la dinamitación de los acuerdos éticos, llevados a cabo por los sujetos endriagos que siguen a pie juntillas los dictados más radicales del mercado. Debemos salir de la dicotomía de lo bueno contra lo malo —tan acostumbrada por la crítica—, aunque ésta sea expresada en términos sobreespecializados y rimbombantes. Debemos aprender a decir las cosas desde otros ángulos, como sujetos desplazados de la lógica maniquea, sin caer por ello en la preconización de un tercermundismo *light*, que "junta a su antojo los entusiasmos más disparatados, las inspiraciones más contradictorias" (Finkielkraut, 2000, p. 115).

Sabemos que toda cultura se justifica, en cuanto a sus prácticas, en sus propias necesidades y contextos internos. No obstante, ello no equivale a decir que el empoderamiento que puede surgir de ésta deba ser aceptado a cualquier precio, sobre todo si éste ha sido fraguado por vía distópica. No equivale tampoco a decir que *todo es cultural y, por tanto, todas las culturas son igualmente legítimas,* dado que hablar del concepto de cultura como universal borra tanto su especificidad como su agencia, por lo cual no podemos utilizar indiscriminadamente los términos *cultura* y *multiculturalidad* para referirnos a una polimorfía social basada en el hiperconsumismo que no defiende el derecho a la diferencia, sino que la entiende como un sinónimo de *bien surtido.*

Ahora bien, queremos dejar claro que el humanismo tiene un papel complejo, a primera vista poco visible, pero, dentro de las lógicas de lo gore, importante e innegable, porque es en relación con éste cómo estas lógicas se apuntalan y permiten que el concepto de lo gore sea aplicable a nuestro capitalismo contemporáneo. Pero no es ésta una relación lineal ni única, sino una forma de participar y, al mismo tiempo, disidir o subvertir este discurso, dado que no es aplicable a las condiciones económicas, políticas y de vida cotidiana, en general, en las que se desarrolla el tercer mundo,[14] puesto que "el neoliberalismo no sabe proponer ningún modelo de integración social" (Negri y Cocco, 2007, p. 2).

Sin embargo, las acciones de los sujetos endriagos participan del discurso humanista y lo traspasan a través de nuevos sincretismos hechos entre los valores sociales erigidos por el humanismo, la religión y los dictados de la economía, dándole la vuelta a la posición de subalternidad paródica que históricamente les ha sido asignada, la cual los degrada, hasta "transformar en motivo de orgullo las maneras de ser con las que pretendían avergonzarles" (Finkielkraut, 2000, p. 71). Por tanto, buscan su dignidad y su afirmación identitaria (ambas aspiraciones pertenecientes al humanismo) por medio de una lógica kamikaze. Dichos sujetos no van a morir o a matar ya por una religión, ni por una afirmación política, sino por dinero y poder.

Si estos sujetos no participaran del discurso humanista de ninguna manera, no cabría la posibilidad de tender puentes entre los mundos;

estaríamos hablando de mundos paralelos no conectados y, por tanto, no equiparables en ningún sentido; sobre todo se negaría la posibilidad de hablar de la relación que se tiende entre ambos y de sus formas de juzgar y afectarse recíprocamente, ya que, en la fase de economía posfordista actual, los discursos se equiparan en su raíz consumista, y lo que alguna vez hizo el discurso humanista ahora lo hace el discurso del nuevo capitalismo hiperconsumista. "Ahora, incluso los menos privilegiados quieren tener acceso a los símbolos emblemáticos de la sociedad de hiperconsumo y dan muestras de aspiraciones y comportamientos individualistas, aunque sea obedeciendo a la moda" (Lipovetsky, 2007, p. 183).

Así, el discurso humanista ha decaído a favor del hiperconsumista para interpretar —legitimar— las acciones efectuadas por los sujetos endriagos. Resultará imprescindible decir que, al día de hoy, desconocemos si estas acciones pueden fundar un nuevo equilibrio, algo que nuestro pensamiento tal como lo conocemos no puede fraguar.

Valorar moralmente, desde una perspectiva unívoca, las acciones de los sujetos endriagos nos llevaría a elaborar un discurso que sólo los juzgue y los sentencie, impidiéndonos construir alternativas al devenir gore. Calificarlos desde un discurso puramente moral nos llevaría a simplificar sus acciones y a etiquetarlas bajo parámetros caducos, puesto que lo concreto de la realidad cotidiana se transforma a velocidades incalculables desbordando las nomenclaturas éticas. Por ello, debemos deslindarnos de la tentación otrorizante de crear discursos interpretativos para estas subjetividades, que apelen a "una sociología de la miseria [o] a una metafísica del gueto" (Saviano, 2008, p. 82), confinándolas, con esta reducción simplista, a fenómenos irreversibles situados en la marginalidad tanto de las acciones humanas como del pensamiento posible.

En lugar de simplificarlas, debemos analizarlas en sus relaciones necropolíticas y tanatofílicas, entendiendo necropolítica como un contravalor, el último, dentro del registro de la biopolítica. Respecto a la tanatofilia, podemos decir que ésta se inscribe de manera histórica tanto en las raíces del mundo civilizado y primermundista como del mundo desrealizado o tercermundista y que aún hoy es una práctica habitual y en ascenso, una forma de entrenar el pensamiento para el combate y las guerras. Pues, tanto en el primer mundo como en el tercer mundo, "una vez que hemos cometido el primer asesinato y estamos metidos en el lago de la sangre, la salida es hacia delante; hacia atrás no tiene sentido, porque entonces ¿cómo nos explicamos lo que hemos hecho?".[15] Y es, justamente, aquí donde tanto las acciones de los sujetos endriagos tercermundistas como las de los soldados primermundistas se interconectan en el rompimiento del pacto humanista englobándose así dentro de las lógicas de la sociedad de hiperconsumo.

Sin embargo, estas acciones, por lejanas que parezcan, están más cerca de nuestra cotidianidad de lo que se quiere aceptar, puesto que:

> Las presiones y las actitudes consumistas no se detienen en las fronteras de la pobreza y hoy se extienden por todas las capas sociales, incluidas las que viven de la seguridad social. Por un lado, la fase del posfordismo es una máquina tremenda de socialización por el consumo; por otro, desorganiza los comportamientos de categorías enteras de la población que son incapaces de adaptarse a la pobreza y de resistirse a las tentaciones de la oferta comercial. (Lipovetsky, 2007, p. 185).

Desde semejantes perspectivas no es de extrañar que los sujetos endriagos utilicen las prácticas gore para hacerse con la posibilidad de cumplir las demandas consumistas. Puesto que estas prácticas se apuntalan como una respuesta para subvertir la sensación de fracaso y de fallo mostradas por la realidad ya que:

> Al mutilar todas las previsiones, la pobreza material se vive como carencia de autonomía y de proyecto, como obsesión por sobrevivir, como sensación de fracaso y hundimiento social. En las sociedades de consumo la precariedad intensifica el trastorno psicólogico, la convicción de haber fracasado en la vida. Entre las clases móviles y socializadas por el trabajo, las frustraciones propiamente materiales disminuyen, entre *los de abajo* se agravan y generan la convicción de que llevan una vida que *no es vida*. Ésta es la violencia de la civilización de la felicidad, su nuevo vía crucis. (Lipovetsky, 2007, p. 190).

Retomamos nuestro argumento sobre el desarrollo dispar de la historia y agregamos que este tipo de acciones que rompen atrozmente con el discurso humanista no tienen su genealogía en la subjetividad endriaga, sino que exponen el rompimiento del pacto humanista ejecutado desde antes de la aparición de dicha subjetividad gore. Las raíces de este quiebre epistémico se sitúan en el momento mismo de la despreocupación y el uso abusivo que, históricamente, ha hecho el primer mundo del tercero y resitúan la necropolítica como un elemento directriz de la gestión y aplicación de políticas económicas y sociales en las relaciones Norte-Sur.

Devenir endriago: nuevos sujetos del capitalismo gore

De una sociedad sustentada en el capitalismo gore se espera que tenga impacto y consecuencias en la vida de los sujetos que la integran. Impacto externo e interno, que crea una imbrincada, y casi irresoluble, diatriba sobre si son los efectos de los fenómenos sociales los que preforman a los sujetos y sus comportamientos —esta referencia a la creación del sujeto no tiene ningún atisbo naturalista ni esencialista— o si son los cuerpos de los sujetos y sus acciones sobre la realidad quienes crean ciertos fenómenos en ella; o más aún, si la realidad social ha echado a andar y se ha convertido en un andamiaje laxo, fluido y con apariencia suficientemente anodina como para filtrarse de forma masiva en los cuerpos de los sujetos y en la realidad misma. Se establece así un entramado doble que, por un lado, actúa desde adentro hacia fuera del sujeto y tiene efectos en la realidad y, por el otro, se ve influido por esta realidad para crearse como sujeto, resultando en un entramado no desentrañable a primera vista, que aglutina la producción de nuevos sujetos y la demanda hipercosumista, instituyendo una cadena interno-externa que se retroalimenta.

Ya a finales del siglo XIX, Nietzsche se preguntaba: ¿dónde están los bárbaros del siglo XX?, e imaginaba a estos sujetos como "bestias salvajes y orgullosas, sin domesticar, feroces, pero *completamente vivas*" (Berman, 2002, p. 175). Los *hombres nuevos* de Nietzsche se fundaban en un orgullo precristiano, denominados como *bestias rubias*[16] eran capaces de traspasar las fronteras de sus territorios y volver a sus lugares después "de orgías de muerte, incendios, violaciones y tortura, jubilosos y en paz con ellos mismos" (Berman, 2002, p. 175). Nietzsche no imaginó que esta caracterización de las *bestias rubias* sería encarnada y ejercida por sujetos —en su mayoría— ni blancos ni primermundistas. Estos sujetos están llevando a cabo la *rebarbarización* del mundo tan esperada por Nietzsche, al mismo tiempo que se afirman asestando un golpe brutal a la visión romantizada de lo bárbaro. Estos *bárbaros,* que quizá no han leído a Nietzsche, ejecutan sus premisas y responden a su pregunta sobre su ubicación. Estos nuevos bárbaros que nos dicen, al igual que Nietzsche: "Si miras demasiado al abismo, el abismo te mirará a ti" (Berman, 2002, p. 175).

Por otro lado, es necesario superar el idilio exotista, descartar "las conceptualizaciones y composiciones que oscilan entre los extremos de la victimidad y la heroicidad, la compasión y la glorificación" (Mezzadra et al., 2008, p. 239). Debemos dejar de utilizar el concepto de *sujetos marginales* bajo el cobijo de la corrección política contemporánea, pues con ello contribuimos a crear una generalización nebulosa de estas subjetividades, evitando internarnos en ellas con ánimo de radiografiarlas en su pertenencia al sistema económico contemporáneo. Resulta primordial superar al mismo tiempo la tentación exotista y la indolencia intelectual.

Estamos frente a un capitalismo cuyos efectos son simultáneos en la destrucción de cuerpos y producción de capital, cuya producción se basa en la especulación de los cuerpos como mercancía, "partiendo de una inversión mínima [uso de la violencia y la fuerza], venta directa del producto en tiempo real, de forma única y produciendo la satisfacción inmediata del consumidor" (Preciado, 2008, p. 36). Producir cuerpos muertos, mutilados o vejados como una forma de mercancía que abre, mantiene y se *justifica* en el proceso de la oferta y la demanda del nuevo capitalismo.

El asesinato es ahora concebido como una transacción, la violencia extrema como herramienta de legitimidad, la tortura de los cuerpos como un ejercicio y un despliegue de poder ultrarrentable. Lo que se entendía como *bajos fondos globales* ha dado el salto y, ahora, convive con la superficie. El capitalismo gore se ha infiltrado en nuestra vida y desde nuestro papel de simples consumidores/espectadores no podemos abstraernos de ese hecho. Muchos de los fenómenos que nos son cotidianos se anclan en el crimen organizado. Lo gore ya no se reduce a un género cinematográfico, ni a pasquines o periódicos sensacionalistas. Lo gore es nuestra realidad ahora.

Ejemplo de esto son las inversiones en droga, en lugar de en bolsa, hechas no sólo por la pequeña burguesía, fiel a los principios neoliberales, sino que también se pueden contar entre estos nuevos círculos de pequeños inversores en el negocio de las drogas a pensionistas, trabajadores y pequeños empresarios, quienes:

> daban dinero a algunos agentes que lo reinvertían en alijos de droga. Invertir una pensión de 600 euros en coca significaba recibir al cabo de un mes el doble. [...] El riesgo de perder dinero no era comparable al beneficio obtenido, sobre todo si se comparaba con los intereses que habrían recibido si hubieran depositado el dinero en el banco. (Saviano, 2008, pp. 65-66).

Otro ejemplo nos muestra el entrelazamiento de las prácticas criminales con la cotidianidad social y la participación en el sistema criminal de sujetos *a priori* inesperados:

> La pequeña burguesía se ha convertido en el guante perfecto para [la] distribución informal e hiperliberal de la mercancía droga. Un intercambio que parece amistoso, una venta completamente alejada de estructuras criminales, similar a las de las amas de casa que ofrecen cremas y aspiradoras a sus amigas. Es también idóneo para liberar de responsabilidades morales excesivas. Ningún camello en chándal brillante plantado en las esquinas de las plazas durante jornadas enteras protegidas por los *pali*. Nada excepto producto y dinero. Espacio suficiente para la dialéctica del comercio. (Saviano, 2008, p. 80).

Por lo anterior, intentamos indagar en el proceso de cómo un sujeto deviene sujeto endriago. Cómo decide reapropiarse de la realidad y llevarla a parajes no edificados por la conceptualización, saliéndose de los presupuestos originarios con raíz aristotélica en los que se funda Occidente, exiliándose también de la red posmoderna y afirmándose dentro de las estructuras criminales y los cárteles de la droga como forma irrefutable de narrar su particular forma de adscribirse como actante en el devenir de la Historia.

Jean Baudrillard nos habla de la revancha del pueblo de los espejos y nos dice:

> comienza la gran revancha de la alteridad, de todas las formas que sutil o violentamente privadas de su singularidad, plantean

ahora al orden social, pero también al orden político y al orden
biológico, un problema irresoluble. [...] un día se rebelará y
entonces todo nuestro sistema de representación y de valores
está destinado a perecer bajo el peso de la revuelta. La actual
esclavitud de lo mismo y de la semejanza se romperá algún
día con la reaparición violenta de la alteridad. Soñábamos con
pasar al otro lado de los espejos, pero son los pueblos de los
mismos espejos los que irrumpirán en nuestro mundo. Y "esta
vez no serán vencidos". (Baudrillard, 2000b, pp. 200-201).

En estas palabras de Baudrillard encontramos una explicación válida para describir el surgimiento y papel actual de los sujetos endriagos.

Todo lo sólido se edifica sobre sangre

¿Cuál es el proceso por medio del cual lo real retoma su condición de
certitud irrefutable y se ensambla en el engranaje del capitalismo gore?
¿Cómo la vuelta de tuerca ha llegado al redoblamiento de la realidad y su
afirmación, después de toda la virtualidad de las tecnologías y las teorizaciones sobre el simulacro? ¿Por qué necesitamos carne, sangre y desmembramiento para que la realidad vuelva a ser verdad? ¿Cuáles han sido las
exigencias de las potencias económicas hacia el tercer mundo? ¿Espera-
ban estas potencias que la respuesta fuera tajante y violenta? ¿Podemos
hablar hoy, más allá de sujeto biopolítico, de sujetos endriagos? Los
sujetos endriagos como ejes y actores del nuevo capitalismo rompen la
consigna marxista sobre la modernidad: *todo lo sólido se desvanece en aire* y
la cambian por: *todo lo sólido y consumible se edifica sobre sangre.*

El capitalismo gore es el resultado de la interpretación y la participación activa, violenta e irreversible de los endriagos del mundo
globalizado, del hiperconsumismo y de las fronteras. Giro de la Historia, descripción distópica. Paradoja en estado puro. Problema que se
incardina y nos aniquila. Plusvalor y carnicería. Los endriagos como los
nuevos sujetos del capitalismo gore.

Ahora es momento de pensar el capitalismo gore como la consecuencia adversa de la producción sin reglas del capital, el estallido, el
choque violento de capas de realidad. Como si la realidad se replegara
en el tiempo y viviéramos en una multirrealidad discursiva cuya única

constante es el enriquecimiento de unos pocos y el derramamiento de sangre de la mayoría.

La globalización de la violencia es una de las múltiples distopías del proyecto mundializador. Esta globalización, aunada al surgimiento de los sujetos endriagos, nos muestra, por un lado, lo crudo de dicho proyecto, entendido como "el hecho absolutamente específico que se refiere a la ampliación de los mercados mundiales (Negri, 2008, p. 53) y, por el otro, la forma tan precisa que tienen los sujetos endriagos de acatar las exigencias de la economía ultraliberalista.

El monopolio económico y epistémico que ha fundado la ideología ultraliberal ha desplazado a todas aquellas ideologías de resistencia representativa y agente. Sin embargo, esto ha sido posible dado el repliegue y la actitud nihilista que ha venido dirigiendo a la Nueva Izquierda como contraparte del discurso neoconservador y ultracapitalista del neoliberalismo. La izquierda necesita hacer alianzas con movimientos sociales de diversa índole. Además de revisar sus motivos teóricos, tiene la necesidad de trazar un mapa de acciones prácticas que la reconfiguren como una corriente de pensamiento que base la resistencia en los contextos específicos de los problemas que se desarrollan en las sociedades en las que actualmente estamos viviendo.

Al carecer de representación en los discursos de la resistencia, todos aquellos sujetos marginados, y no marginados, que se ven afectados por las demandas del hiperconsumo tienen la posibilidad de devenir endriagos, ya que para los endriagos su representatividad se basa en el poder adquisitivo y en la reconfiguración del concepto de resistencia por medio de acciones distópicas; así el endriago busca perfilarse desde una tangente que históricamente había sido confinada a lo vedado: el crimen.

Si lo analizamos, el narcotráfico es otra forma de hacer uso de la consigna globalizadora que ha dado en llamarse *deslocalización*, practicando una suerte de *deslocalización inversa* ya que traspasa las fronteras[17] para llevar sus productos y venderlos en un mercado floreciente y pudiente que lleva décadas demandándolo y cuya demanda es cada vez más frecuente. Cumple así con la máxima fundamental del capitalismo: tener algo que vender a alguien que lo quiere comprar y obtener beneficios.

El devenir endriago puede englobarse como uno más de los resultados, fácilmente previsibles, del proceso económico contemporáneo, que en su versión social se denomina hiperconsumismo.

Definición y características de los sujetos endriagos

Tomamos el término *endriago* de la literatura medieval, específicamente del libro *Amadís de Gaula*.[18] Lo hacemos así siguiendo la tesis de Mary Louise Pratt, quien afirma que el mundo contemporáneo está gobernado por *el retorno de los monstruos* (Pratt, 2002, p. 1). El endriago es un personaje literario, un monstruo, cruce de hombre, hidra y dragón. Se caracteriza también por una gran estatura, ligereza de movimientos y condición bestial. Es uno de los enemigos a los que se tiene que enfrentar Amadís de Gaula.[19] En el libro se le describe como un ser dotado de elementos defensivos y ofensivos suficientes para provocar el temor en cualquier adversario. Su fiereza es tal que la ínsula que habita se presenta como un paraje deshabitado, una especie de infierno terrenal al que sólo podrán tener acceso caballeros cuya heroicidad rondara los límites de la locura y cuya descripción se asemeja a los territorios fronterizos contemporáneos.[20]

Hacemos una analogía entre el personaje literario, que pertenece a los Otros, a lo no aceptable, al enemigo, y los que en esta investigación identificamos plenamente como los nuevos sujetos ultraviolentos y demoledores del capitalismo gore: *los sujetos endriagos*.

Los sujetos endriagos surgen en un contexto específico: el postfordismo. Éste evidencia y traza una genealogía somera para explicar la vinculación entre pobreza y violencia, entre nacimiento de sujetos endriagos y capitalismo gore.

Así, el contexto cotidiano de estos sujetos es "la yuxtaposición muy real de proliferación de mercancías y exclusión del consumo; [son] contemporáneo[s] de la combinación de un número creciente de necesidades con la creciente falta de recursos casi básicos de una parte importante de la población" (Lipovetsky, 2007, p. 181). Esto se suma al hecho de que:

> Mientras unos se bañan en una atmósfera de consumo desbocado, otros conocen la degradación de su nivel de vida, privaciones incesantes en las partidas más esenciales del presupuesto, el estar hartos del infierno cotidiano, la humillación de ser socorridos por la seguridad social. Si hay una pesadilla del hiperconsumo no se ve ni en *el aumento de la insignificancia* ni en la sed insaciable de adquisiciones comerciales: se localiza en la degradación de las condiciones materiales, en el desaliento que causan

las restricciones, el consumo al mínimo mientras la cotidianidad es bombardeada continuamente por las tentaciones multicolores. El infierno no es la espiral interminable del consumo, es el subconsumo de las poblaciones frágiles que viven en el seno de una sociedad de hiperconsumo. (Lipovetsky, 2007, pp. 181-182).

De esta manera, los sujetos endriagos deciden hacer uso de la violencia como herramienta de empoderamiento y de adquisición de capital. Debido a múltiples factores, de los cuales enunciaremos algunos ejemplos, el uso de la violencia frontal se populariza cada vez más entre las poblaciones desvalidas y es tomada en muchos casos como una respuesta al miedo a la desvirilización que pende sobre muchos varones dada la creciente precarización laboral y su consiguiente incapacidad para erigirse, de modo legítimo, en su papel de macho proveedor. Por un lado, está el hecho de que los pobres ya no pertenecen a una sola clase social, ya no tienen una categoría o condición que los englobe. "La pobreza y la indefensión de masas que hay en nuestras sociedades se manifiestan con rasgos desconocidos" (Lipovetsky, 2007, p. 182). Una situación que trae consigo rasgos de negación y desrealización del individuo. Un tipo de anulación discursiva que rige todo sentido y posibilidad de pertenencia.

Por otro lado, nos encontramos con que se "tiende a justificar la pequeña delincuencia, el robo y los *apaños* como recursos fáciles para obtener dinero y participar en los modos de vida dominantes con que nos bombardean los medios" (Lipovetsky, 2007, p. 184). Se crea así un giro epistemológico en la concepción de la violencia, pues se la percibe como una herramienta de autoafirmación personal, al mismo tiempo que como un modo de subsistencia.

Asimismo, a los dos factores anteriores se une el hecho de que los marginados también quieren (deben) ser consumidores, ya que buscan una forma de socialización/competición a través del consumo. "El consumo, en las condiciones presentes, construye gran parte de la identidad: cuando las demás vías de reconocimiento fallan, *sacar pasta* y consumir se imponen como objetivos preeminentes" (Lipovetsky, 2007, p. 183).

Es necesario aclarar que no sólo el uso de la violencia se populariza, sino también su consumo. De esta manera la violencia se convertirá no únicamente en herramienta, sino en mercancía que se dirigirá a distintos nichos de mercado; por ejemplo, el que va dirigido a las clases medias y privilegiadas, a través de la *violencia decorativa*. Este fenómeno hace que ningún sector o nicho de mercado escape a la violencia, sea el caso de que ésta se le presente como mercancía proveedora de valor simbólico o como herramienta de empoderamiento distópico.

En el segundo caso, son los sujetos endriagos quienes muestran la contracara del consumo de la violencia, estrechando los márgenes entre el poder de consumo y el nivel adquisitivo conseguido a través del uso de la violencia como herramienta, ya que todo se unifica a través del consumo y éste se interpreta como la reafirmación de la identidad, como la consagración a través de la compra y la reafirmación de un *status*, ya no social, sino individual. Así podemos decir que:

> Mediador de *la verdadera vida*, el consumo se tiene a sí mismo como algo que permite librarse del desprecio social y de la imagen negativa de uno mismo. La obsesión por consumir, observable en nuestros días incluso en las poblaciones marginales, transparenta no sólo el poder sin precedentes de la comercialización de los modos de vida, sino también la insólita intensidad de las frustraciones en relación con los modelos de vida dominantes, así como una exigencia ampliada de consideración y respeto, típica del individualismo expresivo que fomenta la fase del posfordismo: al individuo le importa cada vez más no sentirse rebajado, herido en su dignidad. (Lipovetsky, 2007, p. 183).

Todo lo anterior nos marca el origen de la contradicción que lleva a lo gore y que se ve reforzado por el hecho de que:

> Por un lado los jóvenes de los barrios periféricos de las grandes ciudades asimilan masivamente las normas y los valores consumistas. Por el otro, la vida precaria y la pobreza les impiden participar plenamente en las actividades de consumo y en las diversiones comerciales. De esta contradicción surge con fuerza un chorro de sentimientos de frustración y de exclusión, al mismo tiempo que comportamientos de tipo delictivo. (Lipovetsky, 2007, pp. 183-184).

De las características identitarias del sujeto endriago, se puede contar el hecho de que es "anómalo y transgresor, combina lógica de la carencia (pobreza, fracaso, insatisfacción) y lógica del exceso, lógica de la frustración y lógica de la *heroificación*, pulsión de odio y estrategia utilitaria" (Lipovetsky, 2007, p. 189). La subjetividad endriaga:

> no coincide evidentemente con el individualismo de los triunfadores que disponen de los recursos de la independencia, pero tampoco se reduce ya al individualismo negativo o soportado. Este último se muestra como víctima, mientras que el individualismo salvaje [del sujeto endriago] busca modos de acción ilegítima y de autoafirmación para exorcizar la imagen y la condición de víctima. Uno apela a la compasión o a la solidaridad, el otro genera demandas de orden y represión. Incluso en las zonas de invalidación social hay cierta competencia individualista, hecha de activismo brutal, de desafío, de puesta en peligro que rebasa la posición del *individuo por defecto*. (Lipovetsky, 2007, p. 189).

Los sujetos endriagos hacen de la violencia extrema una forma de vida, de trabajo, de socialización y de cultura. Reconvierten la cultura del trabajo en una especie de protestantismo distópico, donde el trabajo y la vida forman una sola unidad. Sin embargo, los endriagos hacen una reinterpretación de la noción de trabajo y de su práctica donde la deidad del protestantismo ha sido plenamente desplazada por el dinero.

Los endriagos rompen también con la lógica del mundo del trabajo que es esencialmente prohibitivo y racional, catapultándonos a un nuevo estadio donde el trabajo se reinterpreta y es equiparable con la violencia, mostrándonos "un exceso que se pone de manifiesto allí donde la violencia supera a la razón" (Bataille, 2002, p. 45).

Finalmente, entendemos a los sujetos endriagos como un conjunto de individuos que circunscriben una subjetividad capitalística, pasada por el filtro de las condiciones económicas globalmente precarizadas, junto a un agenciamiento subjetivo desde prácticas ultraviolentas que incorporan de forma limítrofe y autorreferencial "los sistemas de conexión directa entre las grandes máquinas productivas, las grandes máquinas de control social y las instancias psíquicas que definen la manera de percibir el mundo" (Guattari y Rolnik, 2006, p. 41). Nos muestran, además, que "los cuerpos insertos en procesos sociales como la circulación de capital variable nunca deben considerarse dóciles o pasivos" (Harvey, 2003, p. 141).

---

1   Para profundizar en el tema, consúltese: Jiménez y Tena (2007).

2   *Sistema* es el término con el cual la camorra napolitana se designa a sí misma.

3   Aunque lo que se les paga a los campesinos en Latinoamérica o en el sur de Asia por la droga sea una cantidad muy escasa de los beneficios (1%), para éstos supone un importante beneficio y una mejora notable de su nivel de vida. Sin embargo, como afirma Curbet: "Bastaría con un aumento de 2% en la ayuda mundial al desarrollo para compensar el déficit de estos agricultores si quisieran dedicarse al cultivo de productos agrícolas legales" (Curbet, 2007, pp. 69-70).

4   Es interesante destacar aquí que el concepto de *feminización del trabajo* lleva implícita una doble carga sexista. En primer lugar, se invisibiliza el trabajo de las mujeres a través de la Historia, ya que al hablar de *feminización del trabajo* parece que ésta es la única época en la que las mujeres han trabajado, obviándose así todo el trabajo no pagado como un *destino manifiesto* y naturalizado. En segundo lugar, hay una retórica del género de la cual se deduce que los adjetivos *flexible, móvil, mutable, mal pagado y precario* son propios del trabajo de las mujeres, mientras que, y en contraposición, los adjetivos como *seguro, estable, bien remunerado y definitivo* se entienden como propios del trabajo masculino. A este respecto, consúltese: Precarias a la Deriva (2004).

5   Entendemos el concepto de *naturalización artificial*, en el sentido que le otorgó Bourdieu, al hablar de las prácticas y los conceptos como construcciones socialmente naturalizadas que deshistorizan e implantan una falsa genealogía que remite a una temporalidad que se desdibuja en el tiempo y crea la idea de que ciertos hechos han sido así desde el principio y que por ello son fenómenos o conceptos que deben ser tomados como naturales (Bourdieu, 2000).

6   Estrategias basadas en la muerte de otros como herramienta de enriquecimiento.

7   Utilizamos esta metáfora, puesto que entendemos por aleph "el lugar donde están, sin confundirse, todos los lugares del orbe, vistos desde todos los ángulos" (Borges, 2000).

8   Con esto me refiero al surgimiento de iglesias alternativas que profesan el culto a la muerte y la elevan al grado de santa, creando de esta manera un sincretismo bastante peculiar entre las prácticas católicas y las prácticas paganas. Este sincretismo se ve reflejado en el hecho de que toman la figura de la Santa Muerte y la equiparan con una deidad que en principio choca con todos los presupuestos religiosos de la Iglesia católica. Este culto a la Santa Muerte se ha vuelto central entre todos aquellos sujetos que tienen conexiones con el crimen. Existe también, sobre todo en el estado de Sinaloa, el culto a Malverde, conocido como el santo de los *narcotraficantes*. El culto a Malverde establece lo que para el narcotráfico es su justificación moral: la ley y la justicia no son la misma cosa.

9   François Houtart afirma que, en el año 2002, Sri Lanka tuvo el más alto porcentaje de suicidios del mundo, y la mayoría de los que se suicidaron eran pequeños campesinos (*cf*. Estévez y Taibo, 2008, p. 29).

10   Prueba de esto es que en marzo de 2009 la revista *Forbes* incluyó a un narcotraficante mexicano en su lista anual de los hombres más ricos del mundo.

11   Es necesario entablar una revisión de lo que términos como *colonialismo, descolonialismo y poscolonialismo* suponen. Es necesario admitir que mientras nuestras cabezas

no hayan hecho un ejercicio crítico de distancia y separación frente al colonialismo no podremos hablar de descolonización ni de poscolonización. En México, específicamente, se observa un grado de conservación del pensamiento colonial en las prácticas cotidianas que se explicita a través de las microfobias internalizadas y racismo explícito contra los indígenas de sus regiones. Es necesario que se reconozca y se acepte, por un lado, que todavía estamos colonizados mentalmente y, por otro, que tanto la Independencia como la Revolución mexicanas han sido sólo imagos de cambio, pero que éste no se ha llevado a cabo, no ha tenido lugar, ya que seguimos conviviendo y superponiendo los discursos extranjeros y aceptándolos acríticamente como nuestros. Nos han vendido el mito de que estamos descolonizados, y nos hemos comprado el discurso de que somos un país en vías de desarrollo que quiere ser moderno, nos alimentan de retórica y estereotipos, seguimos, desde todas las esferas (desde la academia hasta las prácticas cotidianas) encantados en encarnarnos en identidades europeas que poco tienen que ver con nuestras necesidades, nuestras prácticas económicas y nuestras subjetividades geopolíticas.

12 Cortina, Adela (Valencia, 1947) es catedrática de Ética y la primera mujer en la Academia de Ciencias Morales y Políticas de España.

13 A este respecto, consúltese: Mignolo (2003a).

14 Dicho *tercer mundo* no se sitúa exclusivamente en los territorios entendidos como países lejanos con economías deprimidas, sino que subsisten núcleos de tercermundismo en los centros neurálgicos del capitalismo primermundista.

15 Imanol Zubero (doctor en Sociología. Miembro de *Gesto por la Paz*). Esta cita es una paráfrasis de la escena IV de Macbeth de William Shakespeare (Medem, 2003).

16 Es necesario aclarar que las subjetividades endriagas que aquí proponemos no guardan relación con la interpretación que el nazismo le dio a las *bestias rubias*. Tomamos estos conceptos de Nietzsche en tanto que describen subjetividades limítrofes y violentas.

17 Otra paradoja más de la globalización, ya que entre sus consignas fundamentales está la eliminación de las fronteras. Sin embargo, las únicas fronteras abiertas son las que permiten el flujo del capital y no el de las personas.

18 Es una obra maestra de la literatura medieval fantástica en castellano y el más famoso de los llamados libros de caballerías, que tuvieron una enorme aceptación durante el siglo XVI en la Península Ibérica.

19 Amadís de Gaula representaría al caballero y sus valores heredados de toda la cultura occidental. Amadís sería el sujeto occidental por antonomasia, el no monstruo, el no Otro; es decir, el sujeto universal y sin fisuras que posteriormente será defendido por las lógicas del iluminismo y del humanismo.

20 Con territorios *fronterizos* nos referimos a las fronteras en general, pero hacemos hincapié en las fronteras del norte de México que lindan con Estados Unidos y, especialmente, con la ciudad de Tijuana que se ajusta perfectamente a lo descrito, por ser una ciudad actualmente copada por los cárteles de la droga, los traficantes de personas, la prostitución y las distintas fuerzas represivas del Estado, creando así un campo de batalla, un territorio en estado de sitio.

CAPÍTULO 3

La nueva mafia

Enlaces históricos entre mafia y capitalismo

El contrabando es nuestro patrimonio cultural.

Ivan Kasttrev

¿Qué ha ocurrido en las últimas décadas para que un asunto que suscitó obras maestras del cine y la literatura y un halo de admiración mal disimulado (desde los bandidos y los piratas hasta la mafia italoestadounidense) haya saltado desde las cuartillas y los platós a convertirse en una de las principales amenazas a la seguridad? (Ruesga y Resa, 1997). Para intentar responder a estas cuestiones, hemos decidido investigar la relación histórica entre mafia y capitalismo, dado que las redes criminales pueden ser consideradas como los elementos más visibles y representativos del capitalismo gore.

Si hacemos un poco de memoria histórica nos daremos cuenta de que, además del factor primordial de la mundialización y la exacerbación del consumismo, podríamos remontar las relaciones entre economía liberal y crimen organizado al siglo XVIII. Ya en ese siglo los piratas, especialmente ingleses, se "transformaron en grandes hombres de negocios que invertían sus adquisiciones ilegales en el mundo de la economía legal y la hicieron prosperar" (Ruesga y Resa, 1997), haciendo posible así el nacimiento de los procesos de industrialización y del propio capitalismo. Otros ejemplos de esta amalgama entre crimen y capitalismo se dan en Estados Unidos y en la España de posguerra por mencionar dos casos. En el primero, a través de "los barones de los bandidos, cuya participación en la industrialización e incluso en la propia construcción nacional fue esencial en Estados Unidos" (Ruesga y Resa, 1997). En el segundo caso, Carlos Resa nos dice al respecto:

> En la España de posguerra, el empeoramiento de la situación socioeconómica, el aislamiento internacional, la debilidad del Estado y la escasez de los bienes de consumo en el mercado español, contribuyó al fortalecimiento de una modalidad, ya existente, de delincuencia organizada en la que los puros militares durante la Guerra de África jugaron un papel esencial. Se llamó, en memoria de sus principales artífices, *el estraperlo*. El

Estraperlo concepto abarcaba una amplia gama de actividades ilegales relacionadas con mercados negros para bienes primarios, pagos de servicios ilícitos, extorsión, amenazas e impuestos mafiosos en un contexto de corrupción generalizada, producto de la arrogancia desbordante de los vencedores de la Guerra Civil, actores principales de la trama junto a comerciantes e industriales. El estraperlo desapareció conforme se ponía fin al racionamiento y los principales negociantes del comercio ilícito comenzaron a convertirse en respetables propietarios de empresas de construcción, financieras y otros sectores. (Ruesga y Resa, 1997).

historia económica Si bien es cierto que la violencia está a la orden del día y que las mafias se han infiltrado en nuestras vidas de forma casi imperceptible fuera de los noticieros, el ocio televisado y la prensa amarillista, debemos tener en cuenta que este hecho no ha surgido espontáneamente, sino que, como hemos apuntado, se ha desarrollado paralelamente a una serie de fenómenos a través de la historia de los dos últimos siglos. Sin embargo, se radicaliza en las últimas décadas a través de fenómenos en apariencia inconexos o inocuos, que han sentado las bases para su desarrollo y difusión global. Algunos de estos hechos parecen tan peregrinos y lejanos entre sí que no se nos ocurriría pensar que han influido directamente en la globalización del crimen y el afianzamiento de su poder como una forma ultrarrentable para obtener capital de un modo rápido y eficaz.

A continuación, apuntaremos, siguiendo a Misha Glenny, algunos de los principales hechos que han llevado al encumbramiento de lo que aquí denominamos capitalismos gore.

liberalización de mercados El orden posterior a la Segunda Guerra Mundial comenzó a derrumbarse durante la primera mitad de los años ochenta. [...] Se produjo simultáneamente una tendencia cuyas raíces estaban firmemente ancladas en Estados Unidos y en su principal aliado europeo, el Reino Unido: el mundo daba sus primeros pasos hacia la liberalización de los mercados internacionales financieros y de productos y servicios. Las grandes empresas y entidades bancarias norteamericanas y europeas habían comenzado a abrir mercados que, hasta entonces, mantenían un estricto control sobre las inversiones extranjeras y el cambio de divisas. Luego llegó la caída del comunismo en 1989 [...] Desprovisto de ideas, de dinero y de esperanzas de ganar la carrera tecnológica, el comunismo no tardó

años, sino días en esfumarse de la faz de la Tierra. Fue un acontecimiento monumental que se fundió con los procesos de la globalización y desencadenó un aumento exponencial de la economía
sumergida. Estos formidables cambios económicos y políticos
afectaron a todos los rincones del planeta.

En términos globales, existía un importante crecimiento
mundial en el comercio, la inversión y la creación de riqueza.
Ésta, sin embargo, estaba distribuida de forma muy desigual.
Innumerables Estados se vieron abocados al purgatorio que se
conoce como "transición"[...] En los barrizales, la supervivencia
económica a menudo pasaba por asir un arma y robar lo que se
pudiese. (Glenny, 2008, pp. XII-XIII).

La violencia económica se torna de esta manera un factor decisivo para la conformación y popularización del capitalismo gore como
elemento de supervivencia. El uso de la violencia entendido como herramienta de subsistencia abriría con los años una nueva forma de gestión
de ésta, en la que convivirían los estadios del precariado laboral, el existencial y la marginalidad junto a una nueva forma de concebir la violencia y el crimen como empresas transnacionales.

La nueva mafia como empresa transnacional

Por medio de este cambio en el paradigma interpretativo del crimen,
hecho por los sujetos endriagos y sustentado por el neoliberalismo más
rampante, las organizaciones criminales toman una fuerza inimaginable
y logran introducirse en la mayoría de los circuitos económicos, desde los
sectores grises y negros, en donde se había confinado históricamente al
narcotráfico, la venta ilegal de armas, la prostitución, el lavado de dinero;
hasta sectores emparentados con la economía legal: las empresas cons-
tructoras, el sector del ocio, las inversiones en la banca internacional, la
creación de empresas de seguridad privada, la privatización de ejércitos
que ofertan sus servicios en el mercado como si se tratara de cualquier
otro bien o producto.

Así, "las actividades criminales —como es el caso paradigmá-
tico del negocio de la droga— no escapan a la reglas que rigen la *nueva
economía*" (Curbet, 2007, p. 71). Las antiguas estructuras de la mafia se
han visto modificadas puesto que los criminales de grandes vuelos y los
mafiosos de todo tipo se consideran a sí mismos como empresarios. Son

(Gomorrah)

empresarios que forman "un clan de ejecutivos violentos, gerentes, *killers*, constructores y terratenientes. Cada uno con sus propias bandas armadas, confabuladas entre sí y con diversos intereses en todos los ámbitos económicos" (Saviano, 2008, p. 208). Y cuyas motivaciones no difieren en absoluto de las que se atribuyen a sí mismos los hombres de negocios honestos: lograr la mayor rentabilidad posible para sus negocios.

En la actualidad, hablar de la mafia y del crimen es hablar de una empresa completamente organizada, una especie de empresa multinivel, que puede entenderse como "un fenómeno económico racional y como una industria que dispone de una organización y un modo de actuación semejante a sus homólogas de la economía legal" (Curbet, 2007, p. 70). En el caso del narcotráfico, puede decirse que está dividido en cuatro niveles básicos que se subdividen según las necesidades específicas del cártel. Como lo explica Carlos Resa Nestares: "De hecho, el crimen organizado es el modelo más perfecto de organización empresarial. Se estructura en bien perfeccionados sistemas de redes, que son el modelo más eficiente y de más futuro. Genera lazos de lealtad entre la empresa y sus trabajadores, que, a menudo, son étnicos" (Ruesga y Resa, 1997).

La organización está construida, en su primer nivel, por los puestos más altos dentro de la jerarquía, donde se encuentran los jefes que fungen de financiadores y promotores y quienes además controlan las actividades de tráfico y venta de la droga a través de sus *hombres de confianza*, quienes son afiliados directos. En el segundo nivel, se situarían quienes tienen manejo directo de la droga; es decir, quienes la compran, la preparan, la cortan y la distribuyen entre los terratenientes del cártel. En el tercer nivel se ubicarían los jefes de plaza o terratenientes, quienes están en contacto directo con los vendedores y, además, trazan la estrategia a seguir en caso de huida, coordinan a los vigilantes y se ocupan de resguardar la ubicación de la mercancía y de los laboratorios donde se procesa. El cuarto nivel, que es regularmente el que da la cara al público y el que es más conocido e identificable por la sociedad, está integrado por los vendedores a pie de calle.

Este último nivel está regido por la precarización y la subcontratación. En este nivel se aprovecha la situación de desempleo crónico y la ausencia de proyectos de desarrollo social de los gobiernos neoliberalistas, tanto tercermundistas como primermundistas. Estos subcontratados por la economía criminal para trabajar en el escalafón más bajo de la pirámide se caracterizan por ser, regularmente, muy jóvenes (en su mayoría varones), quienes seducidos por la sed hiperconsumista se enrolan en las filas del poder criminal. Este hecho no es casual ya que como explica Roberto Saviano:

> Las ventajas son múltiples: un chiquillo cobra menos de la mitad del sueldo de un afiliado adulto de la categoría más baja, raramente debe mantener a los padres, no tiene las obligaciones que impone una familia, no tiene horarios, no necesita un salario puntual y, sobre todo, está dispuesto a estar permanentemente en la calle [...] Los grupos de niños camellos son fundamentales en la economía flexible de la venta de droga porque llaman menos la atención [...]. (Saviano, 2008, pp. 119-120).

De forma conjunta con los niveles antes descritos, se debe mencionar también el hecho fundamental de que todos los cárteles cuentan con su propio equipo militar, que regularmente está formado por exintegrantes de grupos especiales del ejército, exdeportistas de élite —sobre todo en sus modalidades de luchadores, jugadores de futbol americano o *hockey*, es decir con una corporalidad portentosa capaz de intimidar—, expandilleros, etc., quienes integran un feroz grupo de choque, cuya función es brindar protección a los distintos niveles del cártel para su preservación como estructura económico-financiera.

Además de la transformación del cártel en una empresa multinivel, estas organizaciones, siguiendo las lógicas de la velocidad, la productividad y la máxima rentabilidad, han decidido desplazar los antiguos códigos mafiosos actualizando los perfiles y las edades de sus integrantes. Dado el darwinismo empresarial neoliberalista, se establece que los dirigentes sean cada vez más jóvenes. En la actualidad, según las edades reveladas por los medios de comunicación mexicanos de los delincuentes vinculados con el narcotráfico que han sido apresados, la mayoría de los nuevos capos mexicanos no excede los 35 años. Regidos por una euforia convulsa, buscan que el concepto de vencedor se equipare al de juventud, puesto que "el mercado no permite concesiones a plusvalías humanas" (Saviano, 2008, p. 89), por lo cual esta mafia en su nueva modalidad:

Exprime el capital humano sin desperdiciar un gramo y, además, realiza análisis de riesgos y beneficios que serían la envidia de cualquier sociedad de bolsa. En un momento en el que el mercado es imperfecto, en el que las tendencias monopolíticas a las que tiende naturalmente cualquier mercado abundan por doquier y en el que hay una ausencia casi total de claridad sobre lo que está permitido y lo que está prohibido, la actividad empresarial, para ser eficaz, no puede tener escrúpulos, ni sociales ni de ningún otro tipo. El crimen organizado es, sin duda, la forma más desarrollada y depurada de empresa en un mercado incontrolado, o mejor dicho, controlado por una élite, donde el dinero otorga la única fuente legítima de poder, que sus acumuladores ejercen arbitrariamente. (Resa, 2003).

Esta nueva mafia empresarial apela a "que todos están en el mismo plano, nadie puede recurrir a pasados míticos, a experiencias pretéritas, al respeto debido. Todos deben enfrentarse con la calidad de sus propias propuestas, su capacidad de gestión, la fuerza de su carisma" (Saviano, 2008, p. 89). Para romper con los atavismos criptorreligiosos en los que se basaba la *old school mafia*, considera que las concesiones de la antigua mafia hacia el respeto a la vida de las mujeres y los niños de los adversarios deviene una traba en la carrera de la competencia. La intimidación y las advertencias no resultan suficientes, se consideran nociones vetustas, órdenes ineficaces. Por ello, para la nueva mafia no hay más límites que los que imponga la ley de la oferta y la demanda.

Se tienen como directrices las dinámicas que el mercado impone a los mercados transnacionales, las empresas criminales y sus gestores forman alianzas globales, adaptando la forma de empresas trasnacionales con "sucursales" en todo el mundo. Así:

Lo que se conoce bajo el apelativo de delincuencia organizada transnacional [es] un concepto englobador de varias agrupaciones criminales más o menos jerarquizadas que presentan diversos niveles de colaboración entre sí. Agrupa específicamente a los traficantes de drogas latinoamericanos y asiáticos, la mafia italiana en su proceso de expansión acelerada, la Yakuza japonesa, las Tríadas chinas y ese magma difuso que constituye la alianza político-criminal en Rusia y en otros países del Este. (Glenny, 2008, p. XVI).

La reestructuración de las organizaciones mafiosas se ve reflejada también en su gestión, rentabilizable y eficaz, de la información brindada por los medios de comunicación en dos modalidades: primera, como publicidad no pagada y, segunda, como filtración de información de las estrategias desarrollada por las fuerzas de justicia de los distintos países y sus departamentos antimafia, así como la incorporación de los desarrollos tecnológicos que se usan globalmente para gestionar la creciente mundialización económica.

El crecimiento de los flujos comerciales lícitos, los adelantos en materia de transporte y comunicaciones, además de la mayor porosidad de las fronteras, han facilitado la circulación de bienes y servicios ilegales.

> Uno de los efectos más aparentes de los avances tecnológicos ha sido la aceleración de los procesos migratorios y la creación paulatina de redes étnicas. Éstas se reparten por el mundo utilizando como núcleos ciudades cosmopolitas donde está garantizado el anonimato. [Estas] diásporas étnicas han catalizado el desarrollo de redes transnacionales criminales que se mantienen en permanente contacto gracias a la modernización de los sistemas de comunicaciones. (Resa, 2016).

Estos criminales nacidos dentro de la sociedad del espectáculo consideran los medios de información como un elemento fundamental de visibilización y estatus; dichos medios les brindan publicidad y legitimación, gratuitas, por medio de la espectacularización de la violencia; además de la instauración y la proliferación de un miedo endémico que los criminales entienden como una forma más de la propagación de su poder y control sobre el territorio.

Un ejemplo claro de este uso de los medios y la publicidad por el crimen organizado son los narcotraficantes mexicanos que integran el cártel llamado La Familia, que tiene su sede en el estado de Michoacán, en el suroeste mexicano:

> Los capos de La Familia también son pioneros en otro aspecto: la publicidad. No basta matar a alguien. Hay que hacerlo de la forma más sangrienta posible y con publicidad. La Familia —según un informe de la policía que no se puede reproducir por la crueldad de sus imágenes— tiene una verdadera estrategia mediática. Después de matar a sus rivales, les corta la cabeza y los

exhibe en sitios públicos, junto a letreros con los que amenaza a sus rivales —fundamentalmente del grupo de Los Zetas— e incluso avisa quién será el próximo asesinado. En una grabación distribuida a través de internet se puede ver la ejecución de un presunto miembro de Los Zetas que aparece desnudo, atado a una silla, vestido sólo con unos calzoncillos negros y con el cuerpo lleno de frases amenazantes. No obstante, los mensajes de La Familia no sólo van dirigidos a los cárteles rivales, también se dirigen a la población y, por increíble que pueda parecer, lo hacen con anuncios pagados en los principales periódicos. Su objetivo: ganarse el afecto de los ciudadanos. ¿Cómo? De nuevo, asumiendo funciones propias del Estado. Uno de los mensajes insertados a toda página en *La Voz de Michoacán* y en *El Sol de Morelia* dice: "Nuestra misión es erradicar el secuestro, la extorsión directa y telefónica, los asesinatos por paga, los robos [...] Quizás en este momento la gente no nos entienda [...] Desgraciadamente, hemos recurrido a estrategias muy fuertes por parte de nosotros, ya que es la única manera de poner orden en el Estado y no vamos a permitir que esto se salga de control" [...]. (Ordaz, 2009).

Este proceso de intimidación civil que realizan los medios no requiere inversión directa ni de energía ni de capital por parte de los criminales; sin embargo, reporta grandes beneficios no sólo a ellos, sino a los medios en sí mismos, a los gobiernos y al mercado, poniendo en marcha un proceso de creación de capital mediante el imperio criminal que tiene como nación la economía.

Así, los medios de comunicación, en busca de mayor audiencia, adquieren una condición de cómplices del crimen organizado y de engranajes fundamentales para la propagación y la popularización del capitalismo gore, que a su vez les reportará unos mayores beneficios económicos: "La prensa abandona cualquier ética en pos de ese segmento de mercado que devora la nota roja con ansiedad de fiera. Su regodeo en la violencia y la espectacularización del temor ciudadano parece ser la consigna bajo la que se esconde tanto un tufo moralino como una tabla de salvación económica" (Saavedra, 2008).

Podemos concluir que la nueva mafia complejiza las lógicas criminales a través de su adscripción eficaz a las demandas económicas transnacionales y la promesa de un Estado del bienestar a los sin Estado. Por ello, "el crimen organizado representa la forma más depurada del capitalismo [gore], una forma que no está regulada ni por la ley ni por la moral y que, por tanto, es especialmente eficiente en la acumulación de capital" (Ruesga y Resa, 1997).

Sobreespecialización de la violencia

El concepto de destrucción creativa

En la década de 1940, Joseph Schumpeter introdujo en la economía el concepto de "destrucción creativa" (*cf.* Schumpeter, 1942), con él hacía referencia al proceso de innovación que tiene lugar en una economía de mercado en el que los nuevos productos destruyen viejas empresas y modelos de negocios. Según Schumpeter, las innovaciones creadas por los emprendedores son la fuerza que sustenta un crecimiento económico sostenido a largo plazo. Sin embargo no obviaba el hecho de que esta dinámica económica se basaba en la destrucción de lo ya establecido, que debía ser superado por nuevos procesos. Según sus palabras, es en este proceso de destrucción creativa en el cual se sustenta la esencia del capitalismo. Asimismo, es en el emprendedor-innovador en quien se encarna el poder de crear mercados. El emprendedor de Schumpeter proviene de cualquier clase social y sueña con la creación de un imperio económico, una dinastía empresarial.

Ahora bien, hemos querido citar este concepto de Schumpeter dado que se emparenta directamente con el método de sobreespecialización de la violencia, tanto militarista como la ejercida por los sujetos endriagos. Si analizamos los procesos de creación de mercados, instaurados por el capitalismo gore, vemos que éstos se apegan con exactitud a la destrucción creativa propuesta por Schumpeter. Teniendo como fondo una teoría exculpatoria para las aplicaciones más feroces del capitalismo, las técnicas para infligir violencia se han sobreespecializado y vuelto objeto de consumo.

Es innegable que la sobreespecialización de la violencia tiene sus bases en las técnicas militares y sus desarrollos para la guerra, pues como se sabe "la guerra se encara como si fuera un vasto proyecto de ingeniería cuyos procesos esenciales son precisamente calculados como la

Destrucción creativa de cuerpos Pág. 118

fuerza requerida como un tensor de un dique o un puente" (Watts, 1984, p. 106). Así, se podría decir que la destrucción creativa del capitalismo gore puede considerarse como una disciplina basada en la aplicación de tecnologías del dolor en los cuerpos de forma contundente y mortal, que no admite juicios morales para cuestiones económicas.

La violencia como disciplina económica

No es un misterio para nadie que la violencia es inherente a la condición humana. Sin embargo, dentro de lo que denominamos capitalismo gore, las formas de ejercerla se han convertido en técnicas superespecializadas, fundadas en una racionalidad instrumental y economicista, para infligir dolor, torturar y matar. Métodos que resultan tanto más repugnantes y deleznables (desde cualquier perspectiva), cuanto más "sofisticados", planificados y militaristas. En el capitalismo gore las armas tradicionales se han convertido en herramientas accesorias en comparación con los nuevos métodos, que suponen un mayor grado de crueldad al ejecutarse, que se basan en la ferocidad y la eficacia extremas como medios de afianzar, desplegar y conservar su poder intimidatorio, creando de esta manera un terror reticular y teledirigido, que se transfiere desde los cuerpos violentados y asesinados hasta los cuerpos de quienes no han sufrido aún dicha violencia.

La investigación de medidas efectivas y cruentas se traduce en la instauración e implementación de una serie de técnicas para la tortura y eliminación de seres humanos que van desde la decapitación,[1] el descuartizamiento, las piscinas llenas de pirañas y/o cocodrilos, la inmersión de personas vivas en ácidos (cuya composición es capaz de disolver a la víctima a su mínima expresión) creando una semiótica de la violencia y una *firma* propia de cada organización mafiosa.

A este respecto, la mafia se concibe a sí misma como pertinente dentro de las lógicas del mercado y busca instituirse como una *marca registrada* (™) capaz de crear sucursales y franquicias. En Rusia, comenta Misha Glenny, la mafia chechena, conocida como *McMafía* por su poder transnacionalizador, ha logrado instituirse como una franquicia. Dada su reputación de ser la más violenta y sanguinaria del mundo, logró comercializar su nombre entre todos aquellos que no pertenecían a ella, pero buscaban una forma de legitimarse dentro del negocio criminal, creando un nuevo nicho de mercado destinado a las modas criminales que se sostienen en la oferta y la demanda de *especialistas en violencia*.

Este fenómeno puede resultar realmente absurdo desde la perspectiva de todos aquellos que no participamos en la gestión de la violencia como disciplina económica. Sin embargo, estos *trademarks* ya han sido adoptados por los diferentes criminales del mundo. Por ejemplo, los narcotraficantes mexicanos ejecutan un estilo de violencia y lo emparentan con *una firma o marca* en la tradición del hampa. Así, se sabe que el cártel de Tijuana también conocido como el cártel Arellano-Félix (CAF) "trabaja" emulando el estilo de la mafia siciliana, mientras que el cártel del Golfo defiende su estilo, creando una *firma criminal* a través de un ejército privado integrado por exmilitares mexicanos y salvadoreños, llamado Los Zetas, que liquidan a sus enemigos con el estilo de los maras salvatruchas (exguerrilleros salvadoreños, especialmente violentos y reconocidos por su predilección por decapitar a sus víctimas).

Esta moda criminal ha podido avizorarse en México ya en los últimos ocho años, puesto que sus códigos han cambiado; ya no existen los códigos de honor o de respeto hacia las mujeres y l@s niñ@s; ahora los únicos códigos a seguir están dictados por la economía, que impone asesinar sin distinción alguna de género o edad, si este hecho incrementa sus ganancias o su competitividad en el mercado criminal. Esto no es más que el efecto totalizador de una mafia basada estrictamente en las consignas del neoliberalismo más feroz, que se apoya en las transacciones, en los ajustes de cuentas y los beneficios sin más.

Así, puede decirse que dentro de las lógicas de la rentabilidad y la exclusividad que maneja el mercado como directrices de consumo, las mafias internacionales han creado sus *sellos personales, ofreciendo un producto personalizado*. En el caso del crimen organizado mexicano este sello personal se da a través de la incorporación e implantación de prácticas de violencia efectista, truculenta y sanguinaria: violencia gore, que parece sacada de una producción *made in Hollywood* y que resulta ser una firma específica de cada cártel. La violencia sobreespecializada es llevada más allá de los límites de lo imaginable (fuera de los contextos de guerra) como una técnica para hacerse con un nombre y una respetabilidad dentro del mercado gore.

Al referirnos a la sobreespecialización de la violencia como sector económico, no hablamos sólo de la tortura que satisface el sadismo y disfrute del ejecutor, sino de una racionalización distópica de la violencia, en la cual no se pierden los referentes del porqué se mata o tortura, pues se sabe que estas acciones tienen una motivación económica. Lo cual convierte estas técnicas en una especie de trabajo "común" en la era del *precariado gore*.

Piratería del crimen: especialistas en violencia y oportunistas

Utilizamos el término *piratería* en su sentido más extendido que lo define como: la copia y la distribución no autorizada de obras sin el consentimiento de su autor; consideramos necesaria esta definición para abordar el fenómeno de la piratería del crimen surgida en los últimos años, al margen de las organizaciones criminales.

En la república mexicana, se ha desatado, con mayor intensidad a partir del año 2006, una especie de *piratería del crimen organizado*, sobre todo en lo que se refiere al fenómeno de los secuestros y las extorsiones. Esto ha sido sacado a la luz por las propias autoridades anticrimen. Las autoridades hacen una distinción entre criminales *profesionales* y criminales *piratas*, de lo que resulta que estos últimos son más peligrosos y sádicos que los primeros, *dado que carecen del conocimiento de las reglas que las organizaciones criminales profesionales dedicadas al secuestro tienen para su funcionamiento* [sic]; por tanto, los *secuestradores* pirata utilizan técnicas *amateur* más violentas e *injustificadas* terminando, en la mayoría de ocasiones, con las vidas de las víctimas que se encuentran en su poder.

La paradoja salta a la vista: dividir el crimen en *profesional* y *pirata* nos dice que éste se ha instaurado ya en las estructuras más profundas del sistema y la vida cotidiana de la población; al menos en los contextos latinoamericanos ésta es una realidad insoslayable. Dicha división nos habla, por un lado, de la proliferación del oportunismo en ciertos contextos con altos grados de criminalidad y precariedad laboral, social y existencial. Por otro lado, la normalización y profesionalización del crimen hecha por parte de las fuerzas del Estado nos da noticia de la fuerte imbricación entre estas fuerzas y el crimen organizado. Se nos desvelan las estrechas relaciones que un gobierno tiene con los especialistas de la violencia, ya que en muchos casos ha sido el mismo gobierno quien los ha formado en su especialidad. Por ello, no es de extrañar que como argumenta Charles Tilly:

Allí donde la participación en la violencia organizada abre nuevas vías para la obtención de poder político y económico, la violencia colectiva se multiplica. De forma muy particular la búsqueda de poder por parte de los especialistas en violencia propicia los tipos de destrucción violenta que he dado a llamar destrucción coordinada y oportunismo. Los especialistas en violencia no recurren a los daños por mero placer o por los provechos que les reporta, sino que utilizan la violencia y las amenazas de ésta para conseguir sus propios proyectos. (Tilly, 2007, p. 39).

Aunque esta división entre especialistas de la violencia y oportunistas deja fuera la discusión sobre cómo dilucidar el hecho de que la apropiación ilícita del cuerpo del Otro se convierta en mercancía de intercambio.

Resulta ilógico que se criminalice de forma más severa el ejercicio de la violencia ejecutada por aquellos *criminales no autorizados* para ello. Sin embargo, es cierto que la proliferación de criminales bajo marcos y rasgos desconocidos para las autoridades complejiza aún más el problema de la subjetividad endriaga e inutiliza las luchas del Estado en contra de ésta.

Los múltiples actores del capitalismo gore cristalizan en sus actos la contradicción, la reinterpretación y la angustia de sus contextos. El sujeto endriago que participa activamente dentro del capitalismo gore probablemente venga de un contexto de necesidad real. Sin embargo, consideramos que la díada pobreza y violencia es más compleja y, por tanto, implica que los actos de violencia evidencian también, en gran medida, la expresión del malestar social, pues "el delito, aparte de generar rentas alternativas, supone un medio para la expresión del descontento" (Resa, 1997).

Sabemos que la desigualdad económica es un factor importante —pero no el único— para el ejercicio de la criminalidad. Admitimos que el proceso que lleva a la violencia está integrado por una red de elementos que se entretejen para producir el fenómeno y, también, defendemos la importancia de la desigualdad social y la pobreza como un motor cardinal en el ejercicio de la violencia criminal. No obstante, concordamos con Resa Nestares acerca de que para la creación de una red criminal, es necesario contar con los medios económicos y técnicos para ponerla en marcha; por lo tanto, el ejercicio y la gestión de la violencia, entendida como un producto, cuenta con un elemento jerarquizador donde los pobres —quienes no cuentan con los medios de producción— disponen de su fuerza de trabajo para formar parte del escalafón más bajo de la cadena criminal y, por tanto, el más contundente: ejecutores de la violencia, cuyas motivaciones, aparte de la supervivencia económica, se basan en deseos de movilidad y pertenencia social por medio de la legitimidad que otorga el dinero, creando así una especie de *nuevo proletariado de la violencia o proletariado gore*.

La sobreespecialización de la violencia como elemento distintivo de los sujetos endriagos hace que éstos tomen el cuerpo y su vulneración como una mercancía en su sentido literal y posmoderno; es decir, que lo sitúen "dentro de la lógica cultural del capitalismo tardío" (*cf.* Jameson, 1995) que exige la producción frenética y urgente de bienes novedosos que se desmarcan de los sistemas de pensamiento fuerte como, por ejemplo, la ética.

Ya en la década de 1970, Deleuze y Guattari afirmaban que nuestras sociedades producen *esquizos* del mismo modo que producen automóviles Ford, con la única diferencia de que los *esquizos* no pueden venderse;[2] casi cuatro décadas después, el capitalismo, al devenir gore, produce no sólo *esquizos*, sino sicarios especialistas en violencia que han encontrado la manera de redimensionar el espacio, el cuerpo y la muerte convirtiéndolos en elementos rentables, transformando la capacidad de dar muerte a otro ser humano en un fenómeno capitalizable fuera de la guerra, integrándolo como uno más de los sectores del mercado, recontextualizando la posición del *cuerpo como estrategia de acumulación*.

Semiótica de la violencia: técnicas de tortura

El desarrollo y ejercicio de la violencia sobreespecializada hunde sus raíces en una historia más global: en la historia de las tecnologías del Estado para disciplinar el cuerpo. En la actualidad estas técnicas desarrolladas por el Estado y transmitidas a su aparato militar son ofertadas en el mercado, en la era gore, como bienes y servicios. Ahora bien, estas tecnologías de *meticulosidad sanguinaria* instauran un código de lectura dentro del entramado de la violencia, creando así una semiótica de ésta a

Semiótica

a través de la lectura de los mensajes enviados por medio de la aplicación de técnicas específicas de tortura y modalidades de asesinato.

Así, podríamos hablar del caso de los cárteles de la droga mexicanos quienes, según palabras de George Friedman (director de la consultoría estadounidense en seguridad Stratfor), quieren "dar una imagen de poder aplastante, y los asesinatos, las amenazas y los mensajes son una demostración pública de lo que son capaces" (Alvarado, 2008).

A continuación, citaremos algunos códigos emparentados a la semiótica de la violencia sobreespecializada del capitalismo gore ejecutada por los cárteles de la droga mexicanos:

> Ser ejecutado por *tiro de gracia* significa deseo de impartir una lección. Si el cuerpo muestra evidentes signos de tortura, significa que de él se necesitaba obtener información. Ser envuelto en una manta después del asesinato denota afinidad con el muerto, probablemente éste perteneciese a un cártel rival en el cual era conocido o respetado. Asesinar con una bolsa plástica sobre la cabeza hasta conseguir la asfixia representa el deseo de infringir dolor de forma lenta y larga. Cuerpo vendado completamente significa lo mismo que el código anterior. Cuerpos maniatados, preparación para la ejecución. Si el cuerpo posee vendas en pies y manos denota tortura para obtener información. Ojos saltados de las órbitas denota traición al cártel, probablemente el asesinado haya sido un informante de la policía. Dedos cercenados denotan fuga de información hacia otro cártel. Cuerpos disueltos en ácido denotan deudas económicas al cártel. (González, 2008).

En estas señales, lanzadas por el narcotráfico mexicano, encontramos que el cuerpo es en este contexto concebido como una cartografía susceptible de reescritura, pues al inscribir en él códigos propios del crimen organizado se intenta establecer un diálogo macabro y un imaginario social basado en la amenaza constante. Estas inscripciones tienen el papel de dar una advertencia directa, porque "todos entendemos el mensaje, lo escrito en la carne" (Saviano, 2008, p. 145). Para los especialistas en violencia del capitalismo gore, *el cuerpo, en su desgarro y vulneración, es el mensaje.*

Cuerpo de Reescritura

Actos como los enunciados anteriormente nos dan noticia de que se ha roto el pacto civil y se ha roto también el tabú de "el horror por el cadáver como signo de violencia y como amenaza del contagio de la violencia" (Bataille, 2002, p. 49). Con la ruptura de dicho tabú nos precipitamos hacia un estadio insondable en toda su brutalidad que nos sitúa en el límite de lo argumentable.

Estas prácticas también dan noticia del giro que ha tomado el trabajo, de su reinterpretación; ya que se sabe que el trabajo es un elemento racional y que excluye, por medio de las prohibiciones, la violencia de la reproducción, así como la violencia de la muerte.

Esta reinterpretación del trabajo y la vida humana en favor del beneficio económico disloca también la conciencia de la muerte, pues si antes ésta era entendida filosóficamente como "la conciencia que tenemos de ella" (Bataille, 2002, p. 48), ahora ésta se reduce a la conciencia del poder que tenemos que otorgarle para obtener un beneficio.

Ha habido una ruptura epistemológica en la concepción de la muerte; está a punto de perderse el referente, de extraviarse el estremecimiento y el horror, estamos a punto de olvidar "el paso [y la gravedad que supone] entre el estar vivo y ser un cadáver; es decir, ser ese objeto angustiante que para el hombre es el cadáver de otro hombre" (Bataille, 2002, p. 48). El capitalismo gore subvierte el orden conocido y otorga justificaciones económicas para cuestiones ontológicas.

Drogas

En una sociedad hiperconsumista y posfordista como la contemporánea, el papel de la drogas es diverso, ambivalente, pero sobre todo omnipresente. La droga en la sociedad contemporánea es una forma, autosuministrable, de control sobre el cuerpo que se transforma dentro de éste en una especie de *panóptico comestible* que se integra a manera de *control microprostético*, y lo ubica dentro del devenir capitalista, como señala Beatriz Preciado:

> La sociedad contemporánea está habitada por subjetividades que se definen por la sustancia (o sustancias) que domina sus metabolismos [...] El éxito de la tecnociencia contemporánea es transformar nuestra depresión en Prozac, nuestra masculinidad en testosterona, nuestra erección en Viagra, nuestra fertilidad/esterilidad en píldora, nuestro sida en triterapia. (Preciado, 2008, p. 33).

Así, el poder de las sustancias que nos integran, de una manera u otra, participa en la creación de nuestras subjetividades, y se ve emparentado indefectiblemente con la investigación científica, con la producción de capital y con la creación de mercados por medio de la venta y el consumo de éstas.

Ahora bien, la separación hecha por el Estado y por la ciencia entre drogas legales —fármacos y medicamentos, desarrollados por grandes farmacéuticas y suministradas bajo prescripción médica— y drogas ilegales —todas aquellas sustancias de origen natural o sintético (fuera de los protocolos farmacéuticos y médicos occidentales) cuya auto-administración produce placer y dependencia en el individuo y cuya distribución supone fuga de rentas e impuestos para el Estado— nos habla de una separación que tiene remanentes de control, disciplina y legislación de los cuerpos, pero, sobre todo, tiene un objetivo económico.

Dicha separación entre las sustancias es una medida tomada por los Estados que se niegan a aceptar la hegemonía del mercado de las drogas, la cual "se vuelve explícita a finales del siglo xx y hunde sus raíces en el origen de la modernidad capitalista, en las transformaciones de la economía medieval del siglo xv que darán paso a las economías industriales, a los Estados-nación y a los regímenes de saber científico-técnico occidentales" (Preciado, 2008, p. 113).

Resulta curioso que un tema como el consumo de drogas, que ha estado presente desde tiempos remotos en la mayoría de las civilizaciones (Escohotado, 1999), se haya legislado hace relativamente poco, en las primeras décadas del siglo xx y sea tratado por los Estados como un tabú o, en el mejor de los casos, como un problema de salud pública.

El tema de las drogas, en la mayoría de los casos,[3] ha sido abordado con un doble rasero que hace que su prohibición acarree mayores beneficios a todos aquellos que se dedican al negocio del tráfico de drogas ilegales. Beneficio obtenido no sólo por las organizaciones ilegales dedicadas al narcotráfico, sino también por toda la cadena de autoridades corruptas, gobiernos nacionales e internacionales que participan de algún modo en esta cadena. No hay que olvidar, pues, que "los impuestos sobre las drogas han sido la piedra angular del Estado moderno (también los Estados pueden convertirse en adictos a los gravámenes de las drogas) y el pilar financiero fundamental de los imperios coloniales europeos" (Curbet, 2007, p. 67).

Se podría decir que, en la actualidad, la mayoría de nosotr@s participamos de la economía criminal, ya sea como consumidores, vendedores, empleados subcontratados por alguno de los tentáculos de estas organizaciones o testigos silentes de este proceso.

En nuestra época las drogas "ilegales" se encuentran de forma explícita en nuestras vidas; además, está incorporación a nuestra cotidianidad se da en diferentes niveles y de forma transversal por medio de distintos usos y significaciones. En primera instancia, el narcotráfico ha logrado infiltrarse y afianzarse en las geografías más dispares, ya sea en los países con economías deprimidas con poca regulación estatal y alto índice de corrupción, que utilizan el tráfico de drogas como un ingreso importante en su PIB, hasta en países como Canadá, del que raramente se piensa que es un país productor de drogas ilegales,[4] el que no ha querido quedarse fuera de la carrera del capitalismo gore, y que piensa que a través del narcotráfico es posible, mediante una inversión mínima, obtener ganancias exorbitantes.

En segunda instancia, la extensión del precariado laboral y existencial en todo el mundo ha hecho que el narcotráfico se instale en el tejido social como una solución al desempleo crónico y a la ausencia de proyectos de desarrollo social, creando otra forma de economía viva e ilegal, ya que "las drogas [...] producen una ingente actividad económica. Son una especie de máquina en movimiento perpetuo, que proporciona trabajo continuado a todo el mundo, desde los campesinos hasta los abogados, pasando por los médicos, los policías y los reeducadores" (Curbet, 2007, p. 68).

En tercera instancia, esta nueva forma de *economía viva* resulta altamente tentadora para muchos sujetos pertenecientes a las clases media y alta como una forma de inversión asegurada que redituará una rentabilidad más elevada y veloz que la ofrecida por los bancos o las inversiones tradicionales. Invertir en drogas se ha vuelto para la clase burguesa una fórmula *mágica* para multiplicar el dinero. Sin embargo, esta incursión de la burguesía en el negocio de las drogas no ha sido sólo en calidad de inversores, sino también como vendedores en el círculo de amigos, otorgando a la venta de drogas un nuevo rostro, "liberándola" de sus resabios criminales. A través de esta desregulación del tabú del consumo y la venta de drogas hecha por sujetos sociales inesperados (como la pequeña burguesía primermundista) las categorías de interpretación del narcotráfico cambian y se desdibujan, creando una opacidad discursiva respecto al fenómeno.

En cuarta instancia, la *democratización* de los precios de las drogas y las nuevas políticas económicas de los cárteles han hecho que ciertas drogas como la cocaína, considerada una droga *chic* en décadas pasadas, se haya convertido en una droga de masas, accesible a todos los bolsillos, dependiendo de su grado de pureza, capaz de satisfacer todas las exigencias.

Este cambio producido en el consumo de cocaína nos habla de que el consumo de drogas se ha transformado y se ha ido adaptando a las exigencias sociales y económicas, pero también nos muestra que su uso puede diversificarse en todos los estratos sociales y puede ser entendido como *una prótesis autoadministrable* que se toma en espacios de ocio, pero también en espacios de trabajo para obtener mayor rendimiento y hacer frente a las demandas de competitividad dictadas por el trabajo, ya sea que éste se desarrolle en una multinacional o en condiciones precarias y de explotación.[5]

A pesar de esta *democratización* del consumo de drogas que parece legitimarse socialmente en la era global y que contrasta, cada vez más, con la doble moral con la que los gobiernos tratan el problema del tráfico de estupefacientes, estos elementos no destruyen la opacidad generada respecto a los costes que supone su consumo, más allá del precio en el mercado de cada dosis: los costes de sangre. Ni los gobiernos, que bajo consideraciones morales se niegan a pensar en opciones que tendrían sentido para la regulación de este problema, ni nosotr@s como ciudadan@s podemos eximirnos de nuestra responsabilidad por la participación directa o indirecta en la industria del narcotráfico.

Gobiernos y drogas

La mayoría de los gobiernos del mundo (Estados Unidos con especial ahínco) defiende una política de tolerancia cero con respecto al problema de las drogas. Estos países no consideran que las políticas sobre las drogas puedan ser algo distinto que una cuestión de moralidad. Sin embargo, como explica la economista Diane Coyle.[6]

> No hay posibilidad alguna de que las políticas de tolerancia cero funcionen cuando hay tantos ciudadanos de nuestros países que utilizan drogas ilegales. Una ley que incumple en algún momento

de su vida una de cada cinco personas (casi uno de cada tres estadounidenses mayores de 12 años), y ninguno de sus amigos lo denuncia por ello, es una ley fracasada. (Coyle, 2006, p. 9).

Observamos en las palabras de Coyle que una gestión conservadora ante el problema de las drogas acarrea un problema de "desobediencia civil", afianzada por la retórica circulante en la sociedad hiperconsumista y un problema de doble moral capitalista.

Ahora bien, si analizamos el problema de las drogas recurriendo a la teoría económica observamos que el tráfico es un mercado activo en el que las restricciones del gobierno tienen unos efectos predecibles: cuanto más dura sea la prohibición más rentable será el negocio; es sencillo deducir esto si se aplican las lógicas del mercado que se basan en la oferta y la demanda. La prohibición crea monopolio y esto, a su vez, crea violencia entre los grupos que se disputan el mercado y también criminalidad entre la población civil que funge como compradora.

La política de la prohibición total (aplicada por la mayoría de los gobiernos que importan drogas ilegales) ha creado una economía paralela controlada por el crimen organizado. Los ingresos generados por el comercio de droga tienen que ser blanqueados, lo que lleva el alcance de los mafiosos a otras actividades legales. Además, estamos en una economía global. En opinión de muchos expertos desde los funcionarios de Naciones Unidas hasta Manuel Castells, el respetado sociólogo de Berkeley, el alcance creciente de las multinacionales criminales amenaza con eliminar a las instituciones democráticas legales. Sin duda, también impide que los países en desarrollo aspiren a tener una mayor prosperidad gracias los progresos tradicionales y políticos. ¿Por qué tendrían que molestarse cuando hay una fácil fuente de ingresos para sus agricultores, que además resulta que ofrece importantes y generosas recompensas a los funcionarios y políticos corruptos que cierran los ojos ante ese generoso comercio? (Coyle, 2006, p. 9).

El beneficio no es unidireccional, sino que se reparte entre los países productores, los países de tránsito y los compradores por medio del trazado de estrategias políticas basadas en la retórica de la guerra contra las drogas. No es casual que la lucha antidrogas defendida por los gobiernos, especialmente el estadounidense, siga manteniéndose como prioridad nacional, con argumentos morales que esconden una activación de la economía legal de esos países por medio de la venta legal de armas. Tomemos como ejemplo el caso de los cárteles mexicanos que se abastecen de todo tipo de armamento militar comprado en los estados del norte que conforman la franja colindante entre Estados Unidos y México y fortalecen de este modo la economía armamentista del principal exponente en la "lucha antidrogas". La retórica es evidente en esta lucha antidrogas y se vuelve un argumento circular con el cual se justifican un sinfín de abusos de autoridad y territorialidad.

Estados Unidos y su "lucha antidrogas"

El objetivo de terminar con el narcotráfico y la lucha antidrogas que esta "preocupación" ha traído consigo, emprendida por Estados Unidos y focalizada en Latinoamérica a finales de la década de 1980, tiene como remanente originario la conservación y la expansión de su hegemonía en el planeta:

> Caída la amenaza global del comunismo, el tráfico de drogas (ilegales, por supuesto; los que trafican con las legales compran su permisividad) y su prima hermana la delincuencia organizada transnacional se han encontrado con la encomiable ayuda del alarmismo difundido por los medios de comunicación social, un nuevo demonio mítico que pone en grave riesgo el sistema social, político y económico de los países a diferente escala. La amenaza extraordinaria de la "Internacional Comunista" sustituida por la "Internacional del Crimen, S.A.". (Resa, 2003).

Es bien sabido que el capitalismo utiliza la moral para ocultar la ferocidad de sus estrategias económicas. La preocupación del gobierno estadounidense en la lucha contra el narcotráfico no está enraizada en la consideración de la vida. No se piensa en la conservación de la vida en absoluto, ni en la de los consumidores ni en la de los implicados en la trama mafiosa. Estas vidas no se consideran como "vidas dignas de atención y vidas que valga la pena preservar, vidas que merezcan reconocimiento" (Butler, 2006, p. 61). En su lugar, lo verdaderamente valioso para el gobierno es el capital que se le escapa al Estado a través del mercado ilegal y la posibilidad de implantar estrategias intervencionistas de control a escala global.

Con el discurso de tolerancia cero a las drogas proclamado por Estados Unidos subyace la justificación de una política intervencionista que no cesa en su empeño de control hacia los países "castigados" por el narcotráfico, creando a través de la implantación de estas políticas de control un *estado de excepción* en dichos países, al tiempo que aumenta su venta de armas a las organizaciones mafiosas y el blanqueo de dinero; ya que es el país, según Carlos Resa Nestares, con más capacidad para el blanqueo de capitales, pues para realizar esta labor se necesita de una combinación de factores que la lleven al éxito, estas pautas son: "El secreto bancario, la existencia de sistemas bancarios sumergidos, la corrupción, los recursos y la formación de la policía en la persecución de complicadas operaciones financieras, la presencia de centros financieros de primer orden, el acceso a los paraísos bancarios y el grado de control sobre el cambio de moneda extranjero" (Resa, 2005).

Esta lucha antidrogas se usa también, por un lado, como excusa para criminalizar a las minorías no blancas dentro y fuera del territorio estadounidense, aplicando una política racista y, por el otro, como una estrategia eficaz para desviar capitales del presupuesto estatal sin tener que dar mayores justificaciones que el argumento de que ese dinero es necesario para la lucha contra el narcotráfico.

La guerra antidrogas que ha emprendido Estados Unidos para controlar el narcotráfico dentro de su territorio bien puede ser entendida como una herramienta institucional que refuerza el racismo a través del control y la restricción de oportunidades económicas y sociales a comunidades afroestadounidenses y latinas. Esto se sustenta en un "sistema de incentivos financieros con el que está organizada la guerra contra las drogas y a causa de la protección de las acciones judiciales de que disfrutan las comunidades blancas, en Estados Unidos esta guerra se está librando contra negros e hispanos" (Glenny, 2008, p. 328).

Sin que intentemos aquí repetir un modelo basado en una teoría de la conspiración, es innegable que las comunidades minoritarias y desfavorecidas sufren daño por partida doble, ya que, por un lado, la lucha antidroga vulnera seriamente sus derechos sociales y, por el otro, está el daño y la violencia causados por la circulación de las drogas en estas comunidades, cuyos ciudadan@s se encuentran en una especie de fuego cruzado entre el gobierno, los narcotraficantes y el consumo de drogas.

Las políticas intervencionistas de control desarrolladas y ejercidas contra las minorías colocan a éstas en un permanente estado de sitio que las relega a la situación de convertirse tanto en víctimas como en ejecutoras de la violencia y las obliga a trazar estrategias de supervivencia en los marcos menos favorables, pues las empuja a ganarse la vida entre la violencia íntima y la violencia explícita. Con violencia íntima nos referimos al comercio de ciertos órganos del propio cuerpo dentro de los mercados internacionales.

El mercado gore global, la mala gestión de los Estados, las demandas publicitarias de hiperconsumo, entre otros factores, parecen naturalizar el mensaje de que la violencia es una condición necesaria en la era global. Sin embargo, todos estos anclajes basados en conceptos economicistas no nos parecen una razón suficiente para que tengamos que resignarnos a vivir y consumir violencia o acostumbrarnos a que los flujos de ésta conformen un mercado más.

El problema de las cifras en el negocio de las drogas

Indudablemente, el narcotráfico es una industria enorme que factura miles de millones en cualquiera de las monedas del mundo y que cuenta con una enorme plantilla. Los economistas no la muestran como una industria por derecho propio, por ser ilegal. Sin embargo, admiten que dado su tamaño y su gestión ha logrado seguir y redefinir las leyes de la oferta y la demanda.

Cuando se trata de cifras que nos muestren las ganancias del narcotráfico existen grandes contradicciones y la mayoría de las veces se nos insinúa que la cantidad de dinero generada por esta industria es exorbitante. Sin embargo, las cifras oficiales se contradicen (*cf.* Resa, 2003) dependiendo del organismo que las devele; por ejemplo, los datos ofrecidos al respecto, en 1994, por el subprocurador de la república mexicana, Moisés Moreno Hernández, quien hablaba de 30 mil millones de dólares como cifra de ingresos en México por concepto de venta de drogas, tanto en el interior como en el exterior, y que llegaban a elevarse en 2008 hasta unos 50 mil millones de dólares en Estados Unidos por concepto de consumo. Sin embargo, la constatación de las cifras es difícil, ya que éstas se reciclan entre unos organismos y otros y se retransmiten a través de los medios de comunicación, quienes "ávidos por otorgar una apariencia de rigor a sus notas a través de la inclusión aleatoria de cualquier tipo de cifra, contribuyen involuntariamente a distorsionar la naturaleza del debate a favor

de los intereses de lo que se ha dado en llamar el complejo drogo-industrial-militar" (Resa, 2003). Al respecto, Resa Nestares señala que:

> El volumen de capitales manejados en el mundo por el tráfico de
> drogas se sitúa, según las cifras oficiales y académicas, entre los
> 300 y los 800 mil millones de dólares. Una gran horquilla, sin
> duda. El comercio de drogas superaría, de creer estas alturas, las
> ventas de productos textiles en todo el mundo y las exportaciones
> planetarias de automóviles. El guarismo más repetido dentro de
> esta diversidad extrema se originó en el mundo académico y reci-
> bió la bendición de las Naciones Unidas, que se encargó de repe-
> tirlo a lo largo y ancho del orbe: 500 mil millones de dólares en
> todo el mundo. Aparte de su debilidad metodológica, esta cifra
> ha mostrado una pertinaz resistencia al paso del tiempo. Nacida
> en 1991 el mismo dato se ha reiterado intacto hasta el pasado
> año [2003] y es probable que su fiabilidad se extienda hasta bien
> entrada la presente década. (Resa, 2003).

Por consiguiente, la propagación y utilización de estas cifras no
suele ser ingenua. De hecho, la mayor parte de la numerología tiende
a utilizarse en los meses previos a la certificación anual que el gobierno
estadounidense realiza del grado de cooperación de los distintos países
del mundo en materia de política sobre drogas ilegales.

Así, la hiperinflación de las cifras adjudicadas al narcotráfico se
basa en una planificación estratégica de los gobiernos para desviar capitales de sus fondos estatales. Sin embargo, en un análisis más profundo,
estas cifras resultan difíciles de justificar puesto que en ellas abundan
exageraciones interesadas:

> En principio, y pese a lo que podría dictar el sentido común, la
> valoración se construye no a partir de las ventas totales sino de la
> producción. La conclusión es que a lo largo del proceso matemá-
> tico que genera la cifra mágica de los 500 mil millones de dólares
> se suceden una serie de estimaciones de procedencias diversas
> que tienden a estar infladas en concordancia con las necesida-
> des burocráticas de cada agencia oficial. Se recarga el número de
> hectáreas cultivadas, se sobreestima el rendimiento por hectárea,
> se valora sesgadamente la materia prima necesaria para generar
> el producto final, se olvidan las pérdidas a lo largo del proceso
> [...] El resultado final es una cifra que, como poco, muestra una
> consistencia muy débil. (Resa, 2003).

Dicha inconsistencia se hace más evidente aún si consideramos que:

> El valor del consumo de drogas en Estados Unidos nunca ha superado el umbral de los 70 mil millones. Se supone que el gasto en drogas ilícitas que realiza el resto del mercado mundial representa, por los mismos estándares de consumo y precio, aproximadamente otros 50 mil millones de dólares. En conjunto, los drogadictos y consumidores casuales de todo el mundo gastan para colmar sus instintos cerca de 100 mil millones de dólares. En consecuencia, la diferencia entre esta cifra de consumo y los 500 mil millones de ingresos de los traficantes sólo puede explicarse desde el punto de vista económico conforme a dos variables. O bien los 400 mil millones que no aparecen en la contabilidad oficial se traspasan a una economía que ya no sólo no está registrada fiscalmente, sino que no está estimada en un caso *sui generis* de economía sumergida, o bien las inversiones de los traficantes de drogas en Wall Street les generan unas ganancias fabulosas que cuadriplican los beneficios del negocio. Esta última posibilidad se contradice, sin embargo, con el hecho de que la fortuna de los traficantes colombianos, esos dráculas de la edad moderna, ascendía exclusivamente a unos 500 millones de dólares, según los cálculos realizados al hilo del proyecto de ley de confiscación de bienes ilícitos. (Resa, 2003).

Lo anterior desvela una fuga de capitales del Estado de unos 400 mil millones de dólares que se justifican inflando el rango del "problema" para obtener réditos presupuestarios. "La tarea consiste en malear las cifras al gusto de los intereses burocráticos de quienes les va el sueldo en mantener el actual esquema prohibicionista, en inflar el conflicto para obtener más recursos públicos." (Resa, 2003).

Así, la apelación a las cifras en el problema del narcotráfico tiene que ver con su capacidad para articular emociones que sustenten una ideología social que apoye la política prohibicionista y de tolerancia cero respecto a las drogas; se crea así un fenómeno circular de prohibición, consumo y enriquecimiento para los Estados y para los narcotraficantes que no se preocupan de las verdaderas consecuencias sociales de esta forma de economía.

Muchos economistas, como Lev Timofeev, han hablado de las posibilidades y los beneficios que traería aplicar una ley de legalización de drogas en los países en los que su consumo supone un gasto elevado, ya que esto provocaría el desplome de los precios impuestos por el mercado negro y desarticularía el monopolio del narcotráfico. Esta medida tendría un efecto dominó sobre la economía ilegal mundial:

> Si se liberalizasen las drogas actualmente ilegales, se las gravase fiscalmente y se vendiesen en estancos libremente, gran parte de [los] problemas se ahorrarían, se vislumbraría una nueva vía para el desarrollo en países del tercer mundo y Estados Unidos se vería obligado a echar mano de otra nueva estupidez para inmiscuirse en los asuntos internos de los países. Y de un plumazo, también se reducirían los beneficios de algunos bancos y sus encubrimientos en el lavado de capitales. (Resa, 2003).

Sin embargo, en este trabajo no abundaremos demasiado en el análisis de las políticas de legalización de las drogas, sino que pretendemos mostrar, por medio de este apartado, cómo el mercado de las drogas es uno de los engranajes fundamentales que está plenamente incorporado en la sociedad contemporánea, por medio del cual se pueden observar las estructuras del capitalismo gore y hacer un seguimiento de las lógicas económicas sustentadas en la violencia que conforman los sistemas económicos tanto legales como ilegales; se evidencia así el doble rasero de las políticas económicas ejercidas por los Estados y su vinculación con los mercados ilegales, al crear un complejo *drogo-industrial-militar* e hiperconsumista que resulta un campo fértil para la propagación y popularización de la subjetividad endriaga.

Fronteras

Fronteras como zonas nacionales de sacrificio

Mike Davis habla de *zonas nacionales de sacrificio* refiriéndose con este término al desastre ecológico al que se han confinado ciertas regiones de Estados Unidos por no considerarlas, ni a ellas ni a sus habitantes, como elementos productivos para el sistema y el capital. Ahora bien, tomamos esta expresión para referirnos a las lindes o fronteras entre los países pobres y los países poderosos, donde se instauran dinámicas dobles que hacen de dichos territorios un espacio donde *todo vale*; es decir, se las considera el garaje de los dos países. Territorios-puerta, *backdoor cities*, en los que confluyen de la misma manera, y simultáneamente, lo indeseable y lo deseable, hibridando estas características y haciendo difícil la aplicación de una axiología tradicional para su conceptualización, creando una especie de ruptura escatológica desde de la cual se las concibe como autófagas y siniestras.

Según Davis: "Lo siniestro [...] implica cierto *retorno de lo reprimido*, como cuando, *después del hundimiento de su religión los dioses* [de un pueblo, sus sujetos] *se convierten en demonios* [en lo indeseable e indiscernible]" (Davis, 2007, p. 21). Es cierto que *lo siniestro* y *el miedo* son conceptos que rodean a las fronteras, ya que como afirma Diana Palaversich, estos argumentos se utilizan "como metáfora para una serie de subjetividades liminales experimentadas por personas que negocian entre una variedad de sistemas raciales, étnicos, lingüísticos y sexuales, [...] éste no es un espacio abstracto, sino un lugar imbuido de historia y memoria" (Palaversich, 2005, p. 173).

Hablar de las fronteras resulta siempre conflictivo puesto que, por un lado, estas líneas imaginarias constituyen, paradójicamente en el mundo globalizado, líneas hiperreales por el alto grado de vigilancia que se focaliza en ellas y, por el otro, se convierten en territorios de idealización discursiva posmoderna. Sin embargo, las fronteras no se reducen ni a su territorialidad ni a los discursos que se fraguan sobre ellas, sino que son un conjunto de transformaciones e integración entre los mercados g-locales, el trabajo, la territorialidad, las normas jurídicas, la vigilancia, los idiomas y la fuerza de trabajo sexuada y racionalizada, todos estos atravesados por las exigencias culturales de la sociedad del hiperconsumo que devienen en capitalismo gore.

Si bien es cierto que en las fronteras se crea una identidad tangencial, ésta no es en todos los casos híbrida, ni en todos los casos distópica. Sin embargo, aquí afirmamos que las fronteras son la cuna perfecta para el nacimiento y crecimiento del capitalismo gore, ya que se ven obligadas a hacer una reinterpretación limítrofe (en todos los sentidos del término) de las demandas dictadas por las lógicas económicas actuales y se ven sujetas a exigencias dobles y contradictorias hechas por los territorios que las conforman. Decir que todas las fronteras se parecen es una aseveración insostenible. Sin embargo, cuando éstas unen-dividen un país rico de un país pobre se presentan ciertas características que las asemejan, puesto que "crean mercados que eluden a los propios Estados" (Mezzadra et al., 2008, p. 171). Dicho proceso constituye "la base de la aparición de espacios alternativos que estructuran la economía informal, el contrabando y los movimientos migratorios. Lejos de ser meramente regionales, estos intercambios interestatales están conectados con los mercados internacionales y con sus dinámicas" (Mezzadra et al., 2008, p. 170).

No debemos olvidar el remanente colonialista que subyace en las fronteras. Este colonialismo se inserta en los territorios fronterizos bajo la estructuración de espacios económicos que son, a todas luces, espacios de control y de recolonización, pues "uno de los legados de la colonización ha sido poner en marcha un proceso de desarrollo que es desigual, dependiendo de las regiones y los países implicados" (Mezzadra et al., 2008, p. 177). Con este argumento, no buscamos apelar a una posición simplista de la colonización; sin embargo, sí pretendemos deslindarnos de posiciones que glorifican absolutamente las fronteras como espacios esencialmente híbridos y posmodernos, dado que dicha postura nos remite a una lectura dolosa, reducida y celebratoria que integra las polaridades a manera de lego que puede montarse y desmontarse, pero que está lejos de considerar las verdaderas implicaciones físicas que recaen sobre los cuerpos a través de sus condiciones socioeconómicas y geopolíticamente situadas.

Ahora bien, dado que el remanente colonialista se ha reimplantado socialmente, esta vez por medio del consumo, es lógico que las ciudades fronterizas muestren una nueva urbanidad "criolla y cosmopolita que se caracteriza por la combinación y la mezcla en la ropa, la música y la publicidad, así como las prácticas de consumo en general" (Mezzadra et al., 2008, p. 177), en las cuales las fronteras son espacios transaccionales, de negociación, de reapropiación y de prueba.

Puesto que las fronteras se consideran un territorio fértil para la reinterpretación, es de esperar que sea en ellas donde primero cristalicen ciertos movimientos, tanto creativos como de destrucción. Por ello, las afirmamos como el espacio propicio para la creación de una dimensión escatológica que puede ser encarnada por movimientos armados caracterizados por ideologías de muerte y sacrificio o por organizaciones criminales caracterizadas por ideologías de muerte y consumo, recombinando elementos dispares e incluso contradictorios a favor de alcanzar sus metas, "llevando a límites extremos la nueva relación cultural entre placer y muerte (Mezzadra et al., 2008, p. 179).

Así, bajo las demandas del hiperconsumo, la precariedad y la constricción estatal surgen en las fronteras nuevas formas de socialización y de autoridad que se recombinan a sí mismas y reconfiguran el concepto de periferia, alojando y configurando subjetividades endriagas que a su vez conforman verdaderos ejércitos sin Estado. Tal es el caso de las redes criminales y los cárteles de la droga en la frontera norte mexicana, que fraguan así un poscolonialismo *in extremis* que recombina las lógicas del consumo y de la frustración, y designan a la violencia explícita y las prácticas ilegales como motores de acción radical para la autoafirmación.

Tijuana capital gore

Sobre Tijuana se ha escrito mucho desde mediados de la década de 1990. De hecho, Tijuana ha sufrido una especie de sobrerrepresentación y glorificación por parte de los estudios culturales y otras disciplinas a partir de la famosa cita del antropólogo argentino Néstor García Canclini, quien dijo sobre la ciudad: "[Tijuana es] una ciudad moderna y contradictoria, cosmopolita y con una fuerte definición propia [...] esta ciudad es, junto a Nueva York, uno de los mayores laboratorios de la posmodernidad" (García, 1989, pp. 293-294).

Incluso antes de la popularización y exotización de Tijuana como epítome posmoderna, la ciudad ya contaba, en el imaginario social mexicano, con una leyenda negra por su ubicación fronteriza. Se dice que la *ilegalidad* es lo propio de las fronteras, que estos territorios han sido creados con ese fin, que ésa es la función que cumplen dentro del Estado. En todo caso, estas afirmaciones no aportan nada a nivel discursivo, ya que "naturalizar" las condiciones de un territorio hasta su ensalzamiento nos coloca en una posición acrítica y resignada respecto a la potencialidad de nuestras acciones para redireccionar esa "naturaleza".

Tijuana ha sido objeto de una especie de postorientalismo que glorifica las distopías reinterpretativas de la economía y la subjetividad como "horizontes radicalmente abiertos y nuevos: las insurrecciones de las periferias nos muestran que los habitantes de los campos son la materia viva, la carne de la multitud de la que está hecho el mundo globalizado" (Negri y Cocco, 2007, p. 1).

Afirmamos que toda aproximación sobre Tijuana debe dialogar con —y al mismo tiempo desafiar— los tres clichés más comunes sobre la ciudad: *Tijuana, laboratorio de la posmodernidad; Tijuana, ciudad de paso*, y *Tijuana, ciudad de vicio*, sin que por ello tengan que ser obviados, pues hay que reconocer que dichos elementos perviven en la ciudad y forman una parte importante de ella. Sin embargo, por sí mismos no explican la realidad que conforma a una frontera tan contradictoria, puesto que no tienen en cuenta uno de los epicentros fundamentales de la ciudad: su economía de la violencia. Es decir, no analizan el alcance y el poder que tiene la violencia en Tijuana como herramienta de necroempoderamiento y como parte fundamental de la economía criminal mundial que sobrepasa los argumentos de fetichización posmoderna adjudicados a la ciudad.

Una de las versiones más popularizadas sobre Tijuana es aquella que la considera un laboratorio de la posmodernidad y la deifica en su hibridez, su anomalía y su ilegalidad. Un ejemplo de esto se encuentra en la siguiente cita:

> A veces, Tijuana más que una ciudad es una "transa". El vocablo proviene del caló mexicano y en la frontera la *transa* vive su *boom*. "Transa" significa acuerdo, soborno, negocio, intención, elucubración, proyecto. "Transa" alude a lo chueco, a lo que se hace al margen; no solamente a lo ilegal, sino a toda iniciativa no-convencional. ¿Qué transa? "Transa" derivó de transacción. Una transacción con la transacción. Así funciona Tijuana. Tijuana trastoca. En el más amplio de sus significados: Tijuana transa. (Montezemolo, Peralta y Yépez, 2006, p. 4).

Por supuesto que Tijuana trastoca; sin embargo, no se nos explica qué es lo que trastoca, cómo se hace esta trastocación ni hacia dónde se dirige. Sólo se nos muestra a través del uso de un vocablo una especie de metonimia desproporcionada que convierte a esta ciudad en "un romántico álbum de recortes lleno de coloridas entradas que no tienen relación entre sí ni tampoco un esquema determinante, racional o económico" (Harvey, 1998, p. 18) y, de tenerlo, esta metonimia no se ocupa de explicitarlo.

Es cierto que la ciudad de Tijuana hace que fallen los paradigmas, al mismo tiempo que participa de ellos, dado el carácter paradójico que le es impuesto por su territorialidad. En este sentido, Tijuana es interpretada como una *ciudad de paso*. Sin embargo, consideramos más apropiado leerla como una *trans-ciudad*, dado que este prefijo implica un desplazamiento no sólo físico, sino entre idiomas y perspectivas económicas "frente a las ciudades californianas que se consideran metrópolis post-periféricas ricas" (Davis, 2007, p. 113). Tijuana aparece como un paisaje postapocalíptico, producto indiscutible del neoliberalismo, que al mismo tiempo se vuelve una ciudad clave del Nuevo Orden Mundial y nos desvela que este *Nuevo Orden* dista de cumplir con otros pactos que no sean económicos.

En Tijuana el contraste es una categoría fundamental, y se evidencia en su diferencia respecto de San Diego, su vecina del norte (ubicada a tan sólo 20 kilómetros). Aunque el clima y la geografía son prácticamente iguales, al hablar de la apariencia de ambas ciudades se puede afirmar que parecerían estar ubicadas en espacios del planeta diametralmente opuestos: mientras San Diego, mejor conocida como *la ciudad más elegante de Estados Unidos*, se engalana de edificios, bahías y playas; Tijuana, su vecina meridional, se encuentra salpicada de construcciones de emergencia, en donde conviven campos de golf con chabolas y construcciones de lo más variopinto, que van desde casas hechas con materiales de desecho hasta enormes palacetes edificados en un estilo que podríamos denominar *narcoarquitectura*. Este contraste no se reduce sólo al paisaje ni a la arquitectura de Tijuana, ya que puede aplicarse también al resto de la frontera mexicana: "La frontera México-Estados Unidos es la única en el mundo donde un país pobre —en el cual hasta las fuentes oficiales reconocen que el 40 por ciento de su población vive por debajo del índice de pobreza— se "frota" con el poder económico y político más grande del mundo, a lo largo de 3 000 km de línea divisoria (Palaversich, 2005, p. 173).

La cercanía con el poder económico y político más influyente del mundo globalizado hace que Tijuana, al hallarse en un punto geográfico estratégico, se convierta en una zona ideal para el tránsito de productos y servicios ilegales que buscan tener acceso al mercado estadounidense, por ser uno de los mercados de consumo más prósperos de la historia. La lectura de Tijuana como *ciudad de vicio* debe ser inscrita y codificada en relación con las demandas de ocio y consumo del primer mundo. En el caso que nos ocupa esta relación implica un análisis del mercado estadounidense, puesto que dicho mercado es considerado como el principal consumidor de los servicios que ofrece el capitalismo gore para satisfacer sus necesidades prácticas y lúdicas.

En este punto podemos reflexionar sobre el hecho de que es en el cumplimiento, y también bajo la reapropiación, de las lógicas del mercado estadounidense donde se funda la oferta de servicios gore y la gestión de la violencia como principal fuente de economía en Tijuana. Así, la matriz principal del capitalismo ha decidido crear, fomentar y apoyar el crecimiento de una nueva modalidad: el capitalismo gore que se sustenta en la gestión de la violencia y la economía criminal como fuentes de enriquecimiento, instalándolas en países con economías deprimidas; es decir, el capitalismo gore es una creación teledirigida por las demandas del mercado estadounidense que ha logrado instalar sucursales y laboratorios de ilegalidad en los países del tercer mundo,[7] para abastecerse de estos servicios ilegales y desestructurar el abanico de posibilidades económicas, confinándolas a un solo tipo de economía basada en la violencia, el derramamiento de sangre y el comercio de productos y servicios ilegales.

Resulta innegable que la economía de la frontera tijuanense no se sustenta en un cien por ciento en la oferta de estos servicios; sin embargo, éste es un mercado al alza porque:

> La delincuencia organizada es un negocio muy rentable en los países con economías deprimidas [a los cuales se les considera como inoperantes y lejanos a los centros de poder] porque los ciudadanos comunes (tanto ricos como pobres) de Estados Unidos y de Europa occidental pasan cada vez más tiempo acostándose con prostitutas, esnifando drogas con billetes de 100 dólares o de 50 euros, empleando inmigrantes por sueldos de hambre [...], comprando hígados y riñones de países en desarrollo que viven en una pobreza desesperante. (Glenny, 2008, p. 55).

Ante tales perspectivas no es de extrañar que tanto los productos ilegales como las estrategias de distribución de estos productos se vuelvan cada vez más radicales; se desdibujan así las fórmulas económicas clásicas sobre la producción, el consumo y el capital que ello genera, y se subvierte el proceso de producción, convirtiéndolo en algo difícilmente reconocible e interpretable desde los esquemas económicos tradicionales, lo cual nos da noticia de la urgencia en la revisión de los conceptos de la economía política y de sus relaciones de producción para interpretar la fase capitalista actual que aquí entendemos como capitalismo gore. En Tijuana, la aplicación de esta lógica, como forma de vida para volverse riquísimo en muy poco tiempo, se ha popularizado ya que parece sencilla: hacerse del mayor número de contactos dentro del crimen organizado, convencer al mayor número de campesinos para cultivar drogas en sus tierras, armarse hasta los dientes, contratar un equipo de sicarios, comprar protección judicial, sobornar al mayor número de agentes aduanales, etc.; por supuesto, las estructuras de la mafia son bastante más complejas. No obstante, en Tijuana se ha fraguado una subversión de los parámetros de la *Old School Mafia*, creando así una especie de *piratas del crimen* que se dedican a crear sus propias redes a nivel local con un alcance más reducido que el que detentan las mafias profesionales, pero que reportan altos beneficios económicos a quien decide trabajar en ellas. Una versión modificada del DIY (*Do it yourself*) o en todo caso una actitud *emprendedora*.[8]

A la par que los discursos glorificadores del *boom* artístico surgido en Tijuana a principios de la primera década del siglo XXI, ocurrió también un fenómeno muy importante que re/direccionó, agudizó y, por tanto, evidenció el asentamiento estructural de la economía gore en la ciudad, el 11 de septiembre de 2001.

Ese día se pisó el acelerador en el recrudecimiento de la violencia, de la vigilancia y el cierre de fronteras, logrando un efecto totalmente distinto en la frontera mexicana al efecto logrado en Estados Unidos, donde "sus ciudadanos fueron introducidos en el 'desierto de lo real'" (Žižek, 2005, p. 4). En la frontera mexicana el miedo no se implantó como un espectro amenazante; el cierre de las fronteras devino afán de supervivencia económica que rápidamente se transformó en deseo de enriquecimiento. Así, en la frontera de Tijuana se buscaron nuevos "negocios", entre los cuales se encontraba el secuestro de personas de la propia ciudad, convirtiéndose éste en una nueva práctica económica ultrarrentable, que de manera simultánea era aclamada-repudiada-rentabilizada por los medios de comunicación locales y nacionales. Todo ello convirtió a Tijuana en un territorio aún más sangriento y autofágico.

El empleo de la violencia armada como motor económico, que antes del 11-S se circunscribía casi exclusivamente a las luchas entre cárteles de la droga, impulsó el rentabilísimo negocio del secuestro; este auge ha tenido un efecto devastador y evidente en todos los sentidos, incluso supuso un cambio semiótico en el paisaje urbano de la ciudad. Por ejemplo, un cartel que diga "se vende", colgado fuera de una casa, dejó de significar solamente que el inmueble estaba a la venta y pasó a recodificarse, significando no sólo una transacción económica, sino una transacción de salvación vital: el letrero designaba que alguno de los habitantes de esa casa se encontraba secuestrado y había que vender el inmueble para pagar la vida. En los últimos años, el número de inmuebles con la consigna "se vende" se multiplicó de forma exponencial.

Resulta inquietante y atemorizante el hecho de que las bandas de secuestradores (como se ha descubierto en varias ocasiones) estén formadas o apadrinadas por el sistema judicial (regional y nacional) y protegidas por los distintos cuerpos de policía, militares, exmilitares y políticos. Dado este hecho, el acceso a la información personal de los ciudadanos resulta más fácil para aquellas organizaciones de secuestradores coludidos con los empleados de los bancos y los organismos de gobierno, quienes les proporcionan información sobre potenciales víctimas que garanticen el pago de un jugoso rescate.

En Tijuana, *la gran ciudad posmoderna*, el paisaje urbano se modifica con casas llenas de carteles que rezan "en venta" e individuos armados, un paisaje que tristemente parece imitar a un set de rodaje de película de gángsters, un paisaje urbano que ante la mirada del primer mundo podría considerarse ficción, pero que es hoy la realidad de muchas ciudades adscritas al capitalismo gore generado por el Nuevo Orden Mundial.

En un territorio como éste se evidencia que el neoliberalismo no sabe proponer ningún modelo de integración social, si éste no se edifica a través del consumo o de la distorsión del concepto de trabajo. En este entorno se impulsan y acentúan las prácticas delictivas como elementos de comercialización, así como una nueva subjetividad gore que se podría explicar bajo el modelo: *devenir asesino* para poder tener acceso y legitimarse en el ser-para-el-consumo, esta nueva *clase criminal* producto del neoliberalismo adoptado en los espacios tercermundistas, basada en la venta de violencia, se acompaña por "una orgía de consumo y comportamientos decadentes" (Glenny, 2008, p. 68). Esta espiral de violencia absorbe a muchas de las ciudades de los países tercermundistas. Dada la frustración, la corrupción, el menosprecio, el hambre y la pobreza en la que se ven sumidos la mayoría de los sujetos que viven en países económicamente deprimidos, las lógicas de sangre y fuego como herramientas para subir al tren del consumismo, aunque repulsivas, resultan cada vez más comprensibles y obvias como exigencias radicales del sistema de hiperconsumo.

Al igual que en la Rusia postsoviética, en México el sistema de justicia —si es que aún puede llamársele de esta manera, puesto que anualmente de cada cien crímenes cometidos sólo se resuelven dos de ellos— está definido por las bandas mafiosas y los empresarios. El Estado mexicano no ha renunciado abiertamente a mantener a la sociedad bajo control. Sin embargo, en la realidad cotidiana, que se codifica con base en el crimen organizado, la soberanía y el mando del Estado es detentado por los cárteles de la droga y los grupos de secuestradores. "Las distinciones entre legalidad e ilegalidad, entre lo moral y lo inmoral casi han dejado de existir" (Glenny, 2008, p. 76). Es curioso que las definiciones para delincuencia organizada resulten borrosas a pesar de su ostentosa visibilidad; también es curioso que transacciones ilegales, como son el blanqueo de dinero y la extorsión, se conciban como prácticas cotidianas (en ciertos espacios) por lo corriente de su uso.

La violencia se convierte en un recurso del gángster para gestionar, producir y vender, y aparece como la herramienta *sine qua non* para abrirse un lugar dentro de la carrera capitalista. En Tijuana se ha evidenciado "una conspiración tripartita entre oligarcas (empresarios), burócratas (gobierno) y mafiosos" (Glenny, 2008, p. 77); esta amalgama ha salido a la luz pública de forma contundente —aunque había sido un secreto a voces desde hacía mucho tiempo—, ya que acompaña al estallido cada vez más frecuente de las violentas guerras entre narcotraficantes en la frontera septentrional de México y que hoy se han extendido a todo el país.

Tijuana es una capital gore porque ejecuta con eficacia las técnicas del capitalismo gore. Éstas pueden entenderse como una suerte de amasijo entre prácticas de violencia surgidas de forma espontánea como otras que implican mayor sofisticación y que se ejecutan tanto legal como ilegalmente, atravesando todas las vías de lo permisible.

Estas prácticas de violencia explícita pueden ir desde el asalto automo-
vilístico ejecutado por comandos armados en plena vía pública, para
llevar a cabo un ajuste de cuentas entre los cárteles de la droga, hasta
técnicas ultraespecializadas que implican desechos tóxicos, químicos
y radiactivos, como es el caso de una práctica cada vez más frecuente
definida como *pozole*, que consiste en introducir los cuerpos (presumi-
blemente vivos) de los sujetos a aniquilar en una espacie de bidones
llenos de ácido, cuya composición logra corroer los huesos e incluso
eliminar los restos de los seres que se introducen en ellos, reflejando
así la radicalización de la violencia y el ejercicio de ésta de forma libre e
impune en el espacio público.

La guerra entre cárteles es una guerra sin reglas fuera del ámbito
económico, ya que se reduce a conservar los nichos del mercado de la
droga o, como se le conoce en el lenguaje del narcotráfico: conservar *las
plazas*. Siguiendo así las lógicas del libre mercado, el crimen organizado
invierte está lógica al situarse en los bordes de la legalidad, al mismo
tiempo que la constata y recupera al poner la violencia como centro,
al instituir una relectura de la lógica capitalista y presentar su versión
reloaded de ésta, su versión gore: "El método para no encontrar resistencias y meterse en el mercado es la violencia" (Glenny, 2008, p. 71).

Las comadronas de este nuevo capitalismo sangriento han sido
los personajes más (in)esperados: campesinos desempleados, agentes de
policía corruptos, políticos, ladrones, asesinos a sueldo, miembros del
ejército, etcétera.

El mercado ilegal ocupa ya un lugar relevante en la economía
mundial. La diatriba entre preferir, o no, la economía de la ilegalidad se
resuelve cuando tenemos en cuenta que la economía legal cobra cuotas
más caras y el capitalismo nos ha enseñado que los precios altos no son
buen negocio para el consumidor. También nos ha repetido que debemos
estar siempre del lado de los negocios que reportan más beneficios. En este
caso y en la mayoría de ellos, no es de extrañar que la opción preferida
por los nuevos capitalistas sea el mercado ilegal y que ésta nueva modalidad económica se instale y fructifique en territorios que guardan cercanía
geográfica con los centros económicos mundiales que, al mismo tiempo,
permiten un nuevo trazado en la relación centro-periferia. En la ciudad de
Tijuana estas demandas se han entendido a pie juntillas; por eso, es precisamente ahora cuando lidiamos con la crudeza de lo *real* de estas consignas.

Tijuana, entonces, puede ser considerada como una capital sujeta al Nuevo Orden Mundial, que nos muestra una contrageografía producida por el capitalismo gore, entendiendo por contrageografía lo que Saskia Sassen nos dice al respecto:

> Llamo contrageografías de la globalización a aquellos circuitos que están: i) directa o indirectamente asociados con algunos de los programas y condiciones centrales que se encuentran en el corazón de la economía global, pero; ii) son circuitos no representados de forma suficiente, escasamente considerados en sus conexiones con la globalización, circuitos que, en realidad, operan fuera y contra las leyes y tratados, sin que por ello estén exclusivamente involucrados [aunque tampoco puede separarse del todo este tipo de acciones a estos circuitos] en acciones criminales como es el caso del comercio criminal de . (Sassen, 2003, p. 66).

Hasta hace cuatro años —antes de que la violencia y las masacres ejercidas por las guerras del narcotráfico se recrudecieran y fueran ya insoslayables— Tijuana podía ser entendida bajo el paradigma de una "ciudad que constituye una improvisación imperfecta y carnavalesca que cede a la transformación continua de un entorno [...] dinámico. Permitiendo que las cosas permanezcan en un estado a medio camino de lo real" (Davis, 2007, p. 23). Sin embargo, para el año 2009 se hizo más evidente el choque y, a la vez, el solapamiento entre el primer y el tercer mundo que esta ciudad representa tanto discursiva como materialmente.

Tijuana sufre/disfruta de la paranoia y de la inseguridad crecientes de la gran ciudad amenazada por el peligro colectivamente conocido: la violencia explícita; y el peligro desconocido: quién será el siguiente en sufrirlo o, más aún, quiénes serán los siguientes en ejercerlo. Integrándose en las lógicas de "la gran ciudad capitalista que resulta *extremadamente peligrosa*" (Davis, 2007, p. 23) porque el flujo de individuos que va y viene entre la frontera es intraducible de forma efectiva, puesto que multiplican sus relaciones con el espacio fronterizo y aumentan las funciones y las dinámicas de relación entre los sujetos y éste.

En Tijuana la espectralidad del discurso del terror y la paranoia utilizada por Estados Unidos para someter y vigilar más eficazmente a sus ciudadanos traspasa su categoría de espectro y se vuelve real, puesto que se ejecuta y encarna en los cuerpos. Cuerpos que ontológicamente existen, mueren y se desangran. Bajo estas condiciones la angustia es un síntoma ligero en comparación con el miedo endémico que se instala en los huesos: "No obstante, el paisaje del terror es también, como en El Bosco, voluptuoso y casi infinito en su ironía" (Davis, 2007, p. 24).

Así, en Tijuana hemos incorporado del Norte (de Estados Unidos) el regocijo obsceno de fomentar, interpretar y ejecutar la destrucción y la violencia como un lujo, como algo con lo cual regodearse. Del Sur (México) hemos heredado la celebración del sentimiento trágico, el gusto por la inmolación, el deseo y la tradición que desacralizan la vida.

Mientras que en la ciudad posmoderna:

> Hay demasiada gente que ha perdido el rumbo en el laberinto, es muy fácil que nos perdamos unos a otros o a nosotros mismos, y si hay algo liberador en la posibilidad de desempeñar varios roles diferentes, también hay en ello algo abrumador y profundamente inquietante. Por otro lado, debajo de todo ello persiste la amenaza de la violencia inexplicable y la inevitable compañía de esa tendencia de disolución de la vida social en el caos total. (Harvey, 1989, p. 19).

La cita anterior puede aplicarse a distintas ciudades que cuenten con la etiqueta de posmodernas. Sin embargo, en Tijuana —a diferencia de la melancolía o el nihilismo padecido por el primer mundo—, como en los países fragilizados económicamente, se percibe una especie de vitalidad inquietante, se puede respirar que en todo momento se está planeando la siguiente estrategia de supervivencia. En este sentido, estas ciudades no son ya pos/modernas, sino post/*mortem*/nas y se percibe en ellas una especie de alegría amenazadora. *Una alegría inquietante ante la sangre.*

Tijuana muestra una simbiosis entre la violencia concebida como un objeto de consumo, tan fuertemente arraigada en la sociedad estadounidense, y la muerte como espectáculo y modo de vida heredado culturalmente de los pueblos prehispánicos. A propósito de esto Mauricio Bares nos dice:

> Lo realmente fascinante de un pueblo como los aztecas no es el hecho de que fueran indios buenos que trabajaran duro y supieran muchas cosas, sino el haber evolucionado hacia una cultura

compleja sin deshacerse de ritos primitivos como el canibalismo y los sacrificios humanos. Y aún más importante, que estas prácticas fueran uno de los motores de su dinámica social, un eje de sus pensamientos y su vida diaria. Han pasado 500 años desde que la violencia del sacrificio y el canibalismo fueran habituales en nuestro territorio. (Bares, 2008).

Sin embargo, esta prácticas parecen volver de una manera modificada, ya no por medio del canibalismo, sino por lo explícito de los asesinatos, que guardan en su seno una conexión con un remanente sacrificial ancestral, al mismo tiempo que ritualizan escenas explícitas de violencia que recuerda a la estética de las películas gore, que se instauran resignificadamente mediante su justificación económica y su rentabilidad. Además, estos asesinatos exhiben su pertenencia a una estructura cultural y a un sistema moral del cual participan. La violencia extrema sufrida por México en estos momentos no es de ninguna manera una horrible excepción, sino la consecuencia de la mala gestión de gobiernos corruptos y autoritarios, la innegable pobreza, así como el modelado cultural de nuestra personalidad como nación y como individuos hecha por "cine y música plagados de tragedia y rencores hacia una vida inhóspita y traicionera" (Bares, 2008), a lo cual se une la influencia de los medios de comunicación, especialmente los informativos televisivos "con su infeliz regodeo por lo mortuorio y lo sanguinolento desde las primeras horas de la mañana hasta bien entrada la noche, aderezando de paso nuestras horas de comida" (Bares, 2008). Y, también, se vincula a la construcción de la identidad nacional vertebrada por el machismo que se manifiesta en "la indiferencia ante el peligro, el menosprecio de las virtudes femeninas y la afirmación de la autoridad en cualquier nivel" (Monsiváis, 1981, pp. 9-20).

En Tijuana cristaliza una *episteme de la violencia* que hace de ésta una entelequia compartida por todo el país:

> Lamentablemente, el juego del espectáculo sangriento promovido por los gobiernos autoritarios que hemos padecido ha terminado por salirse de las manos y nos ha convertido en una sociedad violenta y familiarizada con el crimen, que si no participa lo acepta en algún grado. Es más, prevé calladamente que algún día pueda sacarle provecho. (Bares, 2008).

A través de este recorrido vemos cómo los argumentos que explican la ciudad como laboratorio de la posmodernidad, ciudad de paso, ciudad de vicio quedan acotados dentro del argumento de Tijuana como capital gore. Porque su calidad de ciudad "híbrida" ha pasado de la producción de signos (quizá nunca se ha accedido a ello puesto que sus prácticas más glorificadas radican fuera del texto) a la irrupción despiadada de la fuerza sobre los cuerpos, a la usurpación de ellos para disponerlos como el punto de inflexión del capitalismo en su devenir gore, al transformarlos en la mercancía absoluta, al categorizar explícitamente, por medio de la violencia más truculenta, al cuerpo y a la vida cuyo valor de intercambio es monetario y transnacional.

---

1   Práctica que resulta muy interesante tanto a nivel material como simbólico. A nivel material es una práctica que aplica una simbiosis entre trabajo y muerte, dado que a partir de la invención de la guillotina se puede hablar de una industrialización de la muerte. Por otro lado, a nivel simbólico se puede hablar de la borradura identitaria que supone para el cuerpo de la víctima y la legitimidad que le es otorgada al adversario al llevarse la cabeza consigo como muestra de la veracidad y efectividad del crimen. También existe una peculiar cercanía entre las palabras *decapitación* y *decapitalización*, que funciona, de cierto modo, como: cada decapitación supone una decapitalización para el sistema económico legal y un cuestionamiento de la autoridad del Estado.

2   Para profundizar en la figura del *esquizo*, consúltese: Deleuze y Guattari, 1985.

3   A excepción de países como Suiza y Holanda donde se ha legalizado el consumo de ciertas drogas, como el cannabis, y es el Estado quien gestiona su venta.

4   Misha Glenny afirma que en la actualidad la Columbia Británica de Canadá hace gala de una floreciente industria dedicada al cultivo y el tráfico de marihuana (*cf.* Glenny, 2008).

5   Tal es el caso de las metanfetaminas, desarrolladas por químicos nazis para que sus soldados soportaran el frío, el hambre y el terror. Su uso se ha popularizado en países ricos como Estados Unidos donde son consumidas por grandes sectores de la población como productos de ocio, y en países pobres como Tailandia, donde el tráfico de drogas se castiga con la pena de muerte y el consumo es también severamente castigado. En Tailandia las metanfetaminas se conocen como *yaba* y son usadas sobre todo por sectores de la población ultraprecarizados, por ejemplo, obrer@s que deben soportar extenuantes jornadas laborales.

6   Diane Coyle es catedrática de la Universidad de Manchester, columnista de *The Independent* y directora de una empresa de asesoría, Enlightenment Economics.

7   Somos conscientes de la incomodidad que puede suponer en algun@s lector@s el uso de un concepto como tercer mundo para referirnos a la realidad tijuanense. Sin embargo, he decidido utilizar este concepto y no otro dado que considero que crear una catacresis discursiva sólo reafirma la espectralización mediática de las realidades tercermundizadas. Es necesario decir también que el término de tercer mundo ya no explica sólo los espacios ubicados geopolíticamente en países pobres, sino que explicita también las realidades de las periferias que se desarrollan en el mismo espacio físico de las superpotencias económicas.

8   Esta *piratería del crimen* se ha implantado no sólo en la frontera mexicana, sino que se ha extendido de forma vertiginosa en todo México.

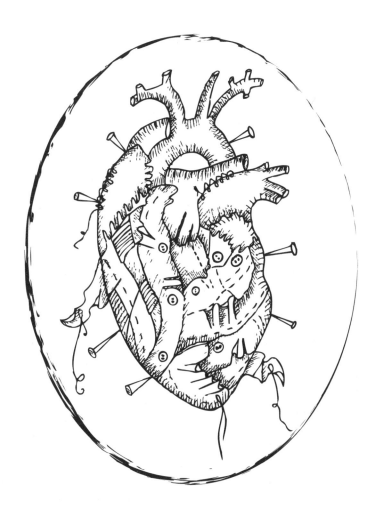

CAPÍTULO 4

Necropolítica

Estábamos en ese tiempo en que cualquier acontecimiento cotidiano era
precedido por la muerte.

ANGÉLICA LIDDELL, *Y como no se pudrió: Blancanieves.*

Comenzamos con un breve trazado sobre el *estado de excepción* y lo
que el teórico italiano Giorgio Agamben argumenta acerca de él.
Agamben investiga el aumento en las estructuras de poder que los
gobiernos emplean en *supuestas* épocas de crisis. Dentro de estas épocas de crisis, Agamben se refiere a la extensión creciente del poder
como *estados de excepción,* donde las cuestiones de la ciudadanía y los
derechos individuales se pueden disminuir, reemplazar y rechazar en
el proceso de demanda de esta extensión del poder ejercida por un
gobierno. Cito textualmente: "En todos los casos, el *estado de excepción*
marca un umbral en el cual la lógica y la praxis se desdibujan una a la
otra y una violencia pura, carente de logos, demanda la realización de
una enunciación sin ninguna referencia real" (Agamben, 2003, p. 40).
Así, el *estado de excepción* de Agamben investiga cómo la suspensión de
leyes dentro de un estado de emergencia o de crisis puede convertirse
en un estado prolongado de ser, donde el objeto de la biopolítica es la
nuda vida (zoé), término que designa el "simple hecho de vivir" común
a todos los seres vivos, en contraposición con el *bios* que nos remite a la
categorización de sujeto político.

Para Agamben los campos de concentración durante el nazismo
son una ejemplificación de esta pérdida de derechos y de la reducción del
ser humano a su máxima vulnerabilidad, por medio de su precarización
existencial. Sin embargo, en la era global existen otros muchos ejemplos
de esta vulneración extrema, que van desde el ámbito de lo público y lo
laboral hasta lo más íntimo: la destrucción tajante de los cuerpos a través
de su uso predatorio, de su incorporación al mercado neoliberal desregulado como una mercancía más, ya sea a través de la venta de los propios
órganos o como mano de obra cuasiesclavizada, donde *los derechos de
propiedad sobre el propio cuerpo* quedan desdibujados.

En este punto es necesario continuar hablando sobre el cuerpo,[1]
ya que es el blanco fundamental de la necropolítica e implica una
enunciación compleja y problemática. Ágnes Heller nos dice que: "Fue
precisamente la modernidad la que emancipó legalmente al cuerpo por

primera vez en la historia escrita, al ampliar la ley del *habeas corpus*, antes privilegio del noble, y convertirla en una ley general para todos" (Heller y Fehér, 1995, p. 18). En las sociedades modernas, el cuerpo representa por lo menos un enclave doble, a saber: "En el mundo moderno en el que el cuerpo estaba legalmente reconocido por la ley *habeas corpus*, y donde al mismo tiempo las principales tendencias de la vida social apuntaban a oprimir, eliminar, silenciar, sublimar y reemplazar en esa entidad legalmente existente, se abría un espacio social a la biopolítica" (Heller y Fehér, 1995, p. 19).

De tal lectura se han conservado tanto el hecho de que el cuerpo sea enunciado como metáfora sublimada por la política, como la concienciación y la responsabilidad del *habeas corpus*, donde los procesos biopolíticos y de reversión del biopoder cobran sentido y pertinencia. Es en el enclave del cuerpo donde los sujetos son sujetados y, al mismo tiempo, es la noción de poseer un cuerpo propio y vivo lo que activa a los sujetos sujetados, ya que los abre a un campo de acción como agentes activos a pesar de (y también dado) que *el poder siempre opera sobre los cuerpos*. Sin embargo, existe una tercera lectura del poder y la función del cuerpo en las sociedades de hiperconsumo: la de quienes lo interpretan como un valor a la alza que se revaloriza en su reinterpretación como mercancía absoluta, otra modalidad de la gubernamentabilidad biopolítica, un espectro más allá que no ha sido considerado y que tiene sus fundamentos en la máxima rentabilidad económica y su ejecución en la necropolítica.

Ahora bien, para la necropolítica y los sujetos endriagos el cuerpo resulta fundamental puesto que éste se concibe como mercancía principal, ya que es lo que nos vende el capitalismo gore (desde el auge de las tecnologías médicas y estéticas para "cuidarlo" y "rejuvenecerlo" hasta su liberación cuando se es objeto de un secuestro). Su cuidado, su conservación, su libertad, su integridad se nos ofrecen como productos. Existe una hipercorporalización y una hipervaloración aplicada al cuerpo como mercancía *rentabilizable*. Como si éste se tratara de una mercancía a la alza, el mercado ha hecho una revalorización de la vida a través de la corporalidad amenazada.

De forma paradójica, al mismo tiempo que la importancia del cuerpo se nos vende como mercancía a los sujetos sujetados de las poblaciones civiles, existe un movimiento inverso que realizan los sujetos endriagos con respecto al cuerpo. Éstos tienden a desacralizar el cuerpo, tanto el ajeno (para poder comercializar con él a manera de mercancía de intercambio o con su muerte como objeto de trabajo) como el propio, apostar y renunciar a éste adhiriéndose a una lógica kamikaze que indudablemente los llevará a la destrucción corporal y a la pérdida de la propia vida, como un precio a pagar, indefectiblemente, dentro de la lógica del enriquecimiento gore que se ancla en los presupuestos de los préstamos bancarios: "Éste es el nuevo compás que marcan los empresarios criminales. Ésta es la nueva fuerza de la economía, dominarla a costa de cualquier cosa. El poder por encima de todo. La victoria económica más preciada que la vida. Que la vida de cualquiera, e incluso que la propia" (Saviano, 2008, p. 129).

Existe, entonces, una negociación con la muerte, ya sea que ésta se dé por medio de la adopción *strictu sensu* de las lógicas capitalistas o de un modo sincrético entre capitalista y ritual; éste es el caso de los criminales mexicanos que, en los últimos años, han enarbolado un culto a la muerte, deificándola y elevándola a la categoría de santa. En este sentido, el sincretismo es propio del capitalismo gore en el que una población sometida constantemente a la presión que implica la cercanía con la muerte buscará una renegociación del papel que ella funge en el contexto de esa sociedad o grupo social. Puede decirse que esta renegociación cumple también el objetivo de discursivizar a los sujetos endriagos; por tanto, no es casual que esta articulación discursiva se presente a manera de culto, dado que el contexto de muchos de los endriagos (en el caso mexicano) ha sido un contexto religioso, que permite la elaboración de un discurso propio que toma la fe como elemento principal, dado que ésta es medular en el discurso religioso y éste es, en principio, la única forma discursiva que conocen para articularse. Entre las peticiones que se le hacen a la muerte sobresale el hecho de que no le rueguen no ser asesinados, sino que su muerte sea rápida. El hecho de renegociar el papel de la muerte en su vida cotidiana sitúa a estos sujetos endriagos como sujetos activos en su relación con la muerte.

En la época actual la muerte se erige como centro de la biopolítica, transformándola en necropolítica. Achille Mbembe afirma a este respecto: "La expresión más actual de soberanía reside, en gran medida, en el poder y la capacidad de dictar quién merece vivir y quién debe morir. Por consiguiente, matar o permitir la vida constituyen los límites de la soberanía como sus principales atributos" (Mbembe, 2003, p. 11. Traducción de la autora). Para Mbembe, al igual que para Agamben, el Estado nazi es el ejemplo perfecto de esta soberanía de muerte, aunque Mbembe identifica también la esclavitud como uno de los primeros campos de ejecución de la biopolítica y apunta que en las colonias ha sido donde la gubernamentabilidad necropolítica, ejercida por los gobiernos colonizadores, ha tenido su más grande y duradero asentamiento del *estado de excepción*.

Estamos de acuerdo con Mbembe respecto a sus apreciaciones geopolíticas y racialmente situadas de la biopolítica. Sin embargo, en esta investigación deseamos retomar el término de necropolítica y proponerlo, además, como un contravalor que se inscribe en el mismo registro de la biopolítica, pero la radicaliza, ya que desacraliza y mercantiliza los procesos del morir: si la biopolítica se entiende como el arte de gestionar el vivir de las poblaciones, las exigencias capitalistas han hecho que el vivir y todos sus procesos asociados se conviertan en mercancías, lo cual se puede parangonar con lo que entendemos como necropoder, puesto que éste representa la gestión del último y más radical de los procesos del vivir: la muerte.

Por tanto, nuestra lectura de la necropolítica se ubica en el momento contemporáneo, en un espacio geopolíticamente situado y en un caso concreto: el de los sujetos endriagos, encarnados por las mafias y los criminales mexicanos que forman parte del entramado del capitalismo gore.

La necropolítica es una reinterpretación y una ejecución tajante del biopoder y su reversibilidad, basada en gran medida en las lógicas del *enfrentamiento guerrero de las fuerzas*, en tanto que ejerce una libertad, "pero se trata más bien de una libertad que sólo puede ser comprendida como *poder de arrebatársela a los otros*. En efecto, en la guerra hay fuertes y débiles, pícaros e ingenuos, vencedores y vencidos, y todos son *sujetos actuantes* y *libres*; incluso si esta libertad consiste sólo en la apropiación, la conquista y el sometimiento de otras fuerzas" (Lazzarato, 2000). La necropolítica es importante porque vuelve a situar el cuerpo en el centro de la acción sin sublimaciones. Los cuerpos de los disidentes distópicos y los ingobernables son ahora quienes detentan —fuera de las lógicas humanista y racional, pero dentro de las racionalistas-mercantiles— el poder sobre el cuerpo individual y sobre el cuerpo de la población, creando un poder paralelo al Estado sin suscribirse plenamente a él, al mismo tiempo que le disputan su poder de oprimir.

Sin embargo, las prácticas ejercidas por los sujetos endriagos hacen una aplicación distinta y disidente del concepto de biopolítica y lo llevan al terreno del necropoder que, como veremos, no se emparenta totalmente con el contexto y el ejercicio de la necropolítica como la entiende Mbembe, sino que va más allá en una reinterpretación distópica de su condición de sujetos libres y, a la vez, sujetados por las dinámicas económicas. Los endriagos encarnan el concepto de ingobernabilidad, aunque se sujetan al poder en la medida en que han internalizado las demandas de hiperconsumo exigidas por el capitalismo global, a la par que sienten como propio el discurso heteropatriarcal basado en la detentación de poder como factor de legitimación identitaria y pertenencia social:

> Porque el Estado moderno funciona, me parece, como una especie de máquina de desubjetivizar, es decir como una máquina que mezcla todas las identidades clásicas y al mismo tiempo, como una máquina de recodificación, sobre todo jurídica, de las identidades disueltas: hay siempre una resubjetivación, una reidentificación de estos sujetos destruidos, vacíos de toda identidad. (Grelet y Potte Moneville, 1999-2000).

Identidad reconfigurada y resubjetivada a través de los medios de comunicación, la publicidad, las tecnologías del género y el hiperconsumo.

Para hablar de necropolítica y biopolítica en el contexto mexicano partiremos del hecho de que, en México, no existe un único Estado, "sino que existen por lo menos dos: el de la insurgencia y el legal, y ambos contienen rasgos, caracteres y lógicas, al mismo tiempo formales e informales o clásicas y no-clásicas" (Maldonado, 2003, p. 235).[2] Sin embargo, las características de estos Estados paralelos no han sido suficientemente estudiadas por la biopolítica, en el sentido de que no se ha tomado a la violencia extrema y al hiperconsumismo como elementos estructurantes en la formación de subjetividades disidentes que resisten al Estado. Así, este *Estado paralelo* representado por los criminales nacionales e internacionales, reconfigura la biopolítica y hace uso de necroprácticas para arrebatar, conservar y rentabilizar el poder de *dar muerte*.

La necropolítica de los sujetos endriagos sigue los pasos trazados por la biopolítica y sus deseos de gobernabilidad del territorio, la seguridad y la población haciendo de esta gobernabilidad un monopolio que explota los tres elementos; ya sea por medio de la explotación de los recursos naturales del territorio, por la venta de seguridad privada para garantizar el bienestar de la población o apropiándose de los cuerpos de la población civil como mercancías de intercambio o como cuerpos consumidores de estas mercancías ofrecidas por el necromercado. La necropolítica de los sujetos endriagos da un paso que hasta ahora resultaba desconocido, no por novedoso, sino porque en épocas anteriores había trabajado oculta. Este ejercicio necropolítico está logrando hacerse con el poder del Estado mexicano por medio del control de su economía, dada la dependencia que ésta mantiene de la economía criminal.

La radicalización y sobreexposición de la necropolítica consiste, sobre todo, en que saca de sus espacios y de sus actores/ejecutores "legítimos" a las tecnologías gubernamentales. La necropolítica, tal y como la entendemos en esta investigación, se diferencia sobre todo por el hecho de que es ejercida por sujetos endriagos que deciden romper su condición de sujetos sujetados al Estado; así la necropolítica detenta un carácter múltiple, ya que es igualmente ejercida por los actores ilegítimos como por los actores legítimos de la biopolítica (el gobierno, el Estado, el discurso) y se legitima a través de éstos. Sin embargo, el ejercicio de la necropolítica por parte de los sujetos endriagos hace que, pese a que ésta tenga sus referentes en las prácticas estatales, estos sujetos subversivos y distópicos la reconfiguren en su aplicación y la transformen, por tanto, en un fenómeno difícil de abordar, sino es por medio de aproximaciones sucesivas dado que "al cabo de un cierto tiempo ya no tiene sentido referirse a un contexto inicial. Los fenómenos de violencia producen un nuevo contexto" (Pécaut, 2001, p. 10). "La historia de los fenómenos no coincide con su origen y, generalmente, tiene una lógica que, no indiferente al origen, opera de manera diferente, propia" (Maldonado, 2003, p. 232).

Buscamos dejar claro que el endriago no es un héroe, ni un sujeto de resistencia legítima dentro de las nociones habituales ni pretende serlo; es un empresario que aplica y sintetiza literalmente las lógicas y las demandas neoliberales más aberrantes: "La lógica del empresario criminal, el pensamiento de los *boss* coincide con el neoliberalismo más radical [...] Estar en situación de decidir sobre la vida y la muerte de todos, de promocionar un producto, de monopolizar un segmento de mercado, de invertir en sectores de vanguardia es un poder que se paga con la cárcel o con la vida" (Saviano, 2008, p. 128).

Esta aclaración parte de nuestra oposición a deificar como sujetos de resistencia a todos aquellos que se oponen a la biopolítica de manera distópica y que utilizan las lógicas del consumo y el mercado para legitimarse a través de la violencia y del asesinato.

Según Agamben, los usuarios de drogas (junto con otros sujetos) están englobados en un tipo de movimiento que subvierte o resiste al biopoder gubernamental y a su gestión biopolítica (*cf.* Grelet y Potte Moneville, 1999-2000). Esto de alguna manera se emparenta y pone en el plano de lo presente la relevancia de la cadena de producción-consumo de drogas; sin embargo, en esta reflexión de Agamben, los productores, los distribuidores, los directores del negocio de la droga no son eslabones que se expliciten en esta cadena de subversión del biopoder. Aunque éstos también detentan un tipo de subversión distópica a la biopolítica puesto que se sitúan en la esfera del necropoder, desde donde fraguan una resistencia al biopoder y le disputan su jerarquía.

Desde nuestra perspectiva, no es evidente en qué sentido la reificación de actitudes autodestructivas como, por ejemplo, el consumo de drogas, puede crear subjetividades potentes y, a su vez, un verdadero movimiento de resistencia. Es innegable que subvierten el poder estatal por medio de la violación de las normativas sociales adscritas a las políticas antidrogas a través del consumo de éstas; dicho consumo puede ser visto como un acto de desobediencia civil, pero no como un acto de resistencia porque apoya al necropoder por medio del consumo gore. Pensar en el consumo de drogas como un acto de resistencia es integrarnos acríticamente en las lógicas del mercado gore. Los consumidores de drogas, *per se*, no pueden entenderse como sujetos de subversión, ya que refuerzan una jerarquía de sujeción (encarnada por otro espectro biopolítico, el de los criminales) perpetuando la cadena de sujetos sujetados aunque por otro espectro del sistema.

A nuestro entender resulta peligroso y acrítico ensalzar cualquier tipo de subjetividad que se salga de la norma como una subjetividad de resistencia, ya que esto aplana las posibilidades de pensar subjetividades que puedan oponer una resistencia real al biopoder y que, al mismo tiempo, lo hagan de una manera no distópica, ya sea que esta subjetividad esté representada por los consumidores de drogas (como en el ejemplo que nos propone Agamben) o por las *nuevas subjetividades* creadas en las favelas brasileñas (*cf.* Negri y Cocco, 2006). Ensalzar toda subjetividad sin tomar en cuenta sus múltiples variantes, contextos y las opresiones y pactos antirresistencia que generan —sobre todo los pactos transnacionales, transversales al género, que siguen considerando la opresión de las mujeres y el sexismo como luchas sin importancia— corre el peligro de crear una catacresis que vacíe de contenido y fuerza real a los movimientos de resistencia. Olvidemos la tentación de romantizar y exotizar al otro. Sabemos que la dificultad es grande; sin embargo, la construcción sucesiva de un discurso (auto) crítico es el instrumento con el que podemos acercarnos a los fenómenos para tratar de "establecer/ reconocer las condiciones para la aparición de sujetos capacitados para actuar críticamente en el mundo transnacional" (Lins, 2003, p. 27).

A continuación expondremos nuestras nociones sobre necropoder, necroprácticas, necroempoderamiento y tanatofilia dentro del capitalismo gore. Entendemos por *necropoder* la apropiación y aplicación de las tecnologías gubernamentales de la biopolítica para subyugar los cuerpos y las poblaciones que integra como elemento fundamental la sobreespecialización de la violencia y tiene como fin comerciar con el proceso de dar muerte.

Las *necroprácticas*, por su parte, pueden ser entendidas como acciones radicales, encaminadas a vulnerar corporalmente. Entre las necroprácticas se cuenta la reapropiación, por parte de los especialistas de la violencia, de los medios de eliminación de los enemigos del Estado, aplicados a los enemigos de los sujetos endriagos, así como las innovaciones en las tecnologías de asesinato; estas necroprácticas han venido construyendo, en las últimas décadas, una nueva sensibilidad cultural del asesinato que lo hace más permisible, pues se le espectaculariza a través de los medios de comunicación, lo que posibilita la ejecución de formas de crueldad más tajantes y más espeluznantes que pueden espectralizarse por medio de su consumo como ocio televisado.

El empoderamiento puede entenderse como los procesos que transforman contextos y/o situaciones de vulnerabilidad y/o subalternidad en posibilidad de acción y autopoder, revirtiendo así las jerarquías de opresión. El concepto de empoderamiento se utiliza también en el contexto de la ayuda al desarrollo económico y social para hacer referencia a la necesidad de que las personas objeto de la acción del desarrollo se fortalezcan en su capacidad de controlar su propia vida. También puede ser interpretado como un proceso político en el que se garantizan los derechos humanos y la justicia social a un grupo marginado de la sociedad. En esta investigación denominamos necroempoderamiento a los procesos que se apegan a lo señalado anteriormente como empoderamiento, pero reconfigurados desde prácticas distópicas (como el asesinato y la tortura) para hacerse con el poder y obtener a través de éste enriquecimiento ilícito y autoafirmación perversa.

Al emplear el término tanatofilia nos referirnos al gusto por la espectacularización de la muerte en las sociedades hiperconsumistas contemporáneas, así como el gusto por la violencia y la destrucción, el deseo de matar y la atracción por el suicidio y el sadismo. Preferimos este término en lugar del de necrofilia, pues aquél se entiende como una inclinación sexual caracterizada por la atracción sexual hacia los cadáveres. Sin embargo, cabe señalar que Erich Fromm en su libro de 1973, *Anatomía de la destructividad humana*, se refería a la necrofilia en un sentido no sexual, sino como la consecuencia de llevar una vida sin estar realmente vivo. Para Erich Fromm, la necrofilia es lo opuesto a la biofilia y es, junto con la fijación simbiótica y el narcisismo, uno de los tres mayores males de la humanidad. Según él, la carencia de amor en la sociedad occidental conduce a la necrofilia. El necrófilo vive mecánicamente, convierte los sentimientos, procesos y pensamientos en cosas. Tiende a querer controlar la vida, a hacerla de cierto modo predecible. Erich Fromm afirma que, puesto que para el necrófilo la única seguridad de la vida es la muerte, éste anhela la muerte, la adora. Para Fromm, la necrofilia se observa en el actual mundo occidental en las fachadas hechas de hormigón y acero, en el armamento moderno y en la carrera nuclear, en la idolatría hacia la tecnología de las grandes máquinas (tecnofilia), la pérdida de recursos con el consumismo y el trato hacia las personas como cosas (burocracia). Nuestro uso del término tanatofilia se víncula con esta visión de Fromm, pero difiere de ésta en su aplicación y contexto.

Para finalizar, nos preguntamos, junto a Mbembe: ¿el concepto de biopoder es en la actualidad suficiente para explicitar algunas realidades actuales basadas en el necropoder? La respuesta es que la biopolítica debe ser repensada contextualmente. En nuestro caso, decimos que existe un paralelismo entre la biopolítica gestionada por el Estado y la necropolítica detentada por los sujetos endriagos: en ambas resulta fundamental la conservación del poder mediante el ejercicio de la violencia. Sin embargo, la necropolítica de los sujetos endriagos no puede ser explicada únicamente parangonándola con el Estado, ya que los sujetos endriagos encarnan una triple condición. Por una parte, se reapropian de las herramientas del poder (gestionadas por el Estado) por medio de la violencia para necroempoderarse y cumplir a través de este empoderamiento las demandas neoliberales de hiperconsumo. Por otra parte, a través del necroempoderamiento cuestionan la eficacia de la sociedad disciplinar tal y como se ha venido entendiendo. Finalmente, estos sujetos han surgido de la población (cada uno en un contexto específico y geopolítico) a la que pertenecemos la mayoría de sujetos sujetados, en la cual se engloban también aquellos que fraguan estrategias de resistencia no distópica. Por ello, pensamos que para aproximarnos a las lógicas del necropoder de los sujetos endriagos es necesario hacerlo desde una triangulación contrastada que considere las dinámicas del poder ejercidas biopolíticamente por la vía económica y del heteropatriarcado, así como la subjetividad sujetada y, a la vez, activa de la población civil, y el papel fundamental que cumplen la publicidad y los medios de comunicación en la sociedades de hiperconsumo, ya que "este nuevo capitalismo [...] funciona en realidad gracias a la gestión biomediática de la subjetividad" (Preciado, 2008, p. 44).

Biomercado y violencia decorativa

Biomercado

Si teóricos posfordistas como Negri y Hardt hablan de *la producción biopolítica*, proponiendo un concepto con reminiscencias foucaultinas, para explicar la complejidad de las formas actuales de producción capitalista, aquí retomamos el concepto de *biopoder* y lo extrapolamos al de *necropoder*, para señalar el desplazamiento actual que se ha dado entre estas formas de producción y las formas de consumo.[3] Hablamos pues de que en este desplazamiento se efectúa "una transformación de la estructura de la vida" (Preciado, 2008, p. 138).

Afirmamos que dicho desplazamiento se evidencia especialmente en las formas de consumo, lo cual resulta en un tránsito que trastoca las categorías de la economía política tradicional y traza una nueva cartografía de los *biopoderes*, basada en el *bioconsumo* y el plusvalor. Estas estrategias de trastocación ponen en discusión las formas mismas de la vida a favor del mercado gestionado por la necropolítica. A este desplazamiento que supone cambios radicales en las formas de acción tanto sociales como individuales y las limita al consumo lo denominamos *biomercado* y a su forma radical y perversa de llevarlo a cabo, *necropoder*.

Consideramos que la mejor forma de explicarlo es tomando los postulados de Foucault respecto del *biopoder* y su impacto en la instauración de una nueva ontología —propia del capitalismo gore— que parte del cuerpo —consumista— y su potencia para consumir. Es decir, entendemos que el *biomercado* crea un desplazamiento de tipo epistemológico que se incardina en los cuerpos y ya no parte sólo de una estructura autoritaria y externa, sino que se ha incorporado a nuestros sistemas corporales a través de nuestras prácticas de obediencia ante el consumo.

En este sentido, estamos de acuerdo con Beatriz Preciado cuando, siguiendo a Foucault, se desmarca del Panóptico como forma interpretativa del devenir del poder y su relación con el mundo actual y señala:

> nos enfrentamos a un dispositivo que, sin dejar de aumentar su eficacia, ha reducido su escala hasta convertirse en una técnica biomolecular individualmente consumible [...] Se trata de un control democrático y privatizado, absorbible, aspirable, de fácil administración, cuya difusión nunca había sido tan rápida e indetectable a través del cuerpo social.
>
> Una misma relación entre cuerpo y poder, deseo de infiltración, absorción, ocupación total. Podríamos caer en la tentación de representar esta relación según un modelo dialéctico de dominación/opresión. En el que el poder [entendido como capitalismo consumista] exterior, miniaturizado y líquido infiltra el cuerpo dócil de los individuos. No. No es el poder el que infiltra desde afuera, es el cuerpo el que desea poder [el que desea consumir], el que desea tragárselo, administrárselo cada vez más [...]. (Preciado, 2008, p. 136).

Esta cita nos muestra una transformación en las relaciones de poder, entre el poder y el cuerpo del sujeto, que devienen en la aparición de lo que aquí denominaremos *poder consumista*, y por medio del cual pueden buscarse referencias explicativas para el consumismo desenfrenado de la actualidad, que ha devenido en hiperconsumismo.

En este apartado se propone la lectura del concepto de *biomercado* como una categoría epistemológica para decodificar el nuevo capitalismo en sus demandas y prácticas de consumo. Éstas no podrían ser decodificadas de forma disociada de un sistema de *bioasimilación* del mercado que (re)produce (artificialmente), implanta y recoge nuestras preferencias de consumo.

Debemos recordar que el *biomercado*, como sistema, ya no puede ser entendido como un dispositivo jerárquico y exterior, sino como un dispositivo fluido que está en relación con nuestros gustos y demandas, creando una doble hélice a manera de molécula de ADN *del consumo*, dentro de la cual resulta indiscernible e inútil buscar una lectura lineal y genealógica de su proceso.

Mencionemos también que a través de nuestros comportamientos consumistas aparentemente elegidos, contribuimos a la creación de productos que amplían los nichos de mercado. Por ejemplo, existen productos considerados como *alternativos* o *de resistencia*, que son promocionados y vendidos de forma alternativa y paralela a todos aquellos productos que no esconden su origen de consumismo burdo, conservador y capitalista. Estos productos de *resistencia* van acompañados de múltiples etiquetados que puedan satisfacer, reforzar o crear gustos, incluso, antitéticos al sistema consumista, que parecerían contradecir al mismo mercado, pero que se ven neutralizados en su credibilidad como prácticas tránsfugas por el poder de canibalización *fashion* y capitalizable que tiene el mercado contemporáneo.

Por ello, no es difícil encontrar en él opciones *alternativas* configuradas dentro de etiquetados como: "acción política" y "crítica". Con el ejemplo anterior debemos entender que para las lógicas del mercado cualquier tipo de resistencia es susceptible de transformarse en un nicho de mercado explotable. Todo puede ser objeto de consumo. Dadas estas condiciones favorables para la creación de nichos de mercado y la creciente demanda de productos y servicios asociados con el capitalismo gore, se posibilita la creación de un nicho de mercado que denominamos *mercado gore*. En dicho mercado, los productos y servicios que se ofertan son los servicios asociados con el necropoder y las necroprácticas; es decir, la venta de drogas ilegales, la gestión de violencia, la venta de órganos humanos, el asesinato de personas, el tráfico de mujeres y niñ@s, etc. Sin embargo, que todo pueda ser absorbido por el mercado para crear un nicho y una demanda no significa que esta absorción sea *inmediata*. Esto abre la posibilidad de efectuar acciones y resistencias críticas ante este estado de cosas. No obstante, queremos apuntar que la forma de resistir y afirmarnos frente al mercado debe ser reformulada constantemente, sugerimos no partir de una posición simplista y antagónica a éste, sino tener en cuenta que la subversión debe empezar por una reformulación de nuestras teorías sobre las prácticas de resistencia y de consumo que sean capaces de replantear el fenómeno y situarnos fuera de una visión dicotómica.

Es necesario que dejemos de considerar la resistencia "pura" y frontal como la única y verdadera estrategia; debemos apostar por una reformulación adscrita y situada dentro del contexto de la *bioeconomía*, como un marco que nos contiene y nos excede, pero que empezamos a subvertir desde nuestras *relaciones estratégicas*, que como señala Foucault, "en tanto que juegos de poder, resultan infinitesimales, móviles, reversibles, inestables" (Foucault, 1994, p. 729). Ya que frente a las lógicas del mercado y de la velocidad contemporánea ciertas categorías interpretativas ya no se sostienen como elementos válidos, sólidos y sin fisuras, sino como categorías a remozar. Seguir aferrándonos al "deseo de purificación de lo pensable es en sí mismo una aporía" (Derrida, 1998, p. 147).

Elaboremos categorías que se contaminen y se hibriden con otros lenguajes contemporáneos para teorizar la realidad, categorías multidisciplinarias y transversales que nos hablen de la posibilidad de enunciación reticular dentro de las cuales los cuerpos no pierdan densidad política. En definitiva, *categorías-bioartefacto* que nos ayuden a pensar y a resistir, sin renunciar a nuestra posición, acción y responsabilidad en la realidad del *biomercado* y del capitalismo gore.

Es pertinente hacer hincapié en que lo que los discursos del tercer mundo realmente nos señalan es el hecho de que si no existen posibilidades dentro de un marco como el nuevo capitalismo para desplazarse fuera de él, entonces debemos reforzarnos en la idea de que esa opción única —multietiquetada y envasada en infinitas posibilidades— no debe aniquilarnos, sino resignificarnos. Nuestra postura no deberá ser de resignación ante la vorágine, sino de re-signarse y entretejer discursos de resistencia que no obvien el contexto capitalista dentro del que están surgiendo y dentro del que se desarrollarán como modo de subversión molecular, ya que el *biomercado* es una condición introyectada más que una elección.

El mercado participa enormemente de la categoría de espectralidad, como bien lo supo leer Baudrillard a través de su *Crítica a la economía política del signo* que después devino teoría del simulacro; o como categoría de reinterpretación de los dispositivos que conforman y educan la mirada a través de los medios de comunicación, como lo señaló Derrida en sus ensayos sobre espectrografías. Ahora bien, con nuestra propuesta de decodificación del mercado como *biomercado*, no estamos negando la posibilidad de acción real e interferencia sobre la realidad actual atravesada, discursiva y activamente, por los presupuestos consumistas, sino que estamos indagando en otro de los planos que coadyuvan y sustentan el florecimiento y ejercicio del capitalismo gore.

Violencia decorativa

En Madrid (una ciudad perteneciente a la Unión Europea con todo lo que ello implica) resultaría inconcebible encontrar un escaparate que exhibiera una AK-47[4] transformada en lámpara y lo propusiera como la forma más actual y *fashion* de ser solidarios con el tercer mundo. Sin embargo, ese escaparate existe[5] y es parte de los productos ofertados por una tienda de iluminación llamada Oliva, ubicada en la calle Hortaleza 64, en el centro de la ciudad. En esta tienda se exhiben/venden *armas-lámpara* y sus precios oscilan entre los 900 y los 1 300 euros. Su venta se intenta justificar a través de la solidaridad, puesto que 10% del precio de dichos artefactos se destina como donación para apoyar la labor de Médicos Sin Fronteras.

Resulta paradójico que un artefacto que se ha usado para matar a millones de personas alrededor del mundo sea el objeto elegido para apoyar a Médicos sin Fronteras (en su respetable aportación y ayuda al tercer mundo); que esto suceda lesiona seriamente la concepción que tiene Occidente sobre el humanismo. La venta de violencia decorativa se está popularizando en las ciudades europeas, como viene sucediendo desde hace décadas en Estados Unidos, donde se realizan convenciones anuales, alrededor del país, para vender armas de todo tipo a los civiles, quienes justifican el consumo de estos artefactos en pos de *la defensa personal* o *el coleccionismo*.

Después de observar un fenómeno de consumo como éste no podemos evitar pensar: he aquí la cristalización y legitimación frontal del consumo gore, he aquí también la aceptación irresponsable y acrítica de la violencia como elemento decorativo, que la violencia se vuelva *decorativa* debe consternarnos seriamente, puesto que da indicios de la implantación deliberada de una epistemología gore, con su respectiva creación de categorías como herramientas de interpretación y acercamiento al mundo de una manera desrealizada, aséptica y totalmente distópica con respecto a la verdadera función de la violencia en nuestras sociedades contemporáneas. Basar nuestra solidaridad hacia los desfavorecidos en el consumo de violencia decorativa nos dice de nosotr@s mism@s: "Soy la mejor medida para juzgar las debilidades de un sistema" (Liddell, 2007, p. 36).

El consumismo gore nos habla también del poder del mercado para hacerlo todo consumible, pero sobre todo muestra las prácticas de consumo que reflejan un deseo de destrucción en las sociedades de bienestar del primer mundo. O en palabras de Angélica Liddell:

> Ahora que vivís completamente seguros,
> ahora que os han librado de todos los enemigos,
> por fin, de todos los enemigos,
> ahora,
> no sabéis cómo administrar vuestra debilidad,
> vuestra avidez de sufrimiento,
> vuestra culpa,
> vuestros deseos,
> vuestra ruindad
> y vuestros insultos.
> La cuestión es, después de la matanza,
> ¿qué hace el hombre para seguir demostrando,
> demostrándose a sí mismo,
> que sigue siendo un hombre? (Liddell, 2007, p. 38).

Una kaláshnikov como objeto de decoración en los espacios públicos (tiendas de decoración) y en los espacios privados de las ciudades europeas nos muestra cómo la globalización va estrechando distancias y borrando diferencias de una manera perversa y deshumanizada; que alguien pueda permitirse comprar el arma más usada para matar en el mundo y demostrar con ello solidaridad nos parece por lo demás truculento y nos habla de una rendición consumista que se adscribe (y contribuye) inexorablemente al reinado del capitalismo gore a cambio de un reconocimiento simbólico de estatus social. O como lo explica Saviano:

> El AK-47 ha acompañado a todos los papeles: al del libertador, al del opresor, al del soldado del ejército regular, al del terrorista, al del secuestrador, al de guardaespaldas que escolta al presidente. [...] Kaláshnikov [...] es el auténtico símbolo de liberalismo económico su ícono absoluto. Podría convertirse incluso en su emblema: no importa quién seas, no importa lo que pienses, no importa de dónde provengas, no importa qué religión tengas, no importa contra quién ni a favor de qué estés; basta que lo hagas con nuestro producto.

Tanto *el consumo gore*, como *la estética de la violencia* y *la violencia decorativa* nos hablan de que, en el imaginario consumista generalizado, la única forma de mostrar solidaridad, empatía, crítica o resistencias pensables, loables, permisibles y ejecutables dentro del capitalismo gore es a través del consumo. También nos habla de un cambio de paradigma en la carrera armamentista que la mayoría de los países del primer mundo sostienen, al vender sus armas a países menos favorecidos para que éstos lleven a cabo sus guerras intestinas. Este cambio de paradigma se basaría en la consigna: *si no usas las armas para matar, úsalas para decorar*.

Interpretar la violencia como un objeto decorativo prepara psicológicamente el entramado social para que cada vez resulte menos ofensivo, peligroso y atemorizante que el uso de los espacios —tanto públicos como privados— se reapropie y éstos se vean invadidos por elementos de consumo con claras reminiscencias bélicas; convirtiendo estos objetos en algo deseable, disfrutable y consumible.

Otro ejemplo de objetos con reminiscencias belicistas son los automóviles todo terreno llamados Hummer,[6] los cuales han sido aceptados con facilidad por los consumidores. Estos vehículos fueron fabricados por el grupo industrial estadounidense General Motors. En dichos automóviles no es casual reconocer la estética bélica, ya que son un derivado del Humvee o HMMWV *(High Mobility Multipurpose Wheeled Vehicle)*, que es un vehículo militar multipropósito y que posee tracción en las cuatro ruedas. Originalmente fabricado por AM General Corporation, la anterior división de motores para el gobierno y las fuerzas armadas estadounidenses, ésta decidió empezar a vender vehículos para los civiles a finales de la década de 1980.

Nuestro consumo de violencia decorativa, en aumento, indica que las exigencias del *biomercado* nos llevarán a considerar como deseable que la representación del mundo contemporáneo reproduzca, a manera de escenografía, un campo de batalla, llevando con ello a una clara inmovilidad y un acriticismo que no cuestionará las serias implicaciones que este proceso de consumo-belicista y violencia decorativa traerán consigo en la vida cotidiana, ya que desplazan (aún más) los presupuestos humanistas y amplían el marco de la violencia considerada como permisible, naturalizando su uso indiscriminado a través de la participación-consumo ciudadano, lo cual legitimará este sistema emparentado con la violencia y lo establecerá como habitual, al concebirlo simplemente como otro producto de consumo. La consecuencia concreta de esto es que estaremos dando la bienvenida deliberada al capitalismo gore para que ocupe nuestros espacios públicos, nuestros espacios privados y, por supuesto, nuestros cuerpos.

Sobre la violencia y los medios de comunicación

"Lo público se forma sobre la condición de que ciertas imágenes no aparezcan en los medios, de que ciertos nombres no se pronuncien, de que ciertas pérdidas no se consideren pérdidas y de que la vivencia sea irreal y difusa" (Butler, 2006, p. 65). Así, la información es un poder al servicio del ganador, los medios de comunicación *lavadores de noticias* que preparan las cabezas y los pensamientos para que les sea arrancado cualquier atisbo de disidencia: la herramienta para la supresión de cualquier disenso —incluso interno—. Los medios de comunicación como sobreexpositores de la violencia que *naturalizan* para los espectadores, a través de un constante bombardeo de imágenes, hasta convertirla en un *destino manifiesto* ante el cual sólo cabe resignarse.

Lo que pervive en ello son las lógicas de exclusión, las prácticas de borramiento, como Virginia Villaplana afirma: "Nombrar las

formas de violencia —lo que no se nombra no existe— y seguir tra-
bajando sobre la violencia simbólica es imprescindible para que no
queden reducidas a experiencias individuales y/o casuales y para darles
una experiencia social y crítica" (*cf.* Villaplana y Sichel, 2005, p. 279).

La falta de discurso para la nominación de los acontecimientos
en el mundo Otro se refuerza en el hecho de que los medios de comunicación crean "sobrerrepresentación [...] desde un solo punto de vista"
(*cf.* Villaplana y Sichel, 2005, p. 279). Se legitima sólo lo que resulta
"familiar", las historias que "entiendo" y "comparto". Sin embargo, ¿qué
sucede cuando esta "familiaridad", esta "compresión" me son lejanas o
no me incluyen en absoluto? ¿Cuál es mi papel como espectador ante la
naturalización de la violencia hecha por los medios de comunicación?
¿Cuál es mi responsabilidad ante mi consumismo de imágenes gore?

La creciente reificación de la violencia en las sociedades contemporáneas (tomada y naturalizada acríticamente como una práctica habitual) ha construido un campo propicio para que, durante mucho tiempo,
la instauración de las prácticas gore haya pasado desapercibida por consi-
derárselas parte de una realidad alterna, parte de "algo que sucedía muy
lejos, que afectaba a los precios y que surtía a los periódicos de titulares y
de fotos excitantes. [La violencia vista] a través de una bruma iridiscente,
desodorizada, perfumada de hecho, con todas sus crueldades esenciales
discretamente ocultas" (Davis, 2007, p. 15) hasta erigirse en una dínamo
indetenible y fusionada con la realidad cotidiana.

Esta urdimbre entre realidad y simulacro se ha echado a girar de tal
manera que actualmente parece cada vez más difícil (o eso nos han hecho
creer) distinguir entre realidad y ficción, ya que "cuanto más improbable
es el acontecimiento, más familiar es la imagen" (Davis, 2007, p. 16).

Los medios de información y entretenimiento (*mass media* en general) nos han sobresaturado de información y han causado estragos en nuestra forma de percibir, aceptar y actuar en la realidad. El capitalismo y su
producción de imágenes gore han vulnerado la extraña y fina frontera entre
la fantasía y la realidad, dando un giro de tuerca que vuelve a instaurar lo
real como algo horrorizante y certero que cada vez se parece más a la ficción,
pero que se diferencia de aquélla porque es desgarradoramente palpable e
irreparable. Porque es, en sentido estricto —pese a la producción de imágenes mediáticas que buscan ficcionalizarlo— un argumento de *no ficción*
(Villaplana y Sichel, 2005, p. 279).

Esta variante del nuevo capitalismo[7] resulta atemorizante porque nos da noticia de que cualquier cosa puede suceder —de hecho sucede—, y sucede en el resquicio más íntimo: en el propio cuerpo. Las prácticas gore nos horrorizan porque cada vez están más próximas y no hemos sido entrenados para analizarlas y, menos aún, para afrontarlas. "El problema es que no podemos sentirnos excluidos. No basta con suponer que la propia conducta podrá ponerte a resguardo de cualquier peligro" (Saviano, 2008, p. 105). Todo esto desata un *efecto de siniestro interminable*[8] que desbarata violentamente nuestras ontologías y borra la distinción entre imaginación y realidad. Desata también la sensación de estar dentro de una casa de espejos en la que lo siniestro se repite y duplica ante nuestros ojos sin acertar a saber cuál de todas las imágenes es real o si todas lo son. A este respecto, algunos teóricos se preguntan: ¿se ha convertido, pues, la Historia sencillamente en un loco montaje de horrores prefabricados confeccionados en las cabañas de los escritores de Hollywood? (Davis, 2007, p. 20) La respuesta es sí y no, dado que esta *negra utopía* (Bloch, 2004, pp. 306-308) es más compleja.

Esta pregunta puede causar cierta suspicacia y sorna —la risa nos aleja, momentáneamente, del miedo— y hacernos pensar que la realidad contemporánea puede ser leída como un montaje, pues podría ser entendida como una realidad que quiere reproducir lo irreal; es decir, "simbolizar la última verdad de la des-espiritualización del universo del capitalista utilitario, en la cual la des-materialización de la propia *vida real*, su inversión en un espectáculo espectral es su fin último" (Žižek, 2005, p. 128). Sin embargo, esta lectura, aunque en gran medida aplicable a la realidad, nos lleva a hacer teorizaciones abstractas que sólo la duplican/explican desde un frente teórico posmatérico, que no se enlazan con las verdaderas prácticas y derivas que inciden y transforman a los sujetos y sus sociedades.

Por otro lado, debemos aceptar que las prácticas gore se han ido fraguando dentro de una historia concreta como una respuesta directa a ciertas exigencias del mercado. Debe considerarse que la violencia como herramienta es parte integral del mensaje que trasmite el nuevo capitalismo, acerca de los métodos para conseguir capital y para seguir perpetuando el afán despiadado de dinero. También resulta importante considerar que, aunque los sujetos endriagos en muchos de los casos pertenezcan a contextos distintos y estén distribuidos por todo el globo terráqueo, ninguno de ellos está exento de los efectos de la sobresaturación informativa.

Debemos considerar que son los medios de comunicación, la televisión, el cine y, en mayor o menor medida, los videojuegos, quienes representan estas prácticas como fenómenos desrealizados (que no ficticios)[9] y quienes las legitiman al hacer de ellas su tema central y bombardearnos incesantemente, hasta la insensibilización, con información sobre ellas.

La muerte está de moda: capitalismo gore, en el arte, la literatura y los videojuegos

A continuación aportamos un par de ejemplos sobre los imaginarios que se construyen y se distribuyen a través de los medios y que en esta investigación identificamos como representaciones del capitalismo gore. El primer ejemplo es la serie de televisión *Los Soprano*, y el segundo, el videojuego *Grand Theft Auto*, versión San Andreas.

No resulta casual que la serie titulada *Los Soprano* (serie estadounidense dirigida por David Chase y producida por la cadena HBO) que versaba sobre la vida de un capo italoestadounidense[10] de la mafia en Nueva Jersey y su familia haya sido una de las más aclamadas por la crítica, multipremiada y con un club de fans de gran magnitud, entre los que se cuentan algunos intelectuales (De los Ríos et al., 2009), y que además tuviera una duración extremadamente larga —dado lo escabroso del tema—, ya que se transmitió desde 1999 hasta 2007.

Esta serie nos da noticia de cómo la televisión está convirtiendo los bajos fondos en algo rentable, instaurándolo como un objeto de culto, de aceptación y de legitimidad. Con esto no estamos afirmando que por sí misma la creación de series como ésta construyan el marco propicio para que lo gore salte de las pantallas a la realidad y se instale en ella en forma de capitalismo, sin que nadie se inmute o sienta necesidad de quejarse. Sin embargo, lo que sí proponemos es que es una forma de legitimar, visibilizar y entrenar mentalmente a la audiencia para leer de forma pasiva la realidad que le circunda. Es decir, el capitalismo gore ya está en la realidad cotidiana; ahora bien, lo que los medios de comunicación buscan hacer es legitimarlo e impedir la acción de la sociedad para contrarrestarlo, buscan la instauración de una mentalidad acrítica, silente y resignada ante estas situaciones. Presentar la realidad del capitalismo gore en una teleserie o un *reality show* (de los cuales la mayoría de la población quiere ser parte) lo vuelve inquietantemente glamoroso, deseable, consumible; le resta peligrosidad y educa la conciencia y el comportamiento para insensibilizarse ante su presencia, dado que sus efectos adversos no nos son mostrados.

La instauración de esta mentalidad acostumbrada a la violencia del capitalismo gore tiene beneficios en distintos planos: uno de los más evidentes es la dislocación de los órdenes de la ética y la política. Es decir, la instauración y legitimidad de un imaginario social en el que la violencia y el crimen son simples herramientas para ganar dinero hace que cualquier comportamiento criminal (sobre todo el del gobierno) encaje a la perfección, desdibujando los alcances de la ética para abordar ciertos fenómenos y desrresponsabilizando las prácticas políticas que rayen en la ilegalidad, puesto que la criminalidad será entendida como una herramienta que se ciñe a los estándares establecidos por los líderes de la economía mundial.

En este trabajo nos interesa mostrar también como ejemplo del capitalismo gore el videojuego *Grand Thief Auto*, cuyo contenido violento permite a los jugadores llevar a cabo comportamientos criminales que van desde el robo de coches hasta el homicidio. Legitima comportamientos profundamente machistas, sexistas,[11] misóginos y de violencia contra las mujeres, ya que *en él puedes practicar sexo con una prostituta y después matarla y recuperar tu dinero*. Sin embargo, no queremos formular aquí una queja victimista, sino evidenciar que el contenido del videojuego refleja fielmente dos de las polaridades interconectadas que representan, a nuestro juicio, las vertientes principales del nacimiento, ascenso y continuidad del capitalismo gore.

En primer lugar, se nos muestra a los criminales (que en esta investigación definimos como sujetos endriagos) como parte de una cultura consumista y como respuesta frontal a un sistema (el estadounidense) que perpetúa las horribles desigualdades sociales y, además, las celebra abiertamente. He aquí un buen ejemplo de uno de los anuncios satíricos oídos en las emisoras de radio de San Andreas. El anuncio está promocionando una gira de conferencias del autor Mike Andrew, en las que intenta convencer a la gente de que, como el título de su libro indica, "Los harapos son riqueza":

> MIKE ANDREWS: Entiende que ser pobre está bien. Hace falta que haya pobres. Los ricos somos el ying. Vosotros sois el yang. ¡Os necesitamos!

Hombre del público: Señor Andrews, he tenido una racha de mala suerte y me pregunto si el Estado podría ayudarme a recuperarme.

Andrews: Ésta es la clase de palabrería negativa, egoísta y auto-obsesiva que no ayuda a nadie. Mi programa le enseñará nuevas perspectivas vitales. En vez de quejarse por ser pobre, disfrútelo. Vea la tele. No vote. ¿A quién le importa?

Hombre: Pero es que estoy sin casa.

Andrews: Está totalmente equivocado. La sociedad no le debe a usted nada. El gobierno tiene mejores cosas que hacer, como matar inocentes. Tienen todo lo que necesitan, así que disfruten de sus vidas. (Lavigne, 2005).

Este videojuego nos habla del uso de la violencia como una práctica cotidiana que se contextualiza en un marco social cuyas bases están también fundadas en la violencia explícita. Así, se contextualizan y:

se posicionan los crímenes y la violencia perpetrada por tu personaje [...] frente a un escenario de creciente disparidad entre ricos y pobres, así como de violencia contra la población extranjera patrocinada por el gobierno. San Andreas [la versión número

2 del videojuego que nos ocupa] tiene lugar a principios de los años 90, una época en la que el presidente George Bush estaba profundizando en las políticas económicas y sociales neoconservadoras iniciadas bajo el mandato de Ronald Reagan y los Estados Unidos acababan de lanzar ataques militares en Panamá e Irak mientras mantenían una sangrienta *guerra contra las drogas* en Latinoamérica. (Lavigne, 2005).

De esta manera se nos develan las estructuras y contextos de los cuales surgen los sujetos endriagos, al mismo tiempo que se nos muestran las conexiones directas entre estos sujetos y los sistemas entendidos como legales y sus gobiernos. Al enlazar el mundo del crimen con el mundo del Estado y la justicia y revelando su interconexión:

a medida que CJ [uno de los sujetos endriagos del videojuego] descubre que está recibiendo órdenes de un agente del gobierno envuelto en *combatir las amenazas en Latinoamérica con los medios que sean necesarios*. Los métodos de este agente *incluyen traficar con drogas para conseguir dinero de intereses en el extranjero, así como financiar a dictadores militares a cambio de contratos de armamento*. Y mientras las tácticas del gobierno son tremendamente ilegales, el agente las justifica como la única manera de proteger Estados Unidos y, específicamente, su cultura capitalista.

En segundo lugar, se nos muestra cómo el gobierno (y sus representantes) y los medios de comunicación son controlados por los intereses corporativos. Esta conexión se nos presenta de forma paródica. Así se evidencia cómo los medios de información están interconectados con el Estado y obedecen órdenes directas de éste para la tergiversación de la información que se transmitirá al público e instaurará imagos consumistas, acríticos y silentes.

Algunos ejemplos de éstos son las cortinillas de WCTR (una cadena de radio de las muchas que existen dentro del videojuego), en la que se nos dice que esta cadena de noticias se identifica a sí misma "como los portadores de todas las noticias que el gobierno quiere que escuches" o proveedores de "todo lo que necesitas para sentirte varonil y patriótico" y cuyo eslogan, aprobado por Rupert Murdoch,[12] es: "Nosotros distorsionamos, vosotros no podéis replicar" (Lavigne, 2005). Es evidente que este videojuego hace una crítica feroz a un sistema que puede ser entendido como puro capitalismo gore. Por ello, nos ha resultado de especial relevancia citarlo como ejemplo.

No obstante, no podemos obviar el debate que se abre sobre la decodificación efectiva de su carga crítica y sobre si ésta es evidente y puede ser entendida por la mayoría de los jugadores o si éstos sólo se quedan con una imagen plana que exalta e incita a la utilización de la violencia como máxima de empoderamiento y que no puede ser leída de forma crítica por aquellos jugadores que carecen de referentes discursivos, ya sea por su edad o por su formación.[13]

No deseamos obviar el hecho de que desde la psicología se argumenta que los videojuegos que precisan un ejercicio activo de la violencia suelen ser formas de vehicular la agresividad, una forma también de descargar ímpetus destructivos que no necesariamente tienen que trascender la realidad. Nuestra posición respecto a los videojuegos violentos no busca satanizarlos, sino tener una lectura crítica de la información que nos dan. En todo caso, lo que sí resulta claro es que *Grand Theft Auto* sería la cristalización virtual del fenómeno que aquí llamamos capitalismo gore y que se puede jugar desde *la comodidad de su hogar*.

Retomamos aquí la importancia de los medios de comunicación para crear, transmitir y legitimar sistemas interpretativos o de decodificación de la realidad. Esto los hace, a nuestro juicio, totalmente pertinentes para hablar de una acción de retroalimentación indirecta entre éstos y los sujetos endriagos; es decir, la circulación y explotación de la información da noticia, a los endriagos, de las herramientas y métodos criminales a emplear en su ejecución y desempeño de las tareas criminales, del resultado efectivo de éstas y de los alcances sociales de cada acto delictivo. Incluso les informa sobre la "popularidad", la "rentabilidad" y el grado de riesgo que cada delito trae consigo.

Los informativos y el cine hollywoodense podrían fungir como el manual de uso de las prácticas del capitalismo gore; cada acto delictivo que es televisado y retransmitido a la sociedad funge de *feedback* para los sujetos endriagos, para hacerse de armas teóricas y estrategias que alimenten la eficacia de sus prácticas. No debemos obviar que los criminales que integran las estructuras de la nueva mafia han sido educados en y con las lógicas del espectáculo y saben salir al escenario, saben utilizar la pantalla y la tinta de los periódicos, los medios de comunicación electrónica, las emisoras de radio *piratas*, saben colgar videos de asesinatos en portales de internet al que todo el mundo tiene acceso. Es decir, saben que "el espectáculo es superior al código sibilino del guiño o a la limitada mitología del crimen de barrio del hampa" (Saviano, 2008, p. 125).

Así como lo sujetos endriagos no están fuera del alcance de los medios, también el resto del entramado social no está lejos de lo gore. Por ello, resulta sintomático que sean el arte, la literatura y el periodismo, antes que la filosofía, quienes estén dando razón de las prácticas del capitalismo gore. Cada vez son más los autores que desde la literatura denuncian la expansión de la criminalidad organizada; es decir, que denuncian la mezcla de mafias, corrupción, religión, machismo y explotación.

Un ejemplo de estas denuncias contra la mafia es el escritor italiano Massimo Carlotto, quien desmitifica el aura de la mafia italiana y afirma que: "El mito de la criminalidad del buen padre de familia que el fin de semana cuida a su familia es una patraña. [Italia] es muy violenta y vive de la prevaricación 24 horas al día, 7 días de la semana" (Mora, 2008). Es interesante esta mención a Italia, ya que ha sido desde hace mucho tiempo un referente para al crimen organizado y lo citamos aquí como un enclave de la criminalidad en otros contextos que no son parte del tercer mundo.

Carlotto también nos habla del salto cualitativo que se ha dado en las redes internas de la mafia y nos dice: "[En Italia] el estadio más bajo son los albaneses que campan en la prostitución del Veneto, el más alto son los criminales económicos que viven disfrazados de ciudadanos honrados, y están protegidos por políticos locales y regionales" (Mora, 2008). Hacemos mención de esta cita, puesto que nos resulta importante para evidenciar el hecho de que las prácticas criminales estén transversalmente unidas, en muchos de los casos, a los gobiernos corruptos y protegidas por éstos. No es un misterio para nadie que las mafias están infiltradas en todos los sectores económicos. No es un misterio tampoco que las mafias son tentaculares y transversales, que tienen relaciones y socios en todas partes.

Otro hecho innegable, del que apenas se habla, es el enorme nivel de corrupción que hay en ciertos Estados. Este encubrimiento hace que el hampa organizada cree una criminalidad directa y contundente en sus acciones y, sin embargo, difusa de seguir y castigar.

La influencia del capitalismo gore deviene en un giro discursivo que instaura una narrativa gore y se extiende de manera vertiginosa en todos los niveles de la sociedad; así el arte no queda exento. Dicho discurso se ha ido cristalizando, cada vez con más contundencia, en el trabajo de cientos de artistas contemporáneos. Ejemplos de esto los encontramos en artistas plásticos como Teresa Margolles (México, 1963), quien ha trabajado desde la década de 1990 con fluidos, órganos y cadáveres humanos; el Doctor Lakra (México, 1972) cuyo trabajo se enfoca en la marginalidad, y quien comenta a propósito de la muerte como tendencia: "Hace 15 años la Santa Muerte[14] era una imagen religiosa exclusiva de delincuentes y prostitutas, ahora se ha puesto de moda" (Espinosa, 2008).

Así, desde el arte se juzga a la muerte como "una tendencia de moda omnipresente en la calle y que ya aburre" (Espinosa, 2008). Esta declaración no resulta extraña en una sociedad donde la violencia extrema y la muerte se encumbran como modas, objetos de consumo, que una vez inscritos en las lógicas mercantiles, deben *reinventarse* para seguir en auge dentro de las dinámicas del mercado.

Existe dentro del mundo del arte un lado crítico que avizora y denuncia las posibles causas y consecuencias de este auge de la muerte como elemento *fashion*. Mellanie Pullen es una fotógrafa neoyorquina que reflexiona a través de sus imágenes acerca del doble rasero con el que se codifica a la muerte en la actualidad y comenta al respecto: "Las películas se han vuelto tan violentas y la comercialización de noticias e imágenes escabrosas es tan palpable que han producido un efecto real sobre las personas. Mi trabajo denuncia justamente esa espectralización de la muerte a través del drama, de su reproducción teatralizada" (Espinosa, 2008).

Observamos que tanto la espectralización como la desrealización son categorías utilizadas por el sistema para crear mecanismos psicológicos que legitimen el uso de la violencia. Ya que la violencia como herramienta no es exclusiva de los sujetos endriagos, sino también del sistema el cual, paradójicamente, al mismo tiempo que se vuelve más desestructurado, en su faceta de Estado del bienestar, se vuelve más represor y exige la creación de categorías que lo justifiquen, lo legitimen y lo desresponsabilicen de esta represión. A propósito de esto reflexionaremos más adelante, apoyándonos en los presupuestos planteados por Judith Butler en torno a la precarización de la vida tanto económica, como discursiva y existencialmente.

Adenda: *Desrealización y espectralización*

Proponemos aquí el término desrealización[15] como una característica propia que define el discurso que busca enunciar al tercer mundo como mundo desrealizado. Dicho concepto conserva vetas colonialistas y se reafirma en su utilización por parte de los medios de comunicación. Esta desrealización o espectralización mediática se impone como filtro a la realidad que incomoda, lo que Judith Butler entiende como una forma de *otrorizar*, extranjerizar, sacar del contexto de lo conocido para crear un extrañamiento y una distancia tanto simbólica como emocional en el receptor, que hace que el sujeto o contexto al que se aplica se deslegitime.

Esta desrealización impuesta por el discurso de los medios y los discursos dominantes se perfila como la única forma válida que permiten aquellos que manejan y transmiten la información para referirse a los espacios periféricos y empobrecidos. Sobre la base de esta desrealización se sostienen también las políticas empresariales y las del Estado, quienes han cambiado la estrategia del silencio por la de la tergiversación, sobresaturación de información, que deviene en desrealización del fenómeno o sujeto en cuestión.

La desrealización ataca en primera instancia el concepto de tercer mundo, dotándolo de incorrección política, argumentando que no tiene cabida, pues resulta inaplicable con las condiciones del mundo actual. Esta profilaxis aplicada al concepto no sólo lo instituye en una dimensión que lo hace parecer indigno, sino que por medio de esta vía se rompe con la posibilidad de articular un discurso que conduzca a la agencia y empodere a los sujetos cuya realidad cotidiana se desenvuelve en los territorios del tercer mundo; esta negación de discurso y agencia surte un efecto desrealizador sobre estos sujetos y los presenta como silentes, inarticulados e inoperantes.

Resulta fundamental que el concepto de espectralización no se reduzca a la disolución del Otro, sino que también juegue un papel primordial en las lógicas económicas actuales. Por un lado, es la fórmula predilecta para negar las realidades incómodas y mantener la burbuja de la realidad, producida por los medios de comunicación, en lo que se refiere a la espectralización del tercer mundo. Sin embargo, esta espectralización, que tiene a su mayor representante en *el capital virtual*, debe ser rebatida como categoría interpretativa de la realidad, porque la muerte de todos los que son destruidos por ese capital es real; quienes mueren no lo hacen virtualmente.

Por otro lado, resulta también una categoría fundamental para ocultar y desresponsabilizar a los gobiernos, las empresas y, en general, al estructurado sistema que subyace en el capitalismo gore contemporáneo. A través de esta espectralización se ha difundido la idea de que el sistema es irrefrenable, difuso, que está fuera del control de cualquier sujeto, gobierno o corporación que, frente a dicho sistema difuso, nos encontramos en un estado de indefensión inmodificable.

Sin embargo, es necesario decir que la afirmación de que el mercado es un fenómeno autodirigido, libre e indeterminable es completamente falsa, puesto que puede entenderse como un fenómeno totalmente organizado, teledirigido e impregnado de las lógicas de la nueva derecha darwinista y ultracapitalista. Podemos decir que el mercado es una estructura ultraorganizada, reglamentada y dirigida por sujetos concretos —a quienes puede responsabilizarse—, ya que "el mercado necesita reglas y estas reglas requieren de alguien que las establezca. Hay poderes que producen, tutelan y, naturalmente, hacen que estas reglas sean eficaces" (Estévez y Taibo, 2008, p. 54). En definitiva, no hay que olvidar que el mercado tiene reglas y directores. Como afirma Negri: "Hoy vivimos en un interregno entre modernidad y posmodernidad, entre la edad del Estado-nación y la edad imperial, y en ese interregno se están desarrollando luchas que son un intento de equilibrar las relaciones capitalistas, y también las relaciones militares, esto es, las relaciones de potencia" (Estévez y Taibo, 2008, p. 54).

Es precisamente en este interregno en donde se sitúa el papel fundamental de las prácticas gore, que ya forman parte indisoluble de la práctica capitalista, puesto que en la actualidad los capitales del crimen organizado —que se sitúan en el 15% del PIB Mundial— (*cf*. Estévez y Taibo, 2008, p. 95) están tan indiscerniblemente fundidos con los capitales de las empresas transnacionales y el capital mundial que prácticamente resulta impensable la forma de economía actual sin el aporte financiero del crimen organizado.

Por ello, el capitalismo gore es uno de los ejes interpretativos de la realidad contemporánea, ya que la atraviesa transversalmente, al ser parte fundamental de la economía en todos sus sectores. Este hecho hace que resulte una tarea complicada proponer ejes de interpretación efectiva que no consideren distintas variantes y trabajen de forma interdisciplinar. Por ello, a nuestro entender, el capitalismo gore resulta un concepto fundamental y transversal para la interpretación tanto económica como filosófica de nuestro mundo contemporáneo. Porque lo gore, en su sentido primero, que lo vincula al género cinematográfico al que da nombre, visibiliza ciertas formas de representación que a través de la sobrerrepresentación de la crueldad más explícita terminan haciendo de ella una acción anecdótica y cuasicómica, creando una disonancia cognitiva entre las imágenes de violencia extrema y la paradoja en la que se cae al representarlas de una forma cínica y absurda que raya en la obscenidad, pero, al mismo tiempo, deja sin argumentos articulables para confrontar la disonancia cognitiva y sus implicaciones, lo cual deriva en la aceptación acrítica de la violencia más recalcitrante ejercida contra los cuerpos. Esta violencia es una de las características fundamentales del capitalismo contemporáneo y éste se ha erigido desde finales de la década de 1980 como la única opción. Su dominio se impone ante cualquier gobierno o tendencia política.

Ahora bien, en esta investigación denunciamos lo que ya es bien sabido: que el hecho de que el capitalismo se haya instaurado como única opción económica mundial lo ha llevado a afirmarse como la única vía válida para el desarrollo de un proyecto económico. Sin embargo, consideramos necesario revisar este fenómeno con miras más amplias que la frecuente demonización del capitalismo; consideramos pues necesario el hecho de que se analice desde otros procesos no dicotómicos. Sin restarle, por supuesto, responsabilidad en el devenir actual del mundo y sus consecuencias directas en la creciente desigualdad que lleva a la irrupción de la violencia desenfrenada como práctica capitalista. Entendemos el ejercicio de la violencia principalmente en su sentido de ejecución física y directa sobre los cuerpos, porque la consideramos también en sus modalidades de violencia simbólica y violencia medial.

Concordamos plenamente con lo enunciado por Beneyto acerca de la necesidad de que desde la izquierda se acuñe una alternativa socioeconómica distinta. Es hora ya de salir de la experiencia postraumática en la que se colocó a toda la izquierda por el fracaso de la experiencia soviética. Debemos retomar los valores éticos de la izquierda para redireccionar el comportamiento político y social, con el fin de crear nuevas alianzas y posicionamientos comunes con otras prácticas políticas no distópicas.

Tenemos que luchar contra la idea instaurada de que el crimen paga, es decir, que la violencia y la criminalidad son procesos económicos ultrarrentables —aunque lo sean—; sin embargo, es necesario que se instauren ciertas restricciones que permitan la convivencia y que vuelvan a poner en el centro de la discusión el derecho a no ser víctimas de la violencia depredadora que tiene como objetivo el enriquecimiento económico.

Esta transformación debe darse por medio de procesos educativos transversales y, en primera instancia, a través del lenguaje, ya que todo lo hacemos con palabras y nos encontramos en la necesidad de darles contenidos precisos para contar con "una mínima coherencia, histórica, ideológica y terminología" (*cf.* Estévez y Taibo, 2008, p. 91). De no hacerlo, nos conducirá a una dislocación entre significantes-significados y a la pérdida efectiva de las acciones enunciadas por el lenguaje. No debemos olvidar el carácter performativo del lenguaje que es capaz de crear la realidad que enuncia. Enunciar de manera distinta es de algún modo, redireccionar la realidad que se nos impone a través de prácticas y discursos distópicos.

---

1   Como apunta David Harvey, la indagación sobre "el cuerpo como *locus* irreductible para la determinación de todos los valores, significados y significaciones no es algo nuevo. Fue fundamental para muchas ramas de la filosofía presocrática y la idea de que *el hombre* o *el cuerpo es la medida de todas las cosas* goza de una larga e interesante historia". Además, "la resurrección del interés por el cuerpo en los debates contemporáneos puede evidenciarse a través del trabajo de teóricas feministas y *queer* que ha liderado el camino mientras intentaban desenmarañar cuestiones de género y sexualidad en la teoría y en las prácticas políticas" (Harvey, 2003, pp. 119-120).

2   En la actualidad existen cada vez más paralelismos entre Colombia y México respecto al problema de la violencia y la gestión necropolítica de la vida. Sin embargo, en esta investigación no abundaremos en ello.

3   Dentro de la producción capitalista de antaño tanto las formas de producción como las de consumo se hallaban en relación directa y, aparentemente, indisoluble, esto actualmente ha cambiado y es este giro al que denominamos *biomercado*.

4   AK-47, acrónimo de Avtomat Kaláshnikov modelo 1947, es un fusil de asalto soviético diseñado en 1947 por Mijail Kaláshnikov, combatiente ruso durante la Segunda Guerra Mundial. En 1949 el Ejército Rojo lo adoptó como arma principal de la infantería, aunque fue hasta 1954 cuando entró en servicio a gran escala. Actualmente se estima que estas armas siguen siendo las más utilizadas por las guerrillas intestinas, los grupos rebeldes alrededor del mundo, por ejemplo las FARC y las redes criminales y mafiosas mundiales.

5   Para ver imágenes de estos artefactos, consúltese el sitio de Philliphe Stack: http://www.starck.com

6   Para ver imágenes de estos vehículos, consúltese el sitio: http://www.hummer.com

7   El *nuevo capitalismo* es el mismo capitalismo salvaje, pero sin máscaras, sin estrategias exculpatorias; un capitalismo más cínico y sangriento; un capitalismo grotesco, bizarro, *excesivamente violento* y sin efectos especiales de alto presupuesto: un capitalismo gore.

8   Nos referimos al efecto citado por Mike Davis (2007, p. 21) y propuesto por la psicoanalista israelí Yolanda Gampel, quien entiende el efecto de *siniestro interminable* como "una sensibilidad que usurpa la vida de quienes han presenciado una realidad pasmosa, increíble e irreal. Personas que ya no creían del todo en lo que veían sus propios ojos: encontraban problemas para distinguir entre esa realidad irreal y su propia imaginación" (Rangel y Moses-Hrushoski, 1996, pp. 85-96).

9   La principal diferencia entre desrealización y ficción radica en que la primera es una táctica de guerra para identificar al otro como enemigo y poder aniquilarlo; en cambio, la ficción es todo aquello que no es real, que es una representación y juega, o no, con conceptos simbólicos de lo real, pero no busca ser fiel a la realidad. *Cf.* El concepto de simulacro en Baudrillard.

10   Con todos los remanentes segregacionistas y racistas que ello implica, ya que a principios del siglo xx la comunidad italiana en Estados Unidos fue altamente vigilada y castigada. El origen étnico del personaje puede entenderse, pues, como una forma de exotizar y legitimar sus prácticas criminales, situándolo fuera del marco de la legalidad por no ser un estadounidense *blanco* en sentido estricto.

11   "El machismo es un discurso de la desigualdad. Consiste en la discriminación basada en la creencia de que los hombres son superiores a las mujeres. En la práctica se utiliza machismo para referirse a los actos o las palabras con las que normalmente de forma ofensiva o vulgar se muestra el sexismo que subyace en la estructura social [...] El sexismo se define como el conjunto de todos y cada uno de los métodos empleados en el seno del patriarcado para poder mantener en situación de inferioridad, subordinación y explotación al sexo dominado: el femenino. El sexismo abarca todos los ámbitos de la vida y las relaciones humanas" (Varela, 2005, p. 180).

12   Rupert Murdoch es el dueño de la cadena ultraconservadora FoxNews y muchos otros medios de comunicación en el mundo real.

13   Cabe aclarar que algunos jugadores argumentan que este videojuego no debe ser juzgado fuera de su contexto. Sin embargo, el diario *Citizen Tribune* también informó que este videojuego llevó a los hermanos Williams, dos adolescentes de 16 y 13 años, a convertirse en francotiradores. Los hermanos se declararon culpables de homicidio y agresión con agravantes por el tiroteo del pasado 25 de junio de 2003, en el que murió un hombre y una joven resultó herida. Aaron Hamel, enfermero de 45 años, recibió un balazo en la cabeza cuando conducía por una autopista y Kimberley Bede, de 19 años, que iba en otro coche, recibió un tiro en el estómago. Las técnicas que utilizaron los hermanos Williams emulaban a las utilizadas en el juego, ya que "éste entrena a los jugadores sobre cómo apuntar y disparar armas de fuego y los inspira para que lo hagan de una manera efectiva". (http://news.bbc.co.uk/2/hi/uk_news/scotland/3680481.stm).

14   En México, en algunos sectores marginales de la población, se toma la figura de la muerte y se le eleva a la categoría de deidad, que cuenta con muchos devotos. Hemos mencionado ya esta relación entre la Santa Muerte y el mundo del crimen en los capítulos 1 y 2.

15   Es el nombre que recibe una táctica de guerra para desidentificar al otro como persona e identificarlo como enemigo, para así poder aniquilarlo.

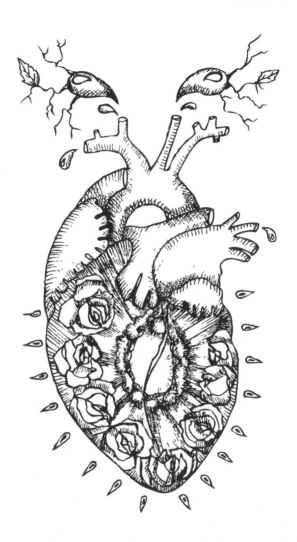

CAPÍTULO 5

En el borde del *border* me llamo filo: capitalismo gore y feminismo(s)

La base de las futuras políticas de transformación social y ruptura son los propios procesos de subjetivación y singularización opuestos a los modos dominantes, que habrían de permitir la reinvención permanente de las formas del ser y la palabra.

Virginia Villaplana, *Zonas de intensidades*

A lo largo de esta investigación hemos revisado cómo la tecnificación y racionalización exacerbadas de la violencia como herramienta para producir riqueza ponen la vida y el cuerpo, como continente de ésta, en el centro del problema del capitalismo gore. Por ello, consideramos importante enlazar dicho tema con el feminismo como práctica política y categoría epistemológica para, a partir de ésta, proponer algunos ejes de resistencia que busquen redireccionar/subvertir la subjetividad endriaga del capitalismo gore anclada en una *masculinidad marginalizada* (*cf.* Silke, 2001, p. 233). Dicha *masculinidad marginalizada* detentada por "aquellos hombres que forman parte de las clases sociales subordinadas o de grupos étnicos [...] que contribuyen también al sostén del poder de la masculinidad hegemonial, porque interiorizan los elementos estructurales de sus prácticas" (*cf.* Silke, 2001, p. 233), se basa en la obediencia a la masculinidad hegemónica, capitalista y heteropatriarcal, con la cual pretenden legitimarse y alcanzar el peldaño de lo hegemonial y entienden la disidencia de manera distópica y violenta. Este hecho la vuelve incapaz de cuestionar los presupuestos del sistema que se le imponen en nombre del poder, la economía y la masculinidad.

Desde hace algunas décadas es evidente que el feminismo no es uno, sino que en su composición puede ser comparado con una gota de mercurio que estalla y se pluraliza, pero que guarda dentro de sí una composición que le permite multiplicarse, separarse y volver a unirse por medio de alianzas; al ser un movimiento que se rige por la crítica contra la opresión y la violencia ejercida por el sistema hegemónico y (hetero) patriarcal es imposible que el discurso feminista se sustraiga de teorizar y actuar sobre las dinámicas del capitalismo gore. Resulta urgente situarnos, desde los distintos feminismos, en una actitud crítica a este respecto. Una actitud de autocrítica y de redefinición en la que se pongan sobre la mesa los diversos temas que han preocupado a los primeros feminismos, pero también a los nuevos feminismos y posfemenismos que se adscriben al contexto específico de nuestras realidades contemporáneas, los cuales se matizan y están atravesados por particularidades, pero que participan, de alguna manera, de las consecuencias físicas, psicológicas y mediales traídas por la creciente globalización de la violencia gore que tiene efectos reales sobre el género. Y ello porque instaura y naturaliza artificialmente una "estrategia narrativa deliberadamente fracturada" (Villaplana y Sichel, 2005, p. 269) que atañe a todos los campos discursivos y que se puede identificar, con especial ahínco, en la forma que tienen los medios de presentar la violencia machista.

A este respecto no aseguramos de que las categorías del capitalismo gore propuestas en esta investigación sean válidas e idénticas en todos los contextos. Sin embargo, esta forma de entender la violencia como herramienta de enriquecimiento se encuentra de forma creciente en distintos espacios geopolíticamente lejanos y está siendo globalizada, puesto que se entreteje con la creación de una subjetividad y una agencia determinadas por las fuerzas de control y de producción del capitalismo.

Las mujeres, junto a todos aquellos sujetos entendidos como subalternos o disidentes de las categorías heteropatriarcales, hemos vivido en lo gore a través de la Historia. En la violencia extrema tanto física como psicológica —y más recientemente la violencia medial—, pues éstas han sido parte de nuestra cotidianidad, de nuestra educación. La violencia como elemento medular en la construcción del discurso (Bernárdez, 2001) que presupone que la condición de vulnerabilidad y violencia es inherente al *destino manifiesto*[1] de las mujeres, algo así como un privilegio inverso, "un estigma que nos introduce en la ruleta rusa de las alimañas bárbaras" (Liddell, 2008). Por eso, somos nosotras quienes buscamos trazar una respuesta a la violencia encarnizada ejercida por el capitalismo gore que se permea en el amplio espectro de los cuerpos, los cuales no se reducen a las rígidas jerarquías de lo femenino y lo masculino.

La radicalidad de la violencia nos sitúa en el filo, en la transmutación de una época que exige que revisemos nuestros conceptos clásicos, que sacudamos las teorías y las actualicemos. Lo encarnizado del capitalismo gore no deja más salidas que la creación de nuevos sujetos políticos para el feminismo; es decir, "un devenir mujer entendido como ruptura con el modo de funcionamiento de la sociedad actual" (Guattari y Rolnik, 2006, p. 100) que logre tejer alianzas con otros devenires minoritarios y se proponga en respuesta a "un modo falocrático de producción de la subjetividad —modo de producción que tiene en la acumulación de capital su único principio de organización" (Guattari y Rolnik, 2006, p. 100) y en el cual se anclan el devenir endriago y el capitalismo gore.

Hoy en las potencias mundiales, el feminismo como movimiento social sufre una suerte de crítica que lo considera caduco y ahistórico, incluso en los movimientos sociales más progresistas, mientras que se defiende la creación de grupos de disidencia y resistencia contra el sistema. Esto resulta ser un contrasentido en el hecho de que la sociedad:

> denuncie con virulencia las injusticias sociales y raciales, pero se muestre comprensiva e indulgente cuando se trata de la dominación machista. Son muchos los que pretenden explicar que el combate feminista es secundario, como si fuera un deporte de ricos sin pertinencia ni urgencia. Hace falta ser idiota, o asquerosamente deshonesto, para pensar que una forma de opresión es insoportable y que la otra está llena de poesía. (Despentes, 2007, p. 24).

El feminismo es importante en este mundo —y en este caso las diferencias entre el primer y el tercer mundo son mínimas— donde las mujeres que lo pueblan "ganan efectivamente menos que los hombres, ocupan puestos subalternos, encuentran normal que las menosprecien cuando emprenden algo" (Despentes, 2007, p. 17). Y donde "el capitalismo es una religión igualitaria, puesto que nos somete a todos y nos lleva a todos a sentirnos atrapados, como lo están todas las mujeres" (Despentes, 2007, p. 26). El capitalismo es la muestra de la quiebra del sistema de trabajo, de la radicalización obscena del liberalismo, del devenir gore del sistema económico.

Llama la atención que el sistema capitalista que ha devenido gore, que hoy está amenazado por el necroempoderamiento de los sujetos endriagos (en su mayor parte masculinos), siga sin tener en cuenta lo que las mujeres tenemos que decir respecto a este sistema que es una nueva versión del capitalismo, una versión, más retorcida, *hard core* y superlativa.

Puede resultar extraño hablar de empoderamiento femenino bajo las condiciones actuales de violencia recalcitrante. Sin embargo, el descentramiento del sistema capitalista/patriarcal y lo innegable de su

fractura e insostenibilidad abren la puerta a los feminismos, a sus prácticas, para seguir planteando desde otros ángulos (no heteropatriarcales) las condiciones actuales en las que se rige el mundo. Es decir, esta
ruptura epistémica a la que nos ha llevado el capitalismo, en su versión
más salvaje, abre la puerta para reconsiderar al capitalismo gore y fraguar,
junto a las herramientas feministas, un discurso y unas prácticas sosteni-
bles que nos alejen de él.

El capitalismo gore ha trastocado muchos de los ejes en los cuales
se basaba el discurso humanista y uno de ellos es que, al día de hoy,
los sujetos masculinos ya no son intocables, al igual que las clases altas;
todos estos sujetos antes respetables han devenido en mercancías canjea-
bles, cuerpos susceptibles de producir riqueza a través de su tortura y
extinción.

Cabe aclarar que si bien es cierto que a una escala concreta el feminismo ha conseguido, en algunos países —sobre todo en los países nórdi-
cos y en el Estado español—, un nivel de igualdad jurídica y una serie
de legislaciones basadas en la defensa del género femenino, también es
cierto que en las prácticas reales, en la cotidianidad, el feminismo sigue
siendo urgente, puesto que representa un cambio epistemológico y de
conciencia social que no puede reducirse a clichés ni a logros medianos.
Por ello, debemos entender que:

> El feminismo es una revolución no un reordenamiento de consig-
> nas de *marketing*, ni una ola de promoción de la felación o del
> intercambio de parejas, ni tampoco una cuestión de aumentar el
> segundo sueldo. El feminismo es una aventura colectiva, para las
> mujeres, pero también para los hombres y para todos los demás.
> Una revolución que ya ha comenzado. Una visión del mundo,
> una opción. No se trata de oponer las pequeñas ventajas de las
> mujeres a los pequeños derechos adquiridos de los hombres,
> sino de dinamitarlo todo. (Despentes, 2007, p. 121).

Hacemos hincapié en el hecho de que el feminismo también es
cosa de hombres; ya que el fracaso ante la masculinidad en su versión
hegemónica, cómplice o marginalizada (*cf.* Connell, 1999., pp. 95-102)
supone un enorme coste simbólico y emocional en los varones y los
coloca en un lugar lleno de conflicto. Así, la masculinidad hegemónica es desvinculante en su relación con l@s otr@s. Por ello, debemos

recordar que la identidad de género masculina es modificable ya que "lo que se manifiesta en determinado momento como identidad de género masculina es el resultado de una proceso de transformación. Características que son definidas como masculinas [...] deben ser cuestionadas porque su significado resulta únicamente de la práctica histórica y social" (Botteher, 2005, p. 235). Recordemos que las identidades de género son parte del *habitus* que las ha naturalizado artificialmente y que crea construcciones sociales generizadas del mundo y del cuerpo que convierten también al verdugo en víctima" (Bourdieu, 2000, p. 94).

Ante lo desarticulante del contexto económico se trata de construir nuevas formas de relación intersubjetiva o de *figuraciones alternativas de la subjetividad* (Villaplana y Sichel, 2005, p. 271) que ayuden a redireccionar lo aplastante de la realidad actual basada en un sistema capitalista-gore-patriarcal-consumista y militar.

Transfeminismo y capitalismo gore

Ante la coyuntura del capitalismo gore se erige de manera apropiada el concepto de *transfeminismo* entendido como una articulación tanto del pensamiento como de resistencia social que es capaz de conservar como necesarios ciertos supuestos de la lucha feminista para la obtención de derechos en ciertos espacios geopolíticamente diversos, que al mismo tiempo integran los elementos de la movilidad entre géneros, corporalidades y sexualidades para la creación de estrategias que sean aplicables *in situ* y se identifiquen con la idea deleuziana de minorías, multiplicidades y singularidades que conformen una organización reticular capaz de una "reapropiación e intervención irreductibles a los eslóganes de defensa de la 'mujer', la 'identidad', la 'libertad', o la 'igualdad', es decir, poner en común 'revoluciones vivas'." (Preciado, 2009a).

El prefijo *trans* hace referencia a algo que atraviesa lo que nombra, lo re-vertebra y lo transmuta. Aplicado a los feminismos crea un tránsito, una trashumancia entre las ideas, una transformación que lleva a la creación de anudaciones epistemológicas que tienen implicaciones a escala micropolítica, entendiéndola como una *micropolítica procesual* de agenciamientos mediante la cual el tejido social actuará y se aproximará a la realidad; creando una contraofesiva a las "fuerzas sociales que hoy administran el capitalismo [que] han entendido que la producción de subjetividad tal vez sea más importante que cualquier otro tipo de producción, más esencial que el petróleo y que las energías" (Guattari y Rolnik, 2006, p. 40).

Los sujetos del transfeminismo pueden entenderse como una suerte de *multitudes queer* que, a través de la materialización preformativa, logran desarrollar agenciamientos g-locales. La tarea de estas *multitudes queer* es la de seguir desarrollando categorías y ejecutando prácticas que logren un agenciamiento no estandarizado, ni como verdad absoluta ni como acciones infalibles, que puedan ser aplicadas en distintos contextos de forma desterritorializada. Estos sujetos *queer* juegan un papel fundamental, dadas sus condiciones de interseccionalidad,[2] en "la confrontación de las maneras con las que hoy se fabrica la subjetividad a escala planetaria" (Guattari y Rolnik, 2006, p. 43). Al visibilizar las causas y las consecuencias de la violencia física para que ésta no quede reducida a un fenómeno mediático, en el que la forma de evidenciar el problema se limite a "la batalla por las audiencias y el número de tiradas que sostienen los poderes económicos que sustentan a los grandes medios" (Bernárdez, 2001, p. 17) y deforme el verdadero problema que se basa en "la producción y reproducción de la violencia contra las mujeres [y contra los cuerpos en general] como fenómeno social de producción discursiva [y de producción de riqueza]" (Bernárdez, 2001, p. 17).

En este punto es importante señalar que "el transfeminismo *queer* y poscolonial se distancia, de lo que Jackie Alexander y Chandra Tapalde Mohanty denominan *feminismo de libre mercado*, que ha hecho suyas las demandas de vigilancia y represión del biopoder y exige que se apliquen (censura, castigo, criminalización...) en nombre y para protección de las mujeres" (Preciado, 2009a). Propone discursos y prácticas feministas que hacen frente a la realidad y logran distanciarse de lo políticamente correcto, que desactiva la agencia, y de *las políticas de escaparate* ejecutadas por ciertas instituciones pretendidamente feministas que bajo este eslogan ocultan prácticas desarrolladas dentro del neoliberalismo más feroz.

Estas prácticas de agenciamiento del transfeminismo son formas de dar continuidad por otras vías a los discursos que, desde la década de 1980, ha venido proponiendo el feminismo del tercer mundo estadounidense. Este feminismo encabezado por sujetos interseccionales y mestizos, como Chela Sandoval, Gloria Anzaldúa, Cherríe Moraga, etc., nos ha mostrado, en el caso específico de Sandoval, que desde la reinterpretación, reapropiación y contextualización —en su caso el discurso sobre el *cyborg*, la tecnología y las especies híbridas propuesto por Donna Haraway— ha sido capaz de generar formas de agencia y resistencia dentro del mismo fenómeno que nos niega y nos repliega; o como lo explica La Eskalera Karakola en el prólogo de *Otras inapropiables*:

> Chela Sandoval propone practicar un feminismo del *tercer mundo estadounidense* que, desde una conciencia *cyborg* opositiva diferencial, sea capaz de generar formas de agencia y resistencia mediante tecnologías opositivas de poder. Para esta autora las condiciones *cyborg* están asociadas con la precariedad y la explotación laboral a la tecnología que sitúa al tercer mundo en el primer mundo [...]. (Hooks et al., 2004).

Hay en el transfeminismo, al mismo tiempo, una conciencia de la memoria histórica que tiene tras de sí la herencia aportada por el movimiento feminista de los últimos dos siglos y una llamada para proponer nuevas teorizaciones sobre la realidad y la condición de las mujeres dentro de ésta. Pero no sólo de las mujeres, sino de las distintas corporalidades y disidencias, que marchen a la misma velocidad y ritmo que los tiempos actuales y que tomen en cuenta las circunstancias económicas específicas de los sujetos dentro del precariado laboral (y existencial) internacional.

Ahora bien, con las condiciones anteriormente enunciadas, llama la atención que los esfuerzos por hacer redes político-sociales no hayan crecido, que las alianzas entre los géneros no estén en auge, enfrentándose ante el sistema aplastante del capitalismo hiperconsumista y gore. Sin embargo, hay una causa específica para este hecho: el miedo que tiene lo patriarcal a la pérdida de privilegios, a la pérdida de poder, o lo que se llama de forma eufemística: *el miedo a la desvirilización* de la sociedad. Es necesario que las anudaciones y agenciamientos de los sujetos que buscan ofrecer una crítica y una resistencia ante el sistema dominante pasen por la conciencia del *devenir mujer, devenir negr@, devenir indi@, devenir migrante, devenir precari@* en lugar de reificar su pertenencia a un único género o a un grupo social para demarcarse dentro de una lucha sectorial; debemos trabajar la resistencia como un proceso que se interrelaciona con otros procesos minoritarios porque la resistencia: "No puede darse aisladamente haciendo abstracción del resto de injusticias sociales y de discriminaciones, sino que la lucha [...] sólo es posible y realmente eficaz dentro de una constelación de luchas conjuntas solidarias en contra de cualquier forma de opresión, marginación, persecución y discriminación" (Vidarte, 2007, p. 169).

El miedo (masculinista) a perder *el derecho de autor* sobre el sistema de privilegios y potencias que se ha dado en llamar *masculinidad* puede superarse a través de un proceso que evidencie que las características que lo integran no pertenecen en exclusiva a los sujetos varones, sino que son susceptibles de ser tomadas por cualquier sujeto, con independencia de su género o de su orientación sexual; que evidencie, además, que los privilegios que se ofrecen por detentar una obediencia ilimitada hacia la masculinidad hegemónica son una inversión volátil que cobra grandes intereses y exige como pago, en el plano de lo real, ser objeto de una destrucción depredadora que recaerá sobre nuestros propios cuerpos, no sólo sobre el cuerpo de l@s Otr@s.

Por eso, en nuestros prototipos comunes como en nuestras disimetrías, consideramos que es necesario el descentramiento de la categoría de *maculinidad*" (*cf.* Halberstam, 2008), entendida como una propiedad intrínseca y exclusiva del cuerpo de los varones. Este descentramiento llevaría a una reconstrucción discursiva, no abyecta, que cuente con la capacidad de multiplicar las posibilidades en el abanico de la construcción de nuevas subjetividades, tanto para las mujeres como para los varones —incluyéndose en estas nuevas categorizaciones tanto a las bio-mujeres, a los bio-hombres, así como a las tecno-mujeres, tecno-hombres y a tod@s aquell@s que se desinscriben críticamente de las dicotomías del género—, con lo cual se crearía un marco que ensanche nuestras posibilidades de acción y reconocimiento, puesto que el desplazamiento de "ciertos atributos mucho tiempo definidos como masculinos —habilidad, fuerza, velocidad, dominio físico, uso desinhibido del espacio y del movimiento— [...]" (Cahn, 1994, p. 279) supondría un cambio epistemológico y discursivo sin precedentes.

Sabemos que la desjerarquización de la masculinidad es posible puesto que es un proceso performativo modificable por parte de los varones. Además esta modificación es inminente ahora que el mundo capitalista se encarniza, se vuelve radicalmente salvaje y exige que el plusvalor del producto se dé a través del derramamiento de sangre; ahora que este sistema "no puede abastecer las necesidades de los hombres [y de hacerlo lo cobra cada vez más caro], cuando no hay trabajo, en medio de exigencias económicas crueles y absurdas, de vejaciones administrativas, de humillaciones burocráticas, de la seguridad de que nos engañan cada vez que compramos algo [de violencia exacerbada]" (Despentes, 2007, p. 117).

En este contexto es necesario hacer una revisión y una reformulación de las demandas de la masculinidad hegemónica transmitidas por los sistemas de dominación que, en nuestro caso, emparentamos con el capitalismo gore. Ya que existe un paralelismo entre éste y la masculinidad hegemónica que "está compuesta por una constelación de valores, creencias, actitudes y conductas que persiguen el poder y autoridad sobre las personas que consideran más débiles" (Varela, 2005, p. 322).

No es posible fraguar una resistencia real ante el sistema económico en el que vivimos, que basa su poder en la violencia exacerbada sin cuestionar la masculinidad, ya que dicha masculinidad se transforma también en violencia real sobre el cuerpo de los varones, pues como señala José Ángel Lozoya: "Las expectativas de los mayores, la competencia entre varones, la dictadura de la pandilla y la necesidad, inducida, de probarse y probar que son, al menos, *tan hombres como el que más*, llevan a asumir hábitos no saludables y conductas temerarias, que se traducen en multitud de lesiones, enfermedades y muertes. Desde la infancia" (Lozoya, 2002).

Transfeminismo y nuevas masculinidades

La cuestión de la creación de nuevos sujetos políticos construidos desde el transfeminismo abre de nuevo el debate sobre la necesidad, la vigencia y el reto que supone que los sujetos masculinos se planteen otras configuraciones y condiciones con las cuales construir sus masculinidades, que sean capaces no sólo de ejecutarlas, sino de crear un discurso de resistencia a través de ellas.[3]

Dicha construcción teórico-práctica debe tomar en cuenta la perspectiva de género y el trabajo de deconstrucción, así como las herramientas conceptuales que han creado los feminismos, para replantear al sujeto femenino y para descentrarlo a través de un desplazamiento hacia lo no hegemónico, no predeterminado por la biología.

Así como *no nacemos mujeres, sino que devenimos en ello*, es hora de pasar la pregunta, una vez más, hacia el campo de la masculinidad para descentrarla y hacer construcciones de ésta más aterrizadas en la realidad y en la encarnación de las masculinidades individuales que comprueben que tampoco se nace hombre, sino que se puede devenir en él a través de un proceso en todo momento modificable.

Se sabe que alguien con poder y legitimidad difícilmente renunciará a ello. Sin embargo, el confort silente bajo el que se desarrolla la *masculinidad cómplice* debe ser cuestionado. Martha Zapata Galindo, con base en lo dicho por Robert Connell, define a la masculinidad cómplice como aquella que: "Caracteriza a los hombres que no defienden el prototipo hegemonial de manera militante, pero que participan de *los dividendos patriarcales*, es decir que gozan de todas las ventajas obtenidas gracias a la discriminación de la mujer. Se benefician de ventajas materiales, de prestigio y de poder de mando, sin tener que esforzarse" (Botther, 2005, p. 233).

Por ello es inminente e importantísimo que, al mismo tiempo, los hombres deconstruyan el modelo de masculinidad hegemónica, que constriñe a una gran mayoría de mujeres, pero también de varones, y también se desmarquen de la pasividad silente. A este respecto, es necesario aclarar que existen muchos sujetos masculinos que quieren/buscan/necesitan deslindarse de esos patrones arcaicos y opresores, los cuales nos informan que esta desvinculación o desobediencia de género no es una tarea fácil, ya que como afirma Luis Bonino:

> Son un freno los temores y desconfianzas frente a lo *nuevo* que tienen algunos varones, la falta de modelos de masculinidad no tradicional y el aislamiento silencioso de los varones aliados a las mujeres, que muchas veces se avergüenzan de hacerlo público: la censura al trasgresor del modelo tradicional es muy efectiva con los varones, para quienes el juicio de sus iguales es fundamental. (Lomas, 2003, p. 127).

Pese a los costes que implica desmarcarse de la masculinidad tradicional es necesario hacerlo porque ello resultará en la verdadera planeación de alianzas que produzca otras formas de resistencia y que desarrolle una agencia que se legitime desde lugares diferentes del poder y la violencia.

Dado que el trabajo de análisis de la masculinidad como categoría de género se ha empezado a desarrollar de forma reciente,[4] si lo ponemos en relación con la trayectoria del feminismo, es necesario tener precaución con la deconstrucción del género masculino y no situarnos ante ella desde un optimismo obtuso, puesto que debemos considerar que la deconstrucción de la masculinidad hegemónica puede llevar a la construcción de nuevas masculinidades que no resulten ni tan nuevas ni tan deseables, como los grupos sobre reafirmación de la masculinidad tradicional nacidos en la década de 1980 en Estados Unidos o los sujetos endriagos que hemos revisado en esta investigación, que son simultáneamente sujetos de rebelión y servidumbre, representando así una de las *multitudes contradictorias* de las que habla Paolo Virno, las cuales define como: "Un modo de ser abierto a desarrollos contradictorios: rebelión o servidumbre, esfera pública finalmente no estatal o base de masas de gobiernos autoritarios, abolición del trabajo sometido a un patrón o *flexibilidad sin límites* [...] un punto de partida, inevitable pero ambivalente" (Virno, 2003, p. 19).

Ante estas *multitudes contradictorias*, Virno nos advierte, para evitar su reificación, que éstas no deben ser interpretadas desde la categoría (masculinista y vertical) de sujetos revolucionarios *par excellence*, pues, al incitar a la deconstrucción de la masculinidad hegemónica debemos ser conscientes de ello. Debemos también agregar que la incitación al cambio y a la creación de nuevas masculinidades es un arma de doble filo: sus resultados pueden ser imprevisibles y distópicos si no se hacen desde una posición de autocrítica radical, entendiendo radical en su raíz etimológica como aquello que remite a la raíz de las cosas.

Por ello, es necesario que la deconstrucción de la masculinidad y la creación de un plural de ésta vaya de la mano con la perspectiva de género y el transfeminismo, para que éste sea entendido no sólo como movimiento social de mujeres, sino como categoría epistemológica para la comprensión y la creación de nuevas identidades (tanto femeninas como masculinas) no distópicas. También es necesario evitar anclarnos en pre-supuestos de género dicotómicos y jerárquicos para la construcción de estas nuevas alianzas subjetivas, dado que lo que sabemos de los géneros es muy poco, y regularmente caemos en la tentación solipsista de construir la identidad del otro desde clichés y estereotipos, o bien desde proyecciones de la propia identidad. Esta actitud, a todas luces, no resulta en nada nuevo, puesto que no inventa categorías codificadas fuera de las dicotomías que buscan fundar identidades y no posicionamientos. Un hombre no es una mujer, y viceversa, pero tampoco es un hombre. O una mujer tampoco es una mujer fuera del discurso que la/lo detenta como tal.

Encontramos sumamente importante, como estrategia, el hecho de que los hombres al deconstruirse y reinventarse busquen espacios para sí fuera de los límites fijados por lo heteropatriarcal y la violencia como herramienta de autoafirmación viril. A este respecto, Itziar Ziga nos incita a estafar al orden patriarcal:

> Me inspiro en el activista Javier Sáez cuando dice que los osos y los maricas *leather* encarnan una traición a los machos. Esos señores barbudos, de cuerpo recio y pelo en pecho, que parecen hombres de verdad y no *mariquitas de mierda*, cuyo destino era someter a las mujeres y que prefieren meterse entre ellos un puño siempre erecto por el orificio prohibido. [...] Es muy turbador para el heteropatriarcado descubrir que el fontanero, con su mono de trabajo, su pelo en pecho, su barba y su imagen hipertestosterónica, puede ser gay.

Ahí reside la traición que apunta Javier. Hombres que utilizan las señas identitarias del macho para desviarlas, para encarnar el fantasma más abominable de la interminable lista de pánicos masculinos: ser, en el fondo, maricón. [...] No hay ninguna identidad más sola y acorralada que la del macho. Ni por un instante me gustaría estar en el pellejo de aquellos que necesitan agredir y humillar a maricas y mujeres constantemente sólo para recordarse a sí mismos que nada femenino (= inferior) habita dentro de ellos. Sólo para confirmar que detentan una hegemonía que, en el fondo, saben falsa, *porque a la larga se hace insoportable el peso del teatro masculino* (Ziga, 2009, pp. 119-120).

Es necesario desestigmatizar los modelos de conducta de los colectivos LGTBI[5] y revisar los logros en la reinvención de la subjetividad que el movimiento *queer*[6] ha alcanzado, dado que puede proveer de una relectura de las subjetividades; ya que éste no se ancla en identidades, sino que se plantea como un posicionamiento práctico frente al poder. Las prácticas del movimiento *queer* han sido una resistencia pública y eficaz que no se ancla ya en las preferencias sexuales y no se especifica en su esencia porque su principal crítica consiste en negar toda esencia por considerarla reaccionaria y opresora. Como apunta Beatriz Preciado:

> El movimiento *queer* es post-homosexual y post-gay. Ya no se define con respecto a la noción médica de homosexualidad, pero tampoco se conforma con la reducción de la identidad gay a un estilo de vida asequible dentro de la sociedad de consumo neoliberal. Se trata por tanto de un movimiento post-identitario: *queer* no es una identidad más en el folclore multicultural, sino una posición de crítica atenta a los procesos de exclusión y marginalización que genera toda ficción identitaria. El movimiento *queer* no es un movimiento de homosexuales ni de gays, sino de disidentes de género y sexuales que resisten frente a las normas que impone la sociedad heterosexual dominante; atento también a los procesos de normalización y exclusión internos a la cultura gay: marginalización de las bolleras, de los transexuales y transgénero, de los inmigrantes, de los trabajadores y trabajadoras sexuales. [...] ser *marica* no basta para ser *queer:* es necesario someter su propia identidad a crítica. (Preciado, 2009b, p. 16).

Es decir, estas resistencias nos muestran que son conscientes de que "innumerables procesos de minorización están atravesados por la sociedad" (Guattari y Rolnik, 2006, p. 94), pero también que éstos a su vez la atraviesan, haciendo de la biopolítica un proceso reversible; proponiendo que frente a la violencia física y la opresión recalcitrante utilizada por el sistema hegemónico conservadurista representado en la actualidad por el capitalismo gore, la desobediencia y la ingobernabilidad pueden venir de las vías menos consideradas por la legitimidad social y más denostadas por el machismo patriarcal.

El movimiento *queer* que no apela a la normalización como sinónimo de legitimidad, nos muestra también que frente al monopolio de la violencia legítima e ilegítima existen frentes de resistencia que pueden entremezclar su agencia con una visión de activismo lúdico-crítico y anticapitalista, sin que esto deba entenderse de forma abstracta o superficial, dado que implica una autocrítica y una revisión reflexionada respecto al papel de la *resistencia queer* frente al consumismo:

> El consumo también condiciona nuestros cuerpos, determinando su forma, atravesando nuestra identidad y exigiendo que nuestros afectos se inscriban dentro de una marca registrada. No queremos habitar un *ghetto* comercial donde sólo se existe siendo un gay-trans-lesbiana de fin de semana. Donde las relaciones se mercantilizan y sólo se tiene acceso a este supuesto "existir" a través del dinero. No queremos consumir para finalmente ser consumidos por el mismo engranaje que nos oprime. (Manifiesto, 2009).

El modelo *queer* representa entonces: una deconstrucción del pensamiento heteropatriarcal y sexista, ya que "habla de un proyecto crítico heredero de la tradición feminista y anticolonialista" (Preciado, 2009b, p. 17). Por supuesto, no es la panacea, pero nos proporciona referentes sobre otras posibilidades interpretativas y de construcción/ deconstrucción de la subjetividad fuera de las rígidas columnas de los géneros con sus demandas e investiduras. Sabemos también que otra de las críticas recurrentes a lo *queer* es que se considera inaplicable en otros contextos fuera del estadounidense, donde se denominó *teoría queer*. Sin embargo, es necesario apuntar que las prácticas que trata de englobar la teoría *queer* no son prácticas exclusivas del contexto estadounidense, sino prácticas de resistencia opositiva que se han venido dando, simultáneamente, alrededor del planeta, y que bajo diversas nomenclaturas o, incluso, careciendo de ellas, forman fuerzas de resistencia no predatoria.

Cuando las representaciones no normativas de las subjetividades *queer* dejen de ser vistas y juzgadas peyorativamente porque "su mera presencia desdibuja las fronteras entre las categorías previamente divididas por la racionalidad y el decoro" (Preciado, 2009b, p. 17), (y por ello denostadas) seremos capaces de percatarnos de que las características "exclusivas" de los sexos no existen como tales, sino que pueden jugarse en una combinatoria que abre las posibilidades a un nuevo discurso y una nueva forma de ejecutar la acción.

Así, las masculinidades no podrán ser entendidas como nuevas si se desligan del transfeminismo, del movimiento *queer* y del *devenir minoritario*; si no logran desligarse de la obediencia y la investidura de la masculinidad como la entienden el poder y el discurso hegemónico.

Es decir, la reconfiguración de estas nuevas masculinidades, como una forma de fraguar subjetividades no distópicas, debe estar emparentada con la resistencia, pero desde un espacio que no las vincule con la ejecución del poder de forma vertical y heteropatriarcal. Ello nos conduce al problema del replanteamiento del concepto y el ejercicio de la política bajo estas condiciones del *devenir queer*. La política debe ser entendida desde la variable de las multitudes *queer*:

> El problema para nosotras ya no es cómo gobernar a unas poblaciones devenidas libres, sino cómo construir entre todas aquellos espacios compartidos y aquel discurso que dé cuenta de la realidad común, y que nos permita no ser presa, una y otra vez, de élites voraces y depredadoras, que nos condenan a perseverar en la sumisión como mal menor. Si, como decía el viejo Spinoza, el enemigo del cuerpo político es interno a él y su peligro se condensa en los particulares que, en tanto que particulares, se apoderan del poder de mandar, uno de los primeros requisitos de la nueva política tendrá que ser cuidar y proteger el carácter común y compartido del propio poder, entendido ahora no como poder para gobernar a los otros, sino como relaciones de dependencia mutua en un espacio compartido. (Galcerán, 2009, pp. 198-199).

El replanteamiento de las masculinidades que consideren tanto el *devenir mujer* y el *devenir queer* representa el reto de construirnos desde un sitio distinto a las dicotomías ya conocidas que nos emparentan con discursos inmovilizantes, desarticulantes que siguen caminando por vías ya transitadas y llegan a las mismas conclusiones. Ante estas dicotomías en esta investigación hemos propuesto como estrategia de deconstrucción de estos discursos las desobediencias de género y el rescate de la metodología (práctica) *backdoor* que ha utilizado el movimiento *queer* en la deconstrucción de esta díada discursiva para fraguar otras resistencias posibles y plausibles que lleven a la ejecución de *revoluciones vivas*. Es decir, "se tratará de establecer redes, proponer estrategias de traducción cultural, compartir procesos de experimentación colectiva, no tanto de labelizar [SIC] modelos revolucionarios deslocalizables" (Preciado, 2009a), y que estas revoluciones tengan sus puntos de convergencia en la creación de una crítica discursiva y una resistencia física y estratégica que evite unirse a las filas de los ejecutores y/o las víctimas de la violencia ejercida por los sujetos endriagos del planeta y su capitalismo gore.

1   Hacemos aquí un paralelismo entre la política expansionista de Estados Unidos, vinculada a la conquista del territorio por voluntad divina-patriarcal y la ocupación/opresión/destrucción del cuerpo de las mujeres y de sus acciones como un territorio conquistado que pertenece al patriarcado.

2   La interseccionalidad es una herramienta para el análisis en el trabajo de abogacía y la elaboración de políticas, que aborda múltiples discriminaciones y nos ayuda a entender la manera en que conjuntos diferentes de identidades influyen sobre el acceso que se pueda tener a derechos y oportunidades. Para ahondar en este término, revísese la bibliografía de Kimberley W. Crenshaw. Respecto a la transversalidad, que lleva a la creación de identidades múltiples que pueden encarnar en un mismo momento la opresión y el privilegio, se recomienda revisar las obras de Gloria Anzaldúa, Chela Sandoval, Cherríe Moraga y, sobre todo, la antología *Esta puente, mi espalda. Voces de mujeres tercermundistas en los Estados Unidos.*

3   Ponemos de relieve que nos referimos especialmente a la revisión de *masculinidad* incorporada en las realidades latinoamericanas y, sobre todo, no obviamos el hecho de que existen ya algunas formas de confrontación de esta masculinidad en esos espacios que no comparten ni obedecen los dictados del poder capitalista y masculinista y han logrado desanudarse, en la medida de lo posible, de forma crítica de la identidad dominante. Sin embargo, dichas desanudaciones no están suficientemente visibilizadas.

4   Algunos teóricos especialistas en el tema de la masculinidad, como Rafael Montesinos, afirman que: "Si bien los estudios sobre la masculinidad adquirieron una presencia real en la década de los noventa, definitivamente, es en el primer lustro del siglo xxi cuando alcanzan un punto culminante que promete mantenerlos como un tema de frontera en los próximos años" (Montesinos, 2007, p. 9). Otras autoras como Martha Zapata Galindo precisan que si bien es cierto que la investigación sobre la masculinidad es reciente, una excepción a esta regla es la investigación antropológica, "que empezó desde bien temprano con estudios culturales comparativos sobre la masculinidad" (Helfrich, 2001).

5   Lesbianas, Gays, Bisexuales, Transexuales, Intersexuales.

6   La palabra *queer* que desde el siglo xviii se había usado como una injuria, cambió su uso a finales de la década de 1980, en Estados Unidos, cuando "un conjunto de microgrupos decidieron apropiarse de la injuria *queer* para hacer de ella un lugar de acción política y de resistencia a la normalización" (Preciado, 2009b, p. 16).

Conclusiones

Comenzábamos esta obra con la intención de proponer un discurso con poder explicativo que nos ayudase a traducir la realidad *fronteriza* del capitalismo gore y su creación de un desplazamiento epistémico basado en la violencia, el (narco) tráfico y el necropoder; y que además evidenciase algunas de las distopías de la globalización —y su imposición como violencia física sobre los cuerpos— no visibilizadas dentro de los discursos de resistencia a ésta. Planteábamos también que dicha aproximación discursiva estaría vertebrada por la perspectiva transfeminista y geopolíticamente situada. Al mismo tiempo buscábamos responder a dos preguntas: ¿qué tipo de sujetos y prácticas se crean en esta reinterpretación, esta deriva del neoliberalismo extremo que aquí proponemos bajo el concepto de capitalismo gore? ¿Cómo pueden los feminismos, entendidos tanto como herramientas epistemológicas, así como teorías y movimiento sociales, redireccionar y proponer otros modelos para la creación de sujetos que no estén emparentados con la distopía gore ni con el hiperconsumismo neoliberalista?

En primer lugar, dentro de la investigación nos hemos visto avocad@s a crear taxonomías discursivas *in situ* con el fin de explicitar la realidad del capitalismo gore; términos como: *sujeto endriago, narco-nación, mercado-nación, necropoder, necroempoderamiento, necroprácticas, tanato-filia, clase criminal, proletariado gore, piratería del crimen, consumo gore, violencia decorativa, biomercado,* configuran el mapa discursivo del fenómeno que buscábamos investigar. Somos conscientes de que esta configuración discursiva no es exhaustiva ni agota el fenómeno. Sin embargo, nuestro principal interés reside en que la lista de términos que se refieren a la explicitación del capitalismo gore siga creciendo, puesto que ello abrirá mayores posibilidades de reflexión, explicación y enunciación de éste, armando un corpus discursivo que dé sentido a un fenómeno en expansión global; así, esta investigación ha cumplido en buena medida su objetivo de reflexionar sobre él y discursivizarlo.

En relación con las preguntas que nos planteamos al principio de esta obra, podemos concluir respecto a la primera que las subjetividades que rigen y personifican el capitalismo gore son los sujetos endriagos, quienes crean una especie de nueva clase internacional que hemos denominado *la clase criminal.* Estas subjetividades endriagas han buscado a través del crimen y la violencia explícita una herramienta para cumplir con las exigencias de la sociedad hiperconsumista y sus procesos de subjetivación capitalística; una forma de socialización a través del consumo y un cuestionamiento práctico de la legitimidad del Estado y su potestad absoluta para ejercer la violencia como una forma de control e hipervigilancia propios de la biopolítica estatal.

La lucha emprendida por los endriagos contra el Estado (y viceversa) por detentar el poder absoluto en el ejercicio de la violencia como herramienta de enriquecimiento y necroempoderamiento —refiriéndonos en este caso a la lucha entre cárteles de la droga y el Estado que se está dando en el territorio mexicano— nos muestra, por un lado, que la violencia vinculada al narcotráfico reinterpreta la lucha de clases y conduce a un poscolonialismo *in extremis*, recolonizado a través del hiperconsumismo y la frustración. Por otro lado, el hecho de que los sujetos endriagos rebatan la potestad del Estado en cuanto a sus competencias y que lo hagan de forma sangrienta nos muestra fácticamente una posibilidad real de desobediencia e ingobernabilidad dentro de los sistemas de control legítimo cuyas consecuencias, sin embargo, resultan inaceptables para aquellas poblaciones que se convierten en objetos de esa violencia. Al mismo tiempo, hemos analizado que este tipo de desobediencias fácticas, predatorias y necroempoderantes disienten en ciertos aspectos de las reglas marcadas por los centros de poder, pero guardan en todo momento una obediencia economicista y de género que resulta para estos mismos sujetos incuestionable, abriendo un espacio de pertenencia-disidencia del sistema capitalista, entendido como una forma de conservar las jerarquías masculinistas y frenando la posibilidad de retomar las acciones de los sujetos endriagos como acciones de resistencia efectiva, dado que finalmente estas acciones de ingobernabilidad se adscriben a un programa prefijado por el entramado capitalista, masculinista, hegemónico y violento. No obstante, no obviamos que las resistencias de los sujetos endriagos, aunque pertenezcan a un tipo de *multitudes contradictorias*, ponen en el mapa discursivo la posibilidad de pensar en la necesidad de que una disidencia efectiva y no distópica debe estar emparentada con las cuestiones de desobediencias de género y con el transfeminismo, y debe crear también alternativas comunes en las cuales pueda participar activamente la sociedad civil.

Frente a este panorama, y para dar respuesta a la segunda pregunta, reflexionamos sobre las conexiones que el (trans)feminismo tiene con el fenómeno del capitalismo gore. Existen amplias conexiones entre ambos fenómenos, dado que los dos surgen dentro del contexto de la globalización y ante sus exigencias se configuran como formas de disidencia y de lucha, aunque con intenciones distintas. En este sentido, el transfeminismo se erige como posibilidad para redireccionar y trazar otro tipo de resistencias no distópicas ante las subjetividades endriagas del capitalismo gore y nos muestra que estas resistencias deben hacerse desde alianzas que ya no busquen afianzarse en elementos biologicistas, identitarios o nacionalistas, sino que dinamiten dichos preceptos *por ser profundamente reaccionarios aun siendo usados por movimientos progresistas;* de esta forma se abrirá el panorama de participación, resistencia y agenciamiento a lo que aquí denominamos como *devenir queer.* Esto sitúa en el mapa discursivo y de resistencia a acciones performativas que ya tienen lugar en las prácticas sociales a través de la reversión de prácticas de violencia simbólica efectuadas por medio del lenguaje, así como ocupación-manifestación-visibilización de la disidencia tanto en el espacio público, como en el espacio privado y en el espacio académico.

De cara al modelo de pensamiento occidentalista que considerará a los sujetos endriagos como producto de las dinámicas de una geopolítica desmarcada del primer mundo, apelamos a la apertura y a la incorporación discursiva de los términos que explican al capitalismo gore, pues aunque dicho fenómeno es más visible en los espacios fronterizos y tercermundizados, esto no significa que dichos términos no devengan pertinentes en la explicación de futuras variaciones del capitalismo gore que parecen estarse instituyendo ya, aunque aún de forma poco visible, en las sociedades primermundistas, dado el hecho innegable de que los sujetos endriagos del capitalismo gore guardan relación con la forma en que se formula y reafirma la masculinidad en muchas culturas. Somos conscientes de que la manera de performar la masculinidad es relacional, contextual y varía culturalmente. Sin embargo, existen características de la masculinidad hegemónica que se repiten y una de ellas es, por ejemplo, la demostración de la virilidad en su manifestación como violencia (*cf.* Bourdieu, 2000, pp. 67-71), de la cual los sujetos endriagos son una encarnación literal.

No buscamos homogeneizar el fenómeno del capitalismo gore ni pretendemos que sus variaciones sean leídas desde las mismas categorías que aquí hemos propuesto. Sin embargo, buscamos precisar que nuestra investigación puede fungir como plano orientativo para acercarse a una de las realidades del capitalismo gore. El tercer mundo gore no deberá leerse (por parte del pensamiento occidentalista) como una desestructuración que nos muestra los fallos en la aplicación del sistema, ya que de algún modo esta forma jerarquizada y (neo)colonialista de interpretar las realidades tercermundistas nos impide pensar desde otro sitio estas *desestructuras*. Nos impide también prever que los fallos del tercer mundo no son sólo el resultado de un proyecto —la modernidad y el Estado, que como aclara Spivak, son propiedad de Europa— incompleto y mal aplicado, sino una premonición, un panorama de la suerte en la que se desenvolverá el primer mundo futuro, dadas las lógicas globales del capitalismo, sólo que reflejado en el tercer mundo de una forma acelerada e hiperpresente que ha devenido gore.

Hemos observado y señalado las relaciones entre la economía primermundista, los mercados financieros legales internacionales, las economías tercermundistas y los mercados ilegales (emparentados con el tráfico de drogas, armas, personas); en nuestro caso el análisis se centró en el narcotráfico en México y los discursos oficiales y no oficiales en torno a él, por ser el campo dentro del cual se desarrolla una buena parte de los sujetos endriagos y las dinámicas de poder dentro de las que se inscriben y crean una cadena indisociable entre economía gore y capitalismo global.

Otro punto medular a lo largo de la reflexión sobre el capitalismo gore es la visibilización de la importancia que tiene pensar en la relación entre la violencia física, simbólica, medial y el cuerpo. La violencia es ejercida de forma tajante dentro del entramado del capitalismo gore, y resulta una de sus características fundamentales. A través de esta investigación hemos apelado a la reflexión del fenómeno del capitalismo gore, en la medida en la que se emparenta con la violencia física sufrida por los cuerpos y las vidas espectralizados de l@s que vivimos en el ominoso paréntesis de lo considerado *fuera de*, y por tanto, indigno, para que éstas se visibilicen y se transformen en vidas no sólo existentes sino vivientes. Sin embargo, no apelamos a la eliminación total del sistema capitalista, ya que sería iluso pensar en la eliminación total de un sistema tan imbricado y celebrado socialmente. Somos conscientes también de que el proceso de concretización de una crítica al capitalismo gore no será "limpio [en cuanto a pureza esencialista se refiere] ni bonito, ni veloz" (Moranga y Castillo, 1988, p. 191). Pero no esperamos que lo sea, sino que a través de la visibilización de la violencia se pueda crear una conciencia crítica y de resistencia que lleve al ejercicio de un ser activo y a la creación conjunta de pactos intersubjetivos responsables, dotados de agencia, que cuestionen la falibilidad de los sistemas de pensamiento proyectados, tanto por el neoliberalismo conservador como por la resistencia izquierdista heteronormativa que no han logrado salir de las dicotomías dentro de las que se ha fundado el pensamiento occidental y que resultan inaplicables en todo su rigor a la realidad contemporánea.

La vigencia de *la política corporal* se basa en el hecho de que nuestros cuerpos son depositarios de todas las acciones, son relacionales y pueden ser entendidos como partes integrales, activas, de los acontecimientos, como vehículos y vínculos de socialización, enclaves últimos y primigenios que todos compartimos. Sin que esto nos remita a una posición esencialista, victimista, blanda y apolítica, sino, por el contrario, a una posición políticamente comprometida y (trans)feminista que considera los cuerpos (en sus múltiples gradaciones) en el centro mismo de la discusión del capitalismo gore, puesto que ellos son el referente más íntimo y común capaz de emparentarnos. Como afirma Judith Butler:

> Esto significa que cada uno de nosotros se construye políticamente en virtud de la vulnerabilidad social de nuestros cuerpos —como lugar de deseo y de vulnerabilidad física, como lugar público de afirmación y de exposición—. La pérdida y la vulnerabilidad parecen ser la consecuencia de nuestros cuerpos socialmente constituidos, sujetos a otros, amenazados por la pérdida, expuestos a otros y susceptibles de violencia a causa de esta exposición. (Butler, 2006, p. 46).

Si *nos construimos políticamente en virtud de la vulnerabilidad de nuestro cuerpo*, entonces debemos reconocer la vulnerabilidad del cuerpo como algo indiscutible. La violencia como acción extrema del otro contra mí, la muestra del peor orden posible, "un modo por el que nos entregamos [o nos toma] sin control la voluntad del otro, un modo por el que la vida misma puede ser eliminada por la acción deliberada del otro" (Butler, 2006, p. 55). La violencia del capitalismo gore es un factor transversal que nos traspasa a tod@s, incluyendo a los sujetos endriagos que la ejercen, ya que "la violencia se exacerba bajo ciertas condiciones sociales, políticas [y económicas], especialmente cuando la violencia es una forma de vida y los medios de autodefensa son limitados" (Butler, 2006, p. 55).

Tenemos que recordar también que la distribución de la vulnerabilidad y de la violencia obedece a cuestiones geopolíticas, pero esa distancia o cercanía geopolítica no nos exime de tomar responsabilidad por la vida física de los otros. Evitemos que el sentimiento de seguridad primermundista nos impida reconocer las formas radicalmente desiguales de la distribución global de la vulnerabilidad física, puesto que "negar esta vulnerabilidad, desterrarla, sentirnos seguros a expensas de cualquier otro tipo de consideración humana, supone desperdiciar el principal recurso para orientarnos y encontrar una salida" (Butler, 2006, p. 56).

Pensar en nuestros cuerpos cuestiona la unidireccionalidad de las normas políticas y económicas, buscándonos otras vías. Por ello, pensemos en el dolor como un recurso político que no debe confinarnos a la inacción, sino a la elaboración de un proceso reflexivo que nos lleve a una identificación con el sufrimiento mismo y a tejer redes intersubjetivas que sean capaces de exigir un redireccionamiento en la forma que entendemos la economía y de enfrentarnos a sus consecuencias distópicas que tienen como blanco nuestros cuerpos.

Para cambiar este orden de cosas es necesario dejar de ejecutar una serie de comportamientos que nos vinculan con el culto a la violencia. Por ello, debemos evitar romantizarla y rodearla con un halo de *glamour*, así como hacer de ella un tema intrascendente. Evidenciemos que los medios de comunicación contribuyen a rendirle culto a través de su espectacularización y sobreproducción, al mismo tiempo que no nos informan de sus consecuencias reales. Basta de admirar la técnicas de la violencia sobreespecializada y de idolatrar en el imaginario colectivo a los asesinos a sueldo, a los psicópatas, a los gobernantes tiranos y a los mafiosos que se enriquecen destruyendo cuerpos. Basta de deificar este nuevo orden necrofalologocéntrico.

Cuando mencionamos los cuerpos como enclaves de unión, no lo hacemos apelando a una normalización o normativización de éstos, sino a la estructura física y material de los seres vivos. Cuando hablamos del cuerpo, hablamos de la importancia de "afirmar que nuestros cuerpos son en un sentido *nuestros* y que estamos autorizados para reclamar derechos de autonomía sobre ellos" (Butler, 2006, p. 51). Sólo si somos capaces de pensar en el dolor producido por la violencia en el cuerpo de los otros podremos reactivar nuestra relación con ellos en un nivel real. Sólo si nos negamos a legitimar esa violencia y a pensar en la vida de los cuerpos como elementos dignos de conservar podremos visualizar la muerte como una vía distópica de empoderamiento.

Por ello, es necesario hablar del cuerpo, de la violencia ejercida contra él, sufrida en él. La carne viva que se abre no es una metáfora melodramática[1] porque, sobre todo, no es en ninguna instancia una metáfora. La importancia de un cuerpo muerto no se reduce a una imagen de dos segundos en una tarde de *zapping* televisivo. La carne y sus heridas son reales, generan dolor físico a quien las padece. Sin embargo, sabemos también que proponer el cuerpo como un concepto fundacional puede ser tildado de *reduccionismo del cuerpo*, pero también somos conscientes de que "a la inversa, en la búsqueda de conceptos asociativos (como los de *persona, yo* e *individuo*) hay un peligro equiparable de reconstruir el ideal liberal dieciochesco de *individuo* dotado de *autonomía moral* como base de la teoría política y la acción política" (Harvey, 2003, p. 143).

Necesitamos librar al cuerpo de los discursos mediales que lo espectralizan; mostrarlo en toda su contundencia e importancia. Si logramos reontologizarlo, podremos re-semantizar el peso de la muerte en el entramado capitalista, patriarcalista y gore. Esta re-semantización del cuerpo y su dolor vendrán del lenguaje, de la crítica y de las prácticas performativas que se desarrollen en el espacio público y a través de las *multitudes queer*. Debemos volver a dotar de fuerza enunciativa las realidades del cuerpo y de la violencia, ser capaces de construir significado ante la muerte de cualquiera. Hacer que la muerte y el dolor del Otr@ sean un estremecimiento en todos los cuerpos. Desmontar el constructo hecho por los medios de información que naturaliza artificialmente el ejercicio de la violencia y la invisibiliza bajo la protección de una pantalla que nos dice que el dolor extremo no consensuado[2] le pasa sólo al cuerpo de l@s otr@s.

La re/semantización del cuerpo no puede concebirse sin la deconstrucción y la crítica, hecha en primera persona, de la masculinidad hegemónica. La vigencia de este replanteamiento de LA masculinidad, con mayúsculas, en masculinidades plurales y localizadas, se justifica en el hecho de que, en la práctica, estas nuevas masculinidades ya subsisten y oponen resistencia a la masculinidad hegemónica. Esta vigencia también está claramente ligada a otra: a la de deconstruir el falologocentrismo patriarcal que está directamente emparentado con el capitalismo y con el ejercicio de la violencia, en primera instancia, como una recurso de socialización masculina y, en segunda, como una herramienta fundamental para alcanzar legitimidad con base en el cumplimiento de una de las demandas de masculinidad fundamental: el acceso al poder a través del enriquecimiento económico y la superioridad que esto otorga en la escala de valores patriarcales y capitalistas. Redireccionando las masculinidades puede pensarse desde otro sitio el papel de los sujetos endriagos del capitalismo gore.

Además de las prácticas de resistencia fraguadas por el movimiento *queer* para cuestionar las categorías del género, en el caso del género masculino, éste debe incorporar en sus prácticas, desde la infancia, otras habilidades sociales que no lo vinculen directamente con el ejercicio de la violencia como ratificación de su virilidad y que lo pongan en contacto con su propio sufrimiento para desarrollar la capacidad de empatizar con el sufrimiento de los demás. En este trazado de alternativas para construir nuevas masculinidades, también se debe desvincular del sujeto masculino la consigna de único *proveedor económico*, puesto que resulta una demanda incompatible con las condiciones actuales de precarización laboral y cuyo incumplimiento reporta frustración que en muchos de los casos se traduce en agresividad. Una tarea social, para desjerarquizar la masculinidad, está en el desarrollo y la implementación de una educación no sexista transmitida a tod@s desde la infancia.

Con esta investigación hemos buscado una explicación para los acontecimientos actuales y sus vínculos con el ejercicio insoslayable de la violencia. Hemos intentado también que no se confunda con una absolución o un enjuiciamiento moral de la violencia, que no se circunscriba únicamente a juicios morales, para así repensar el papel y el carácter vertebrador que cumple la violencia en la deriva del capitalismo y su desembocamiento en lo gore.

Hemos tratado de desarrollar una labor investigadora que, de la mano del transfeminismo, nos permita pensar más allá de los límites de nuestras opciones; es decir, en un contexto determinado y opresor debemos crear instrumentos teóricos y prácticos que nos ayuden a trazar estrategias donde quede claro que, cuando no hay otra opción entre las cuales elegir, debemos ser capaces de transformar esta opción no en anulación ni en muerte, sino en una condición resignificadora. En conclusión, cuando el capitalismo gore se perfila globalmente como única opción, hagamos que ésta no nos mate, sino que nos resignifique y nos lleve a repensarnos.

Finalmente, el capitalismo gore como resultado de la globalización nos muestra las distopías del sistema, pero también nos muestra que "los sujetos sociales contemporáneos se desbordan. La dimensión del yo ético social es el centro del desorden" (Villaplana, 2008, p. 63). Es decir, las fisuras del sistema muestran rutas que los sujetos que basan su condición existencial en la reinvención del agenciamiento a través de la crítica, la inadaptación y la desobediencia trazan caminos de fugas posibles del sistema, trazan senderos que lo contravienen y permiten vivir en lucha y resistencias efectivas de una manera micropolítica.

---

1   Hacemos énfasis en el hecho de que la vulneración del cuerpo no debe ser entendida bajo los preceptos del melodrama victimista, puesto que como afirma Nirmal Puwar, siguiendo a R. Chow: "Deshonra y santificación pertenecen al mismo orden simbólico, el de la idealización" (Mezzadra et al., 2008, p. 247).

2   Nos referimos con esto al hecho de que no obviamos que existen ciertas prácticas de violencia consensuada, como el BDSM (siglas en inglés de *Bondage, Dominance, Submission y Masochism*; en español esclavitud, dominación, sumisión y masoquismo), que entendemos como prácticas ejercidas desde un posicionamiento libre, horizontal y voluntario, y no como una imitación de los mecanismos de dominación y sumisión aplicados durante siglos por el patriarcado. A este respecto, consúltese: Valencia (2009).

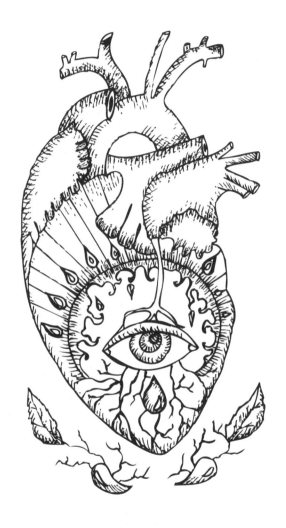

The Very Beginning

[Beginning: Date: 12th Century. 1: the point of something begins: start.
2: the first part. 3: origin, source. 4: a rudimentary stage or early period-
usually used in plural.]

¿Usted conoce la Historia de México?
Bien, no importa. No hay mucho que conocer.
Todo es polvo y sangre.

ALAN MOORE, Miracleman

Son las seis de la tarde en el bulevar Insurgentes. Los coches se desplazan a velocidades prodigiosas, la hora pico en Tijuana es frenética. Hace
varios años que me fui de aquí y cada vuelta a la ciudad es una embes-
tida. Conduzco un suv dorado,¹ mi hermana post-adolescente ocupa el
lugar del copiloto. Desde antes de partir, Tijuana ha sido arrebatadora-
mente psicópata; sin embargo hoy, delante de mí, se descubre una nueva
categoría para denominarla. Al principio no lo sé, al principio sólo existe
el *shock* y la catatonia, las *ganas de*, seguidas de la afasia y la impotencia.
Al principio, sólo existen los ojos vidriosos y el nudo en la garganta, las
ganas de gritar, de salir corriendo y el no poder. Conduzco por el bulevar,
observo el reloj y sin saber por qué la hora se me incrusta en los ojos
como una bayoneta. Quizá premonición, tal vez el aire enrarecido por
los restos de pólvora, tierra y coca. Converso con mi hermana, pasamos
rápidamente de los traumas familiares a la *small talk* y a la inversa. Frente
a nuestro coche circula un *pick up* negro —último modelo, sin matrí-
cula—, lo observo con desgana. Lleva la cajuela repleta de bolsas negras,
rellenas con lo que yo supongo que es basura.

Entre la *small talk* y la desgana, el *pick up* cae en un vado y una
de las bolsas se desploma y se desgarra frente a mi coche en marcha. El
contenido me atraviesa. El contenido se me graba en la retina. Aún veo el
contenido algunas noches cayendo en *slow motion, over and over again.*
Frente a mi coche cae el torso descuartizado de un hombre. Un torso que
aún conserva la cabeza. Un hombre joven, moreno, de cabello negro y
ojos grandes, la mitad de un hombre. Esquivo el cuerpo, intento parar
el coche, pero rápidamente escucho el sonido de los cláxones y caigo en
la cuenta de que estoy circulando por una vía rápida donde es imposible detenerse sin causar un choque múltiple. Intento recomponerme, no

puedo. Al mismo tiempo que sujeto el volante con fuerza mis manos tiemblan. Guardo silencio, no me atrevo a mirar a mi copiloto, después de tres minutos, finalmente lo logro. Observo el rostro, el cuello larguísimo y el perfil de mi hermana. No me atrevo a verla del todo, no puedo después de abandonar en una carretera a la mitad de un hombre muerto. Intento convencerme de que no es cierto, de que estoy alucinando, de que la ciudad esta vez me ha afectado psíquicamente.

Ella parece percatarse de lo aterrorizada que estoy, gira la cabeza y me observa. Yo le pregunto de manera casi gutural: "¿Qué era eso?". Ella coloca su mano sobre mi hombro, mientras me mira a los ojos y me dice: "Era el torso de un hombre descuartizado, Sayak. Esto es Tijuana".

En sus ojos no hay asombro, en su voz no puedo identificar ni un atisbo de miedo, no hay nada de eso, sólo los ojos fijos y la voz diciéndome palabras que quisiera que no confirmaran lo que acabo de ver. Yo quiero recomponerme, pero no puedo. Entonces, el *shock* y la catatonia, las *ganas de*, seguidas de la afasia y la impotencia. Llegamos a casa y yo no puedo deshacerme de ese estremecimiento que para todo ser humano debería provocar el cadáver de otro. Ese muerto me saca de mi espectralizada y cómoda visión de la muerte, me arranca de las lógicas mediáticas que nos muestran que lo malo siempre le pasa a los Otros. Me hace caer en la cuenta de que yo soy los Otros, sin ningún tipo de atisbo humanista, *buenrrollismo* o de diletantismo solidario. Es decir, ese muerto me reafirma que estoy atravesada de forma irrevocable por el género, la raza, la clase y la distribución geopolítica de la vulnerabilidad. Ese muerto me dice que yo también soy responsable de su desmembramiento, que mi pasividad como ciudadana cristaliza en esa impunidad. Ese muerto y la mirada sin miedo de mi hermana me dicen que debo hacer algo con ello, porque si no, eso hará algo conmigo.

That is the very beginning.

---

1   *Sub Urban Vehicle*. Mejor conocidos en castellano como vehículos todoterreno.

Bibliografía

Libros

Agamben, G. (2003). *Estado de Excepción. Homo Sacer II*. Valencia, España: Pre-Textos.

Amorós, C. (2008) . *Mujeres e imaginarios de la globalización; reflexiones para una agenda teórica global del feminismo*. Argentina: Homo Sapiens Ediciones.

Amorós, C. y De Miguel, A. (coords.). (2005). *Historia de la teoría feminista: de la Ilustración a la Globalización*. Madrid, España: Editorial Minerva.

Anderson, B. S. y Zinsser, J. P. (1991). *Historia de las mujeres: una historia propia*. (Vol. 2). Barcelona: Crítica.

Anderson, P. (2000). *Los orígenes de la posmodernidad*. Barcelona, España: Anagrama.

Anzaldúa, G. y Keating, A. L. (2002). *This Bridge we call home. Radical visions for transformations*. Nueva York: Routledge.

Augé, M. (2004). *Los no lugares. Espacios del anonimato. Una antropología de la sobremodernidad*. Barcelona, España: Gedisa.

Austin, J. (1998). *Cómo hacer cosas con palabras*. Barcelona, España: Paidós.

Babel, I. (1920). *Diary*. New Haven: Yale University Press.

Bares, M. (2007). *Posthumano*. Oaxaca de Juárez, México: Almadía.

Barthes, R. (1990a). *La aventura semiológica*. Barcelona, España: Paidós.

Barthes, R. (1990b). *La cámara lúcida. Nota sobre la fotografía*. Barcelona, España: Paidós.

Bataille, G. (1989). *The Tears of Eros*. San Francisco: City Lights Books.

Bataille, G. (2002). *El erotismo*. Barcelona, España: Tusquets.

Baudrillard, J. (2000a). *Las estrategias fatales*. Barcelona, España: Anagrama.

Baudrillard, J. (2000b). *El crimen perfecto*. Barcelona, España: Anagrama.

Baudrillard, J. (2002). *Contraseñas*. Barcelona, España: Anagrama.

Benjamín, W. (1999). *Para una crítica de la violencia y otros ensayos*. Madrid, España: Taurus.

Benjamín, W. (2001). *Poesía y capitalismo*. Madrid, España: Taurus.

Benjamín, W. (2008). *Tesis sobre la Historia y otros fragmentos*. México: Editorial Ítaca.

Berman, M. (1991). *Todo lo sólido se desvanece en el aire: experiencia de la modernidad*. Madrid, España: Siglo XXI Editores.

Berman, M. (2002). *Aventuras marxistas*. Madrid, España: Siglo XXI Editores.

Bernárdez, A. (ed.). (2001). *Violencia de género y sociedad: una cuestión de poder*. Madrid, España: Ayuntamiento de Madrid.

Bloch, E. (2004). *El principio de Esperanza*. Madrid, España: Trotta.

Bourdieu, P. (1979). *La distinction*. París, Francia: Les Éditions de Minuit.

Bourdieu, P. (1980). *Le sens pratique*. París, Francia: Les Éditions de Minuit.

Bourdieu, P. (1997). *Méditations pascaliennes*. París, Francia: Editions du Seuil.

Bourdieu, P. (2000). *La dominación masculina*. Barcelona, España: Anagrama.

Bourdieu, P. (2001). *Sobre la televisión*. Barcelona, España: Anagrama.

Bourdieu, P. y Wacquant, L. (1992). *An Invitation to Reflexive Sociology*. Chicago: University of Chicago Press.

Borges, J. L. (1999). *Manual de zoología fantástica*. México: FCE.

Borges, J. L. (2000). *El Aleph*. Madrid, España: Alianza Editorial.

Blondel, M. (2005). *El punto de partida de la investigación filosófica*. Madrid, España: Ediciones Encuentro.

Böttcher, N. (ed.). (2005). *Los buenos, los malos y los feos: poder y resistencia en América Latina*. Fráncfort del Meno, Alemania: Vervuert.

Braidotti, R. (2005). *Metamorfosis. Hacia una teoría materialista del devenir*. Madrid, España: Akal.

Brieva, M. (2009). *Dinero. Revista de Poética Financiera e Intercambio Espiritual*. Barcelona, España: Random House Mondadori.

Buchanan, I. y Colebrook, C. (eds.). (2000). *Deleuze and Feminist Theory*. Edimburgo: Edinburgh University Press.

Burman, E. y Parker, I. (eds.). (1993). *Discourse Analytic Research*. Londres: Routledge.

Butler, J. (2001). *El género en disputa*. México: Paidós.

Butler, J. (2004a). *Lenguaje, poder e identidad*. Madrid, España: Síntesis.

Butler, J. (2004b). *Undoing Gender*. Nueva York y Londres: Routledge.

Butler, J. (2006). *Vida precaria*. Buenos Aires, Argentina: Paidós.

Cahn, S. (1994). *Coming On Strong; Gender and Sexuality in Twentie-th-Century Women's Sport*. Cambridge: Harvard University Press.

Carrasco, C. (ed.). (2003). *Mujeres y economía. Nuevas perspectivas para viejos y nuevos problemas*. Barcelona, España: Icaria.

Castro, F., Castro, I., Fresán, R. y Lafuente, F. (2005). *La hybris del punto cero. Ciencia, raza e ilustración en la Nueva Granada (1750-1816)*. Bogotá, Colombia: Editorial Pontificia de la Universidad Javeriana.

Chakravorty Spivak, G. (1999). *A Critique of Poscolonial Reason. Toward a History of the Vanishing Present*. Cambridge: Harvard University Press.

Cixous, H. (1995). *La risa de la medusa. Ensayos sobre la escritura*. Madrid, España: Anthropos.

Cixous, H. (2004). *Deseo de escritura*. Barcelona, España: Reverso.

Claramonte, J. (2009). *Lo que puede un cuerpo*. Murcia, España: Infraleves, Cendeac.

Cornago, O. (2005) . *Políticas de la palabra: Grasset, Marquerie, Molina y Liddell*. Madrid, España: Editorial Fundamentos.

Coyle, D. (2006). *Sexo, drogas y economía*. Madrid, España: Thompson/ Paraninfo.

Curbet, J. (2007). *Conflictos globales, violencias locales*. Quito, Ecuador: Facultad Latinoamericana de Ciencias Sociales (Flacso).

Davis, M. (2007). *Ciudades muertas. Ecología, catástrofe y revuelta*. Madrid, España: Traficantes de Sueños.

De Lauretis, T. (2000). *Diferencias*. Madrid, España: Horas y HORAS.

Del Lagrace, V. y Dahl U. (2008). *Femmes of Power. Exploding Queer Femininities*. Londres: Serpent's Tail.

Deleuze, G. (1989). *El pliegue. Leibniz y el Barroco*. Barcelona, España: Paidós.

Deleuze, G. y Guattari, Félix. (1985). *El Anti-Edipo. Capitalismo y esquizofrenia*. Barcelona, España: Paidós.

Derrida, J. (1998). *Ecografías de la Televisión*. Buenos Aires, Argentina: Eudeba.

Despentes, V. (2007). *Teoría King Kong*. Barcelona, España: Melusina.

De los Ríos, I., Castro, F., Castro, I., Fresán, R. y Lafuente, F. (2009). *Los Sopranos Forever. Antimanual de una serie de culto*. Madrid, España: Errata Naturae.

Eco, H. (1983). *Cómo se hace una tesis. Técnicas y procedimientos de investigación, estudio y escritura.* Madrid, España: Gedisa.

Eco, H. (2000). *Tratado de Semiótica General.* Barcelona, España: Lumen.

Encuentro Internacional de Escritores (1996-), & Consejo para la Cultura y las Artes de Nuevo León. (2003). *Territorios de la violencia: Reflexiones desde la literatura.* Monterrey: Consejo para la Cultura y las Artes de Nuevo León.

Escohotado, A. (1999). *Historia general de las drogas.* México: Espasa Calpe.

Estévez, C. y Taibo, C. (eds.). (2008). *Voces contra la globalización.* Barcelona, España: Crítica.

Finkielkraut, A. (2000). *La derrota del pensamiento.* Barcelona, España: Anagrama.

Foucault, M. (1977). *Historia de la sexualidad.* México: Siglo XXI Editores.

Foucault, M. (1978). *Microfísica del poder.* Madrid, España: La Piqueta.

Foucault, M. (1979a). *Historia de la locura en la época clásica.* México: FCE.

Foucault, M. (1992). *El orden del discurso.* Argentina: Tusquets.

Foucault, M. (1994). *Dits et Écrits.* (Vol. 4). París: Gallimard.

Foucault, M. (2002). *Las palabras y las cosas. Una arqueología de las ciencias humanas.* Argentina: Siglo XXI Editores.

Foucault, M. (2004). *El pensamiento del afuera.* Valencia, España: Pre-Textos.

Foucault, M. (2008). *Seguridad, territorio, población.* Madrid, España: Akal.

Fromm, E. (1987). *Anatomía de la destructividad humana.* Madrid, España: Siglo XXI Editores.

Fukuyama, F. (1992). *El fin de la historia y el último hombre.* Madrid, España: Planeta.

Galcerán, H. M. (2009). *Deseo (y) libertad. Una investigación sobre los presupuestos de la acción colectiva.* Madrid, España: Traficantes de Sueños.

García Canclini, N. (1989). *Culturas híbridas. Estrategias para entrar y salir de la modernidad.* México: Grijalbo.

García Meseguer, A. (1977). *Lenguaje y discriminación sexual.* España: Editorial Montesinos.

Geertz, C. (1978). *La interpretación de las culturas.* Barcelona, España: Gedisa.

Glenny, M. (2008). *McMafia. El crimen sin fronteras.* Barcelona, España: Destino.

Guattari, F. y Rolnik, S. (2006). *Micropolítica. Cartografías del deseo.* Madrid, España: Traficantes de Sueños.

Halberstam, J. (2008). *Masculinidad femenina.* Madrid, España: Egales.

Haraway, D. J. (1995). *Ciencia, cyborgs y mujeres. La reinvención de la naturaleza.* Madrid, España: Cátedra.

Haraway, D. J. (2004). *Testigo_Modesto@SegundoMilenio.HombreHembra©Conoce_Oncoratón, Feminismo y tecnociencia.* Barcelona, España: Editorial uoc.

Harding, S. (1996). *Ciencia y feminismo.* Madrid, España: Ediciones Morata.

Harvey, D. (1998). *La condición de la posmodernidad: Investigación sobre los orígenes del cambio cultural.* Buenos Aires, Argentina: Amorrortu Editores.

Harvey, D. (2003). *Espacios de esperanza.* Madrid, España: Akal.

Helfrich, S. (ed.). (2001). *Género, feminismo y masculinidad en América Latina.* El Salvador: Ed. Henrich Böll.

Heller, A. y Fehér, F. (1995). *Biopolítica. La modernidad y la liberación del cuerpo.* Barcelona, España: Península.

Heritage, J. (1984). *Garfinkel and Etnomethodology.* Cambridge: Polity Press.

Hierro, G. (2002). *De la domesticación a la educación de las mexicanas.* México: Editorial Torres Asociados.

Hobbes, T. (2003). *Leviatán.* Buenos Aires, Argentina: Losada.

Hooks, B., Bhavnani, K-K., Coulson, M., Levins, A., Anzaldúa, G., Sandoval, Ch., Brah, A., Alexander, M. y Talpade, M. Ch. (2004). *Otras inapropiables. Feminismos desde las fronteras.* Madrid, España: Traficantes de Sueños.

Horkheimer, M. y Adorno, T. (2001). *Dialéctica de la Ilustración.* Madrid, España: Editorial Trotta.

Jamenson, F. (1995). *El Posmodernismo o la lógica cultural del capitalismo avanzado.* Barcelona, España: Paidós.

Jiménez, M. L. y Tena, O. (coords.). (2007). *Reflexiones sobre masculinidades y empleo.* México: UNAM, Centro Regional de Investigaciones Multidisciplinarias.

Klein, N. (2001). *No Logo. El poder de las marcas.* Barcelona, España: Paidós.

Krauze De Kolteniuk, R. (1986). *Introducción a la investigación filosófica.* México: UNAM.

Kristeva, J. et al. (1985). *Travesía de los signos.* Buenos Aires, Argentina: Ediciones La Aurora.

León, G., N. (2006). *Género, subjetividad y populismo: fantasmagorías de la política contemporánea.* Ecuador: Editorial Abya Yala.

Le Bras-Chopard, A. (2003). *El zoo de los filósofos.* Madrid, España: Taurus.

Le Gallo, Y. (1988). *Nuevas máscaras, comedia antigua. Las representaciones de las mujeres en la televisión mexicana.* México: Premià Editora.

Liddell, A. (2007). *Perro muerto en tintorería: los fuertes.* Madrid, España: Centro Dramático Nacional.

Lins Ribeiro, G. (2003). *Postimperialismo. Cultura y política en el mundo contemporáneo.* Barcelona, España: Gedisa.

Lipovetsky, G. (2000a). *El imperio de lo efímero. La moda y su destino en las sociedades modernas.* Barcelona, España: Anagrama.

Lipovetsky, G. (2000b). *La tercera mujer.* Barcelona, España: Anagrama.

Lipovetsky, G. (2007). *La felicidad paradójica. Ensayo sobre la sociedad hiperconsumista.* Barcelona, España: Anagrama.

Lomas, C. (comp.). (2003). *¿Todos los hombres son iguales? Identidades masculinas y cambios sociales.* Barcelona, España: Paidós.

López, T. y Oliva, A. (eds.). (2003). *Crítica feminista al psicoanálisis y a la filosofía.* Madrid, España: Instituto de Investigaciones Feministas/UCM.

Lyotard, J. F. (1989). *La condición posmoderna.* Barcelona, España: Cátedra.

Lyotard, J. F. (1992). *¿Por qué filosofar?* Barcelona, España: Paidós.

Maldonado, C. E. (2003). *Biopolítica de la guerra.* Colombia. Siglo del Hombre Editores/Universidad Libre/Facultad de Filosofía.

Maquiavelo, N. (2004). *El príncipe.* Madrid, España: Síntesis.

Marx, K. (2000). *El capital.* Madrid, España: Akal.

Mezzadra, S. (2005). *Derecho de fuga. Migraciones, ciudadanía y globalización.* Madrid, España: Traficantes de Sueños.

Mezzadra, S., Chakravorty, S. G., Talpade, M. Ch., Shohat, E., Hall, S., Chakrabarty, D., Mbembe, A., Young, R., Puwar, N. y Rahola, F. (2008). *Estudios postcoloniales. Ensayos fundamentales.* Madrid, España: Traficantes de Sueños.

Mignolo, W. (2003). *Historias locales/diseños globales. Colonialidad, pensamientos subalternos y pensamiento fronterizo.* Madrid, España: Akal.

Minh-Ha, Trinh T. (1989). *Women, Native, Other.* Bloomington, IN: Indiana University Press.

Montesinos, R. (2007). *Perfiles de la masculinidad*. México: UAM/Plaza y Valdés.

Montezemolo, F., Peralta, R. y Yépez, H. (2006). *Aquí es Tijuana*. Londres: Black Dog Publishing.

Moraga, Ch. y Castillo, A. L. (comp.). (1988). *Este puente, mi espalda. Voces de mujeres tercermundistas de los Estados Unidos*. San Francisco, CA: Ism, Press.

Negri, A. y Cocco, G. (2006). *Global. Biopoder y luchas en una América latina globalizada*. Buenos Aires, Argentina: Paidós.

Nietzsche, Friedrich. (1997) *Más allá del bien y el mal*. Madrid, España: Alianza editorial. (Original publicado en 1886).

Nietzsche, F. (2006). *La genealogía de la moral*. Madrid, España: Alianza editorial. (Original publicado en 1887).

Osborne, R. y Edney, R. (1996). *Filosofía. Desde la edad de la Razón al Posmodernismo*. Buenos Aires, Argentina: Era Naciente.

Palaversich, D. (2005). *De Macondo a McOndo: senderos de la posmodernidad latinoamericana*. México: Plaza y Valdés.

Paz, O. (1985). *Vuelta al laberinto de la soledad*. México: FCE.

Paz, O. (1970). *Posdata*. México: FCE.

Paz, O. (2002). *El laberinto de la soledad*. México: FCE.

Pécaut, D. (2001). *Guerra contra la sociedad*. Colombia: Espasa.

Platón. (1985). *El Banquete, Diálogos*. Madrid, España: Gredos.

Pratt, M. L. (2002). *Globalización, desmodernización y el retorno de los monstruos*. Lima, Perú: Tercer Encuentro de Performance y Política. Universidad Católica.

Precarias a la Deriva. (2004). *A la deriva por los circuitos de la precariedad femenina*. Madrid, España: Traficantes de Sueños.

Preciado, B. (2002). *Manifiesto contra-sexual. Prácticas subversivas de identidad sexual*. Madrid, España: Opera Prima.

Preciado, B. (2008). *Testo Yonqui*. Madrid, España: Espasa.

Puwar, N. (2004). *Space Invaders. Race, Gender And Bodies Out Of Place*. Nueva York: Berg.

Rangel, L. y Moses-Hrushoski, R. (eds.). (1996). *Psychoanalysis at the Political Border*. Madison.

Rivera, G., M.M. (1994). *Nombrar el mundo en femenino. Pensamiento de las mujeres y teoría feminista*. Barcelona, España: Icaria.

Rodríguez De Montalvo, G. (2006) *Amadís de Gaula*. Dueñas, España: Simancas Ediciones.

Sáez, J. (2004). *Teoría Queer y psicoanálisis*. Madrid, España: Síntesis.

Sandoval, R. (2006). *Nuevas formas de hacer política. Una subjetividad emergente*. México: Universidad de Guadalajara.

Santaemilia, J., Gallardo, B. y Sanmartín, J. (eds.). (2002). *Sexe i llenguatge. La construcció lingüística de les identitats de génere*. Valencia, España: Universitat de València.

Sassen, S. (2003). *Contrageografías de la globalización. Género y ciudadanía en los circuitos transfronterizos*. Madrid, España: Traficantes de Sueños.

Sautu, R. (2003). *Todo es Teoría. Objetivos y métodos de la investigación*. Buenos Aires, Argentina: Ediciones Lumiere.

Saviano, R. (2008). *Gomorra*. Barcelona, España: Mondadori.

Schumpeter, J. (1996). *Capitalismo, socialismo y democracia*. Barcelona, España: Folio.

Sennett, R. (2006). *La cultura del nuevo capitalismo*. Barcelona, España: Anagrama.

Shapin, S. y Schaffer, S. (1985). *Leviathan and the Air-Pump: Hobbes, Boyle and the Experimental Life*. Princeton: Princeton University Press.

Sloterdijk, P. (2006). *Normas para el parque humano*. Madrid, España: Siruela.

Tijoux, M. E. y Trujillo, I. (comps.) (2006). *Foucault fuera de sí. Deseo, Historia, Subjetividad*. Santiago de Chile: Editorial Arcis.

Tilly, Ch. (2007). *Violencia Colectiva*. Barcelona, España: Hacer Editorial.

Ugarte, J. (comp.). (2005). *La administración de la vida. Estudios biopolíticos*. Barcelona, España: Anthropos.

Valencia, Triana, M. (comp.). (2009). *Latin Queer*. Madrid, España: Centaurea Nigra Ediciones.

Vallejo, F. (1997). *Logoi. Una gramática del lenguaje literario*. México: FCE.

Varela, N. (2005). *Feminismo para principiantes*. Barcelona, España: Ediciones B.

Sánchez, E., García, R., Sánchez, P., Méndez, C. y Rodríguez, I. (2001). *El legado de Ofelia. Esquizotextos en la literatura femenina del siglo XX*. Madrid, España: Horas y HORAS.

Vidarte, F. (2007). *Ética marica*. Madrid, España: Egales.

Villaplana, V. (2008). *Zona de intensidades.* Madrid, España: Aconcagua Publishing.

Villaplana, V. y Sichel, B. (2005). *Cárcel de Amor. Relatos culturales sobre la violencia de género.* Madrid, España: Museo Nacional Centro de Arte Reina Sofía.

Virilio, P. (2003). *Estética de la desaparición.* Barcelona, España: Anagrama.

Virno, P. (2003). *Gramática de la multitud.* Madrid, España: Traficantes de Sueños.

Watts, B. (1984). *The Foundations of US Air Doctrine.* Maxwell Air Force Base.

Wittgenstein, L. (1999). *Tractatus Logico-Philosophicus.* Madrid, España: Alianza.

Wittig, M. (2006). *El pensamiento heterosexual y otros ensayos.* Madrid, España: Egales.

Ziga, I. (2009). *Devenir perra.* Barcelona, España: Melusina.

Žižek, S. (2005). *Bienvenidos al desierto de lo real.* Madrid, España: Akal.

Artículos

Alcoff, L. (primavera, 2000). Philosophy matters; a review of recent work in feminist philosophy. *Signs*, vol. 25, núm. 3.

Alvarado, I. (junio, 2008). Mensajes Macabros, la nueva herramienta de los capos en México. *Reuters. México.* Recuperado de http://about.reuters.com/latam.

Alzaga, I. (24 de enero de 2009). Capturan a *El Pozolero*; cocinó a 300 narcos: Sedena. *Milenio.* México, D. F.

Arturo, A. (24 de junio de 2015). México vive el nivel más alto de homicidios en año y medio. *Revista digital Animal Político.* Recuperado de http://www.animalpolitico.com/2015/06/mexico-vive-el-nivel-de-homicidios-mas-alto-en-ano-y-medio/

Aznárez, J. (23 de noviembre de 2008). Quiero Ser Pirata. *El País*, Madrid.

Bares, M. (23 de mayo de 2008). Violencia Ancestral. *Reforma*, suplemento cultural, México, D. F.

Cruz, J. (18 de abril de 2008). El primer mandamiento es no dañar. [Entrevista a Adela Cortina]. *El País Semanal*, Madrid.

Belin, H. y Arbizu, S. (07 de febrero de 2008). Teoría King Kong. [Entrevista a Virginie Despentes]. *Eutsi.org.*

Espinosa, G. (20 de abril de 2008). Siniestra Belleza. *El País Semanal,* Madrid.

Finas, L. (enero de 1977). Las relaciones de poder penetran en los cuerpos. [Entrevista a Michel Foucault]. *La Quinzaine Littéraire,* núm. 247, pp. 1-15, París.

Foucault, M. (1979b). Nacimiento de la biopolítica. *Revista Archipiélago,* núm. 30, pp. 119-124.

Galcerán, H., M. (Mayo-junio de 2008). Autonomía y subjetividad. Por una lectura crítica de algunos textos de A. Negri. *Revista Youkali.* Núm. 5. Recuperado de www.youkali.net

Goenaga, G. (23 de julio de 2008). La identidad no existe. [Entrevista a Orlan]. *Revista Shangay Express,* núm. 336. Año XIV, Madrid.

González, L. M. (21 de julio de 2008). Las señales del narco. *El Economista.* Recuperado de http://www.eleconomista.com.mx

Grelet, S. y Potte-Bonneville, M. (Invierno 1999-2000). Una biopolítica menor. [Entrevista a Giorgio Agamben]. *Vacarme,* núm. 10, París.

Guerra Palmero, M. J. (2001). Arrojando el guante: la construcción social de la masculinidad. *Teoría feminista contemporánea. Una aproximación desde la ética.* Instituto de Investigaciones Feministas/ Universidad Complutense de Madrid, Madrid.

Gutiérrez, R., E. (2006). Traduciendo posiciones. Sobre coyunturas postcoloniales y entendimiento transversal. *Translate. Beyond Culture: The Politics of Translation.*

Lavigne, Chris. (10 de febrero de 2005). Jodidamente Bueno. Recuperado de elastico.net.

Lazzarato, M. (Marzo de 2000). Del biopoder a la biopolítica. *Multitudes,* Revue politique artistique, philosophique, núm. 1, París. Recuperado de http://www.multitudes.net/Du-biopouvoir-a-la-biopolitique/

Mbembe, A. (Marzo de 1999). Du Gouvernement privé indirect. *Politique Africaine,* núm. 73, pp. 103-121, París.

Mbembe, A. (2003). Necropolitics. *Public Culture,* vol. 15, núm. 1, pp. 11–40, *Duke University Press, Durham.*

Mignolo, W. (2003b). Las geopolíticas del conocimiento y la colonialidad del poder. *Polis,* Universidad Bolivariana de Chile, vol. 1, núm. 4.

Monsiváis, C. (Abril-mayo, 1981). ¿Pero hubo alguna vez once mil machos? *FEM*, núm. 18, pp. 9-20, México.

Mora, M. (20 de abril de 2008). El hombre que novela la corrupción. [Entrevista a Massimo Carlotto]. *El País Semanal*, Madrid.

Moulier-Boutang, Y. (Marzo de 2000). Eclats d´economie et bruit de lutes. *Multitudes*, núm. 2, París.

Negri, A. y Cocco, G. (10 de julio de 2007). La insurrección de las periferias. *Caosmosis*. Recuperado de http://caosmosis.acracia.net

Noam Warner, D. (Primer trimestre de 2005). Hacia una metodología de la investigación *queer*. *Orientaciones. Revista de homosexualidades*, núm. 9.

Ordaz, P. (23 de noviembre de 2008). El crimen organizado estaba tocando a las puertas del Estado. [Entrevista a Eduardo Medina Mora]. *El País*, Madrid. Recuperado de http://elpais.com/diario/2008/11/23/internacional/1227394806_850215.html [Fecha de consulta 10/05/2016.]

Ordaz, P. (14 de junio de 2009). Cuando mata La Familia. *El País*. Recuperado de www.elpais.com. [Fecha de consulta 10/05/2016.]

Pla, E. (15 de mayo de 2008). Una entrevista con Chantal Maillard. *Diario de Noticias de Navarra*. Huarte-Pamplona.

Preciado, B. (2009a). Transfeminismos y micropolíticas del género en la era farmacopornográfica. *Artecontexto*, núm. 21, Madrid.

Preciado, B. (2009b). Historia de una palabra: *queer. Parole de queer*, núm. 1, Barcelona.

Reclutan zetas a militares en Guatemala con Spot de radio. (24 de abril de 2008) [Fecha de consulta 10 de mayo de 2016.] Notimex. *El informador*. Diario independiente. Guadalajara, México. Recuperado de http://www.eluniversal.com.mx/notas/501252.html

Resa N. C. (1997). Delincuencia y desempleo: la historia de una relación contradictoria. *Sistema. Revista de Ciencias Sociales*, Universidad Autónoma de Madrid. vols. 140-41, pp. 265-284.

Resa, N. C. El crimen organizado en el mundo: mito y realidad. *Nexos*. Recuperado de http://www.uam.es/personal_pdi/economicas/cresa//nexos.pdf [Fecha de consulta 01/05/2016.]

Resa, N. C. (27 de febrero de 2001). La organización de la producción de drogas en México. Universidad Autónoma de Madrid. Recuperado de http://www.uam.es/personal_pdi/economicas/cresa//text10.html

Resa, N. C. (Marzo de 2002). Las drogas en el México post-Arellano Félix. Universidad Autónoma de Madrid. Recuperado de http:// www.uam.es/personal_pdi/economicas/cresa//nota0302.pdf

Resa, N. C. (Abril de 2002). El ejército mexicano y el comercio ilegal de drogas. Universidad Autónoma de Madrid. Recuperado de http://www.uam.es/personal_pdi/economicas/cresa//nota0402.pdf

Resa, N. C. (Enero de 2003). La *nueva* policía mexicana. Universidad Autónoma de Madrid. Recuperado de http://www.uam.es/personal_pdi/economicas/cresa//nota0103.pdf

Resa, N. C. (Febrero de 2003). El comercio de drogas y los conceptos míticos: la plaza. Universidad Autónoma de Madrid. Recuperado de http://www.uam.es/personal_pdi/economicas/ cresa//nota0203.pdf

Resa, N. C. (Marzo de 2003). La prensa, los "cárteles" y el comercio de drogas en 2003. Recuperado de http://www.uam.es/personal_pdi/economicas/cresa//nota0403.pdf

Resa, N. C. (Abril de 2003). Los Zetas: de narcos a mafiosos. Recuperado de http://www.uam.es/personal_pdi/economicas/cresa//nota0403.pdf

Resa, N. C. (Mayo de 2003). El comercio de drogas ilegales en México. Corrupción en la PGR: promesas sin seguimiento. Recuperado de http://www.uam.es/personal_pdi/economicas/cresa// nota0503.pdf

Resa, N. C. (2003). El valor de las exportaciones mexicanas de drogas ilegales, 1961-2000. Universidad Autónoma de Madrid. Recuperado de http://www.uam.es/personal_pdi/economicas/cresa//uam2003.pdf

Resa, N. C. Crimen organizado transnacional: definición, causas y consecuencias. Recuperado de http://www.uam.es/personal_pdi/economicas/cresa//text11.html

Resa, N. C. La mafia rusa y el espíritu del capitalismo. Recuperado de http://www.taringa.net/posts/info/1258047/La-mafia-rusa-y-el-esp%C3%ADritu-del-capitalismo.html

Resa, N. C. (1999). Sistema político y delincuencia organizada en México: el caso de los traficantes de drogas. Universidad Autónoma de Madrid. Recuperado de http://www.uam.es/personal_pdi/ economicas/cresa//igm-wp-02-99.pdf.

Resa, N. C. La macroeconomía de las drogas. Peyote, inc. Recuperado de http://www.oocities.org/carlos_resa/press18.html

Resa, N. C. (Octubre de 2001). El estado como maximizador de rentas del crimen organizado: El caso del tráfico de drogas en México. Biblioteca de Ideas del Instituto Universitario de Gobernabilidad. Documento núm. 88. Recuperado de http://www.uam.es/personal_pdi/economicas/cresa//iig-88.pdf.

Resa, N. C. y Ruesga, S. B. (02 de septiembre de 1997). Mafiosos, estraperlistas y piratas. *El Mundo*, año IX, núm. 2845.

Saavedra, R. (13 de diciembre de 2008) Sobreviviendo Tijuana. *Milenio*. Suplemento Laberinto. México, D. F.

Subcomandante Marcos. (Agosto de 1997). La quatrième guerre a comencé. *Le Monde Diplomatique*, París.

Yépez, H. (29 de enero de 2008). Receta para cocinar narco a la parrilla. *Milenio*. Suplemento Laberinto, México, D. F.

Otros

Butler, J. (26 de mayo de 2008). *Crítica, Discrepancia y Violencia*. Conferencia impartida en Cendeac, Murcia.

Butler, J. (08 de junio de 2009). *Performativity, Precarity and Sexual Politics*. Conferencia impartida en la Facultad de Ciencias de la Información, UCM, Madrid. Instituto Internacional de Estudios Estratégicos de Londres (IISS), Armed Conflict Survey 2015. Recuperado de http://www.iiss.org/ en/publications/acs/by%20year/ armed-conflict-survey-2015-46e5

Liddell, A. (23 de mayo de 2008). *3ra. desobediencia. Yo no soy bonita ni lo quiero ser*. La Casa Encendida, Madrid.

Lozoya, J. A. (Mayo de 2002). *Hombres por la igualdad*. Delegación de Salud y género en las Jornadas de Género y Sexualidad. La Laguna.

Lunch, L. (2004). *Vendo frustración, no alivio. Real Pornography*. Music Performance.

Mancilla, L. (21 de enero de 2008) *Batahola*, (blog). Recuperado de http://lorenamancilla.blogspot.mx/2008_01_01_archive.html, consultado el 09/05/2016

Medem, Julio. (2003). *La Pelota Vasca* (documental). España, 115 min.

Manifiesto: Con fronteras no hay orgullo. Lesbianas, Gays, Trans, Bisex, Queer y Heteros contra la ley de extranjería y la represión a l@s inmigrantes. Madrid, 27 de junio de 2009.

Ritchie, Guy. (2008). *Rockanrolla* (ficción). Reino Unido, 114 min.

Sisteaga, Jon. (26 de diciembre 2008 y 02 enero de 2009). *NarcoMéxico: alfombra roja para los muertos* (Información/ Investigación). Episodios 1 y 2, TV-4, España.